高手

11天成为受欢迎的幽默

领翔——编著

中国纺织出版社有限公司

国家一级出版社 全国百佳图书出版单位

内 容 提 要

幽默是一道桥梁，缩短人们心灵之间的距离。

幽默是一种宝贵的品质，它使生活充满乐趣和生机。

幽默是一种文化的积淀，让你的谈吐多些雅量、少些鲁莽。

如果你的性格内向，谈吐平平，与人沟通不畅，那么，请用心阅读本书。本书将为你打开一扇学习幽默、运用幽默、享受幽默的窗户，是你成为幽默高手的智慧宝典。通过系统地学习和训练，定会让你魅力无限，广受欢迎！

图书在版编目（CIP）数据

11天成为受欢迎的幽默高手 / 领翔编著 . —北京：中国纺织出版社，2012.9（2023.11重印）

ISBN 978 – 7 – 5064 – 8808 – 2

Ⅰ . ①1… Ⅱ . ①领… Ⅲ . ①幽默（美学）—口才学—通俗读物 Ⅳ . ①H019 – 49

中国版本图书馆 CIP 数据核字（2012）第 144655 号

策划编辑：刘箴言 张永俊 责任印制：陈 涛

中国纺织出版社出版发行
地址：北京市朝阳区百子湾东里A407号楼 邮政编码：100124
销售电话：010—67004422 传真：010—87155801
http://www.c-textilep.com
E-mail: faxing@c-textilep.com
中国纺织出版社天猫旗舰店
官方微博http://weibo.com/2119887771
天宇万达印刷有限公司印刷 各地新华书店经销
2012 年 9 月第 1 版 2023年11月第 2 次印刷
开本：710×1000 1/16 印张：17
字数：223 千字 定价：68.00元

前言 *Preface*

在人际交往中,你是否总是因为自己的谈吐中规中矩而得不到应有的关注?

在演讲台上,你是否总是因为自己的讲话内容过于刻板、枯燥而达不到理想的效果?

在日常生活中,你是否会在遇到尴尬时化解不当而转化成矛盾,影响自己的人际关系?

......

归根结底,产生这些问题的原因就在于,你缺少幽默,不懂得运用幽默。

根据心理学、公关学的研究表明:幽默是令人受欢迎的第一大资本。

一个具有幽默感的人,一定会成为社交的中心,在哪里都是人们所关注的焦点,无论是谈判交易,或者是茶余饭后的谈吐之间,都会让人们刮目相看。其谈吐魅力、受欢迎程度是不具备幽默感的人无法比拟的。

一个擅长幽默的人,有着强大的个人魅力气场,无论走到哪里,都能把笑声带到哪里,不仅可以使自己拥有好人缘,还可以给自己带来好心情、好运气。

一个懂得幽默的人,可以用幽默化解生活中的矛盾和争端,消除内心的紧张情绪,有效的化解尴尬局面,甚至是影响别人的思想和态度。

可见,会幽默是社交的一笔无形资产,会幽默的人,可以更灵活地处理各种事情或解决困难。但是,很多人即便知道幽默在社交中能带来不少好处,却不知道怎样使自己成为一个幽默的人。

如果你存在同样的问题，那么就要恭喜你选择了《11 天成为受欢迎的幽默高手》这本书，因为你接下来的人生很可能会发生改变！这不是夸大其词，只要你按照书中的去做，去训练，你一定可以成为一个受欢迎的人。

本书要告诉你的不是幽默的重要性，而是教你如何让自己变得更受欢迎，让自己变得更幽默、更有气场感染力。作者在详细讲解幽默技巧运用的同时，还列举了大量古今中外名人的幽默案例以及普通人日常生活中的幽默故事，并在每节后面附有训练心得，来帮助读者巩固训练成果。

下面简单介绍一下本书的 11 天课程内容：

第 1 天——幽默技巧课：成为社交高手的秘诀。

第 2 天——幽默训练课：幽默感是如何培养的？

第 3 天——妙语培养课：妙语是如何炼成的？

第 4 天——职场幽默课：做个受欢迎的职场高手。

第 5 天——爱情攻略课：用幽默唤起爱情。

第 6 天——家庭幽默课：家庭中的幽默"调料"。

第 7 天——演讲技巧课：幽默让演讲更具感染力。

第 8 天——幽默解围课：化解尴尬的幽默艺术。

第 9 天——公关谈判课：做优秀的公关大师。

第 10 天——幽默运用课：不要误入幽默的"禁区"。

第 11 天——融会贯通课：幽默集中训练营。

11 天，看似短暂，但 11 天的训练将帮助你改善你的口才、人际关系乃至人生命运。可以说，说一口幽默话，做一个幽默人，是所有人努力追求的。相信通过这 11 天的"操练"，一定会让你的幽默水平有一个质的提升，让你的人生从此欢乐不断。

领翔

2012 年 6 月

目录 *Contents*

第 1 天

幽默技巧课——成为社交高手的秘诀
要做受欢迎的人，先说受欢迎的话

第 2 天

幽默训练课——幽默感是如何培养的
培养幽默感觉，增强个人魅力

1

第3天

妙语培养课——妙语是如何炼成的
幽默中口吐莲花，交谈中如沐春风

第4天

职场幽默课——做个受欢迎的职场高手
掌控工作氛围，做事左右逢源

第5天

爱情攻略课——用幽默唤起爱情
爱情在快乐中进行，浪漫在幽默中营造

第 6 天

家庭幽默课——家庭中的幽默 "调料"
家庭离不开和谐，亲情少不了幽默

第 7 天

演讲技巧课——幽默让演讲更具感染力
欢声笑语不间断，掌声喝彩不停歇

第 8 天

幽默解围课——化解尴尬的幽默艺术
遇到窘境不急躁，我且开怀一笑之

第 9 天

公关谈判课——做优秀的公关大师
谈判是一场战役，幽默是一种武器

第 10 天

幽默运用课——不要误入幽默的"禁区"
想幽默要看对象，会幽默要懂人情

第 11 天

融会贯通课——幽默集中训练营
把幽默融入生活，让快乐无处不在

目 录 | Contents

第1天

幽默技巧课——成为社交高手的秘诀

要做受欢迎的人,先说受欢迎的话

1. 突破常规的幽默技巧

在某公司的一个部门会议上，新来的部门经理声色俱厉地叙说他以前上司的错误。

突然，有人打断了他的讲话。"既然他的错误那么明显，那为什么你当时不阻止他呢？"

"谁在这样问？"这位部门经理大吼一声，会议厅内一片极度不安的寂静，没有人敢出动静。接着，他又轻声说："现在你们该明白为什么了吧？"

大家轰然大笑，一起鼓起了掌。

面对这样的发问，常规的应对办法当然是一板一眼地解释。但这位部门经理却没有这样做，而是用出人意料的现场表演生动表现了他曾经上司的蛮横做派，取得了非常好的效果。

按照我们日常生活的正常逻辑，一就是一，二就是二，鲜花就是鲜花，臭虫就是臭虫。但幽默偏偏要否定眼前这铁一般的事实，故意采取违反常规的逻辑。

在幽默者看来，一可能不是一，二可能不是二，鲜花可能变成了臭虫，臭虫可能变成了鲜花，令人啼笑皆非，但却具有很强的幽默效果，这种幽默效果通常会受到人们欢迎。

幽默大师们把荒谬逻辑有意运用到了自己的幽默中，把不可能的事实当做真实的事情来述说，让人惊异于他们不同凡响的联想，引起了我们的欢笑。

幽默的思维最首要的一点就是突破常规，把不相干的几件事物硬拉到一起，制造出很强的反差，使人忍俊不禁。

常规的思维往往将人的思想束缚在一种惯性之中。而幽默思维是一种较高级的思维形式，善于从常人想不到的角度来思考和表达问题，在令人捧腹之余感受到头脑风暴的魅力。

为什么能达到这样的效果呢？原因很简单，就在于他们的思维突破常规，违背了生活的常理，制造了强烈的反差。

大量的幽默都是这样创作出来的。如果我们拘泥于现实，不会、不敢做突破常规的大胆的联想，那么我们说出的话必定是沉闷的、乏味的，只是对眼前事物的客观描述。只有让自己的思维突破常规、别出心裁，才能出人意料地把互不关联的事物并列在一起，在与现实的强烈对比中让人笑出声来。

事物之间的差异是客观存在的，但有些事物之间的差异会小一些，有些事物之间的差异会大一些，尤其是那些缺乏必然联系、不具备相同特征的事物之间的差异就更加显著。如果我们能把具有显著差异的事物拿来进行对比，幽默的效果就会非常强烈。

幽默的思维正是看准了这一特性，故意进行一些令我们难以想象的对比，把巧妙联想的功能发挥到了极致。

黄四和小张去看球赛，黄四突然想到了一个问题，就问小张："足球和水球都要守球门，你说哪个球门更难守些？"

小张微微一笑，回答说："依我看，哪种球门没有后门那种球门更难守。"

守球门和走后门是完全不同的两件事，小张巧妙地把它们硬拉到了一起，进行了对比，并得出了结论，令我们不由得笑出来，同时又有力地抨击了走后门之类的不正之风。

这就是典型的幽默思维，看似答非所问，实则有力地突破了眼前的现实，把话题引到毫不相干的地方，从而制造幽默的效果。

幽默的思维超出了常规，就往往会发展到荒谬的地步。但必须指出的是，幽默者本人并不荒谬，他们使用这种思维方式，只是为了更好地达到幽默的效果。他们在某些时候表现得强词夺理，正是幽默思维在他们身上的具体体现，我们只会感到欢乐，却不会认为他们的脑子出了问题。

我们要想获得较强的幽默感，就必须有意识地训练自己的幽默思维，使自己的思路开阔起来，思维活跃起来，在大家都习以为常的事物中发现幽默的因素，来营造更多的欢乐，愉悦我们的身心，美化我们的生活。

2. 随机应变的幽默技巧

古希腊的寓言大师伊索极富智慧。一次，他的主人醉酒失言，发誓要喝干大海，并以他的全部财产做赌注。次日醒来，主人发觉失言，极为懊悔。但全城人早已得知此事，纷纷来到海边等候，要亲眼看他怎样喝干大海。

束手无策的主人只好向聪明的伊索请教。伊索很平静地思考一番，然后给主人出了一条妙计。主人急忙赶赴海边高喊："不错，我是要喝干整个大海。可是，现在千万条江河不停地流向大海，这就不好办了。如果谁能很准确地把河水与海水的分开，我保证能喝干真正的大海！"

聪明的伊索面对主人的难题并没有像主人一样惊慌失措，而是平静地进行思考，分析如何才能挽回主人的声誉。最终，他通过设立一个不可能的前提使这件不可能的事被合乎逻辑地推掉，达到了化解难题的目的。

生活总爱跟人开玩笑，人们常常无法避免一些意外的情况。有时，不经意间的一句话就会给自己招来一些不必要的麻烦。碰到这种情况，人们总会想方设法地解释，试图澄清事实。但有时候，事情会越描越黑，越解释越不清楚。这时，解决问题的关键就在于能否让别人信服你的观点。

在社会交往中，难免会遇到一些出其不意的状况。特别是在公共场合，处理不好会很难堪。怎样来应对这种局面，做到冷静处理、缓和气氛，避免更大的麻烦呢？这时候我们不妨来点幽默。幽默不但能缓和紧张的气氛，还能最快最好地解决问题，使局面重新得到控制，化解尴尬。

众所周知，第一次登上月球的实际上有两个人。一个家喻户晓，叫阿姆斯特朗，还有一个叫奥尔德林。在庆祝登月成功的庆功宴上，一位记者出乎意料地问了奥尔德林一个问题："阿姆斯特朗先下去了，成为登月的第一人，你会不会觉得很遗憾？"

会场"刷"地一下安静下来，大家都屏住呼吸等待奥尔德林回答。只听奥尔德林很有风度地说："各位，千万不要忘了，回到地面时，我是第一个走出机舱的。"他环视了一下四周接着说："所以，我是由别的星球来到地球的第一人。"大家都被他的幽默逗乐了，宴会上顿时掌声如潮。

面对突如其来的冷场面，奥尔德林并没有选择退却，也没有表现出恼怒的情绪，而是很从容地说自己是由其他星球来到地球。不仅将自己从窘境中解脱出来，还从侧面对观众给予了肯定，真是妙语生花，一举两得。

幽默地面对冷场，借着笑的调剂，再大的冷场也能化解，这使你能轻松地获得他人的理解和赞许。在一些公众场合，尤其是像演说、演唱会这样的场合，台上的人受到的是全场乃至场外更多人的关注，因此，他们的形象显得尤为重要。但在这种场合，也免不了要出现些意外，让人陷于尴尬境地。这就需要具有应对突发事件的冷静与智慧，来巧妙地让自己摆脱这种预料之外的尴尬。

幽默不是深思熟虑的产物，而是随机应变、自然而成的。幽默往往与快捷、奇巧相连。

有时候，我们会深陷一种相当狼狈的境地。这时，我们可能惊慌失措，可能很愤怒，也可能十分沮丧。惊慌失措使人失去思考能力；愤怒使人失去对自己的情感的控制；而沮丧则导致人的精神处于消极的、无所作为的、听天由命的状态。而所有这一切都无助于我们从狼狈的境地中解脱出来。

这时候，就需要我们把自己思维的潜在能量充分调动起来，超常发挥。而要做到这一点恰恰需要冷静，需要乐观，使自己的精神处于一种自由的、活跃的状态，也就是通常所说的急中生智。在这种状态下所说出的话语往往比通常情况下聪明得多，也有趣得多。

幽默训练心得

一般来说，幽默的人更容易受到他人的欢迎，想成为受欢迎的人，不妨先学会说受欢迎的话，幽默的话能帮助你成为更受欢迎的人。幽默是一门生活艺术，是一种气质，是智慧的表现。幽默从机智出发，赋予机智以新的动力，同时也对幽默自身的意念、态度和手法产生影响。当机智在幽默中以其理性姿态出现时，则构成了机智性幽默。

3. 自相矛盾的幽默技巧

一个嗜赌如命的赌徒为了从赌场上赢回输掉的钱财，熬更守夜，孤注一掷，最后连裤子也输掉了。这时候他醒悟过来了，发誓戒赌。

他用笔写上"坚决戒赌"四个字贴在床头。一天，一位好朋友看到了床头这条诫示后，嘲讽地问："你真的戒赌了？"

"真的！"

"我不信。"

"不信？"赌徒瞪着一双通红的眼睛，大声说："咱们赌三瓶二锅头！"

这里用自相矛盾的方式展示了幽默的艺术，取得了鲜明、强烈的效果，让矛盾活了起来。矛盾若在不经意中产生，更为可笑和逗人。在运用自相矛盾的幽默技巧时，一定要沉住气，平稳自然，幽默效果更佳。

"矛盾"这个词是源于《韩非子》中那位卖矛和盾的生意人，表示事物之间的强烈冲突，有很强的喜剧色彩。现代生活中，我们常说的自相矛盾是指人物言行不一，言语前后冲突，行为相互抵触。

生活中这样的现象十分常见。这样的自我矛盾已经令人好笑了，但还缺少一种强烈的对比性。为了使戏剧性更强，取得更好的幽默效果，可以采用这样一种方法，就是把即将转化的矛盾加以强调，以耸动别人视听。

有一小孩饿得直哭。父亲安慰他说："你要吃什么？尽管告诉我，哪怕是龙肝凤胆也好，我都拿来给你吃。"孩子说："那些我都不要，我只要饭吃。"父亲骂道："不懂事的家伙，只拣家里没有的要。"

这位父亲真是好笑，穷得连饭都吃不上，还要振振有词地说给孩子吃龙肝凤胆，真是矛盾得可以。

生活中，有些人别出心裁地利用矛盾技法造句，这种语言为人们喜闻乐见。如：

"缺什么别缺钱"

"有什么别有病"

在人际交往中，如果也采用自相矛盾的方法，不但可以处理各式各样的问题，还能产生出奇制胜的幽默效果。我们来看下面这个故事：

有一次，马克·吐温回答记者提问时说了一句令人惊奇的话："美国国会中有些议员是婊子养的。"

国会议员们大为震怒，纷纷要求马克·吐温道歉，否则将诉诸法律。

几天后马克·吐温的道歉声明果然登了出来："日前本人在酒席中说有些国会议员是婊子养的。事后有人向我大兴问罪之师。经我再三考虑，我深悔此言不妥，特登报声明，把我的话修正如下：'美国国会中有些议员不是婊子养的。'"

表面上马克·吐温对议员们进行了妥协，而实际上在似变未变中，攻击的锋芒更胜上回，幽默气氛也由此而生。我们再看看发生在爱因斯坦身上的一个幽默故事：

爱因斯坦初到纽约，在大街上遇见一个朋友。这位朋友见他穿着一件旧大衣，就劝他更换一件新的。爱因斯坦回答说："没有什么关系，在纽约谁也不认识我。"

后来，爱因斯坦名声大振，他仍然穿着那件旧大衣。这位朋友再次劝他去买一件新的，爱因斯坦则说："何必呢，现在，这里每一个人都认识我了。"

爱因斯坦用自相矛盾的幽默智慧，既表现了甘于淡泊、不重衣着的俭朴精神，也表达出他愉快畅达的乐观情怀。爱因斯坦是世界瞩目的科学家，能取得巨大的成就，思想境界自然很高，可很多时候普通人也能看透事情的本质。

幽默训练心得

由于自相矛盾的幽默有很强的表演性，所以利用此法幽默的最佳方式是实况展示。因此，喜剧作家往往根据生活素材创造矛盾人物。自相矛盾会使喜剧角色为掩饰自己漏洞百出的言行而疲于奔命、顾此失彼，导致笑料迭出。也难怪"矛盾"、"此地无银三百两"式的故事经常被搬上舞台，且经久不衰。

4. 借力打力的幽默技巧

有一次，达尔文应邀出席一次盛大的晚宴。宴会上，他的身边正好坐着一位年轻美貌的小姐。

"尊敬的达尔文先生，"年轻美貌的小姐带着戏谑的口吻向科学家提问，"听说您认为人类是由猴子变过来的？"

"当然不是，我所指的是古代的猩猩。"达尔文耸了耸肩膀说。

"是这样啊！那么我也应该是在您的论断之内的吧？"小姐问。

"那是当然！"达尔文望了她一眼，彬彬有礼地回答，"我坚信自己的论断。不过，您不是由一般的猩猩变来的，而是由长得非常迷人的猩猩变来的。"

美貌的小姐还不肯罢休，她又以自己的容貌为题材，想再次为难达尔文一下，她说："猩猩的脸也能变得这么美吗？"达尔文却借她的美貌作出回答："当然不是所有猩猩的脸都能变得这么美，自然是迷人的猩猩才能变成这样。"

达尔文从对方的话语中成功地找到了可借之物——"美"和"美貌"，然后紧紧抓住这两个要素，顺着小姐的话进行幽默的回答，从而巧妙地维护了自己的进化论，而又未失绅士风度。

在生活中，幽默也可以通过借力的方式产生，我们可以巧妙地利用对方的话来为自己服务，这就是所谓的"借别人的梯子登自己的楼"。这种方法多用于应对攻击性的话语。当对方从某一角度、某一方面对你进行嘲讽、侮辱时，你可以抓住其话语中的某个破绽，顺着对方的逻辑推下去，从而得出一个令对方无地自容的自然结论。这样既能使自己脱离困境，又能给对方有力的回击。下面就是一个典型的"巧借人力，顺势而为"的幽默故事：

有两个贵族青年，骑着高头大马在路上趾高气扬地走着，迎面走来一位驼背的老妇人，手里牵着两头瘦骨嶙峋的小驴子。

两位年轻人打趣地向老妇人"致敬"："早安，驴妈妈！"

"早安，我的孩子们！"老妇人答道。

老妇人巧妙借用对方话中的"驴妈妈"这个词语，顺其之势，取其精髓，再把自己要说的话经过刻意地加工，平和而又幽默地回击了两个贵族青年的侮辱，在和缓的气氛中，既维护了自己的尊严，又对两个贵族青年予以温和的批评和教育。

有一个乡下人进了城，遇到了一个妄自尊大的城里人。

城里人想把乡下人戏耍一番，于是就故意问道："老乡，请问你有几个令尊？"乡下人知道对方在戏弄自己，就故意反问："令尊是什么？"

城里人得意了，心想这个乡下人果然好糊弄，于是就进一步戏弄他说："令尊就是儿子的意思啊！"

乡下人毫不迟疑地接上他的话说："噢，我明白了，那么请问您有几个令尊？"

城里人没想到乡下人竟问出这样的话来，一时间竟不知如何回答。乡下人见状，故意做出关心的样子，安慰他说："原来您竟没有儿子。我倒是有两个儿子，可以把其中的一个过继给您当令尊，您意下如何？"

乡下人在城里人的挑衅面前，没有恼羞成怒，没有畏缩退避，而是借力打力，漂亮地反击了城里人，有力地维护了自己的尊严。

想要让自己的临场反应灵活起来，说话者必须迅速把握对方的意图、目的，确定自己的角色定位，巧妙利用对方话语或行为中存在的漏洞，植入自己的行动策略，借力打力，用幽默风趣的手段达到自己的目的。

有个男人跛着脚，艰难地走进医院。

男人：护士小姐，请你把我安排在三等病房，我是个穷光蛋。

护士：没有人能帮你的忙吗？

男人：没有。我只有一个姐姐，她是修女，她也很穷。

护士：（生气地）修女富得很，因为她和上帝结婚。

男人：好，那您把我安排在一等病房吧，顺便把账单寄给我的姐夫。

当你遇到故意刁难的问题时，当你面对没有自知之明的人忍不住想给予讽刺时，当你当众摔倒、恨不得找个地缝儿钻下去时，不妨冷静地思考，是否有另一种方式能更好地摆脱困境。

"巧借人力"的幽默技巧也能帮我们取得事业的成功，下面就是一个事例：

在英国肯特郡的一个法庭上，琼斯太太正与丈夫闹离婚，理由是她丈夫有了外遇。

法官问道："琼斯太太，你能不能告诉法庭，与你丈夫私通的'第三者'是谁？"

琼斯太太爽快地说："当然可以，她就是臭名远扬、家喻户晓的'足球'！"

法官听后哭笑不得，只得劝道："足球不是人，你只能控告足球生产厂家。"

谁知琼斯太太果真在法庭上指控了一家年生产20万个足球的天地足球厂。更出乎意料的是，通过法庭调解，该厂居然答应赔偿琼斯太太10万英镑的精神损失费。

足球厂老板说："琼斯太太与丈夫闹离婚，正说明我厂生产的足球有魅力，而她的控词给我厂做了一次绝妙的广告。"

在这一则幽默故事中，琼斯太太控告天地足球厂生产的足球为第三者，足球厂老板却利用这一特殊事件，顺着琼斯太太的逻辑，给自己的足球作了一次绝妙的广告宣传。从这里，我们可以看出足球厂老板所具备和运用的正是一种巧借人力的充满大智慧的幽默。

幽默训练心得

"巧借人力，顺势而为"的关键在"借"和"顺"两个字上。首先要在别人的话语中发现可借之物，把握其内在的精神，然后顺着这种内在的精神，运用可能前后并不协调的话语，传达一种出乎对方意料的意思，幽默也就轻松产生了。

5. 多向思维的幽默技巧

哈利被派到美国新兵培训中心推广军人保险，他的演讲总是十分成功，听他演讲的新兵100%都自愿购买了保险。培训主任对此感到十分惊异，于是来到课堂，想听听他对新兵都讲了些什么。

"小伙子们，我要向你们解释军人保险有什么好处。"哈利说："假如战争爆发，购买军人保险的战士阵亡后，政府将会给你的家属赔偿20万美元，但如果你没有买保险，政府只会支付6000美元的抚恤金。"

"这有什么用，多少钱都换不回我的命。"下面一个新兵撇了撇嘴说。"你错了。"哈利慢悠悠地说，"想想看，一旦发生战争，政府会派哪一种士兵上战场？买了保险的还是没有买保险的？"

11

直接给新兵们讲解保险带来的种种好处，这样的做法并不能让新兵满意，这类说辞也早就听腻了，何况政府无论赔偿多少钱都无法使新兵克服对死亡的恐惧。

但哈利却巧妙运用了多向思维，从政府的态度入手，直接涉及新兵们最关心的自身安全问题，并且最后点出政府为节省开支一定会先派没上保险的士兵上战场，这样的说辞既不失幽默又效果显著。

站在一个固定的立场上，我们看到的事物就是一成不变的。我们看到的，别人也能看到；我们要说的话，别人也已经想到了，幽默就无从谈起。

要想使自己的思维突破常规，达到幽默所要求的高度，我们就必须做到从多个侧面、多个角度去思考问题。只有这样，我们的思路才会开阔，思维才会活跃，才能把眼前的事物换个角度、换个立场来讲述，给人以耳目一新之感，幽默才有产生的可能。

用似是而非的荒唐道理去解释某种现象或问题的幽默方法，即是"歪解法"。请看下面这段对话是不是很有意思：

"您认为牛皮最大的用途是什么？"

"做皮衣。"

"不对。"

"做皮鞋。"

"还是不对！牛皮最大的用途是把牛包起来。"

这个类似脑筋急转弯的幽默故事，其实就是"歪解法"的一个具体运用，说话的时候我们用新奇的角度来解释正常的现象，回答一本正经的提问，可以给人一种耳目一新的幽默感。

"答非所问"也是一种歪解原意的方法，有时候，利用这种"答非所问"的方法也能造成新鲜的幽默效果。下面一段对话就是这种方法的一个典型应用。

一人问道："鱼为什么生活在水里？"

智者答："因为陆地上有猫。"

这种"答非所问"与"偷换概念"有相同点，它们又有明显的不同之处。"偷换概念"重在"换"，需要有原来的东西和用来替换的东西两个因素，"偷换概念"在逻辑上是合理的。而"答非所问"重在一种新角度的回答看似合理，其实是一种似是而非的歪解，仔细推敲就会发现其逻辑上不合理的地方。上面例子中，"鱼生活在水里"当然不可能是因为"陆地上有猫"，这样说虽然能够产生幽默的效果，却并不符合逻辑。

"歪解原意"虽然不合逻辑，可是这种技巧除了能够产生幽默效果外，有时候还能起到正面的说服效果。

幽默训练心得

如果人们在交际场合中，都是有一说一、有二说二，没有任何创新和变化，也没有奇巧和怪诞，要想取得幽默的效果是很难的。假如我们就某种现象进行说明或者就某个问题进行辩解时，讲出了别人没有想到的奇妙歪理，给人一种新奇的心理体验，相信一定能使人眉开眼笑、精神一振。

6. 含蓄表达的幽默技巧

意大利小提琴大师尼科罗·帕格尼尼凭借其高超的演奏技巧而名震欧洲。虽然他已经功成名就，但是有时候也需要应付场合为一些完全不懂音乐的人演奏，这让这位音乐奇才痛苦不堪。

某日，一位附庸风雅的贵妇邀请帕格尼尼一起喝茶，并想借此让帕格尼尼为自己演奏，从而作为炫耀高雅的资本。虽然帕格尼尼本人并不想去，但碍于情面还是接受了邀请。

贵妇兴奋地说："帕格尼尼先生，您能来我真是感到万分荣幸！对了，到时候请别忘记带上您可爱的提琴啊！"

"但是夫人，"帕格尼尼无奈地回答："我的提琴可从不喝茶啊!"

在情面上，帕格尼尼不能直接回绝贵妇的要求，但他巧妙地利用"提琴"与"喝茶"间没有联系来含蓄地表达自己的立场，既表明了自己的态度，也给了贵妇一个台阶下，不至于伤了彼此的和气。

这就是会含蓄说话的人，既能完整地表达自己的思想，又可以礼貌地维系与谈话者的关系，使之不互相冲突。这就是幽默带给人的语言魅力。

观点的表达可以直接，也可以婉转。直接表意直率坦诚，含蓄表达则更显出做人的艺术与灵活感。含蓄之美，在于有所保留、给人留有思考和反省的余地。含蓄的表意犹如一杯清茶，越多品越能体味个中滋味。

在日常生活中，一家人也有不好意思直接表达看法的时候。而这时候只需要我们动动脑子，用一点含蓄而幽默的心思，不用说很多废话，就能达到我们所要表达的目的了。

一位母亲有两个儿子。一天，用餐时，刚吃了一口菜的小儿子就撇着嘴说："妈妈，好苦!"

母亲很生气地说："那你就别吃菜了，只喝汤就行了。"

大儿子看到了，便问弟弟为什么只喝汤不吃菜。

母亲回答："我的厨艺这么好，他偏说菜是苦的，你说该不该罚?"

大儿子尝了一口，便自觉地端起了汤碗说："我也只喝汤吧!"

母亲顿时一愣，继而体会到了大儿子的用意，会心一笑。

大儿子自我惩罚的举动实际上含蓄地表明了自己的看法，让母亲感受到是自己的厨艺有待提高，而不是孩子们故意找碴。这样幽默的话语不但可以让母亲很容易就接受，还可以让母亲会心地笑起来，何乐而不为呢?

朋友之间与家人一样，由于感情亲近，直接表达意见也并不一定会伤害到对方。但是，稍带嘲弄或者调侃的话语可以让你更加委婉地表明看法，让对方感受到你为他(她)着想的诚意。下面这个故事中甲乙两位新锐作家的对话就充满了幽默的意味。

两位年轻作家在一起聊天。

甲炫耀自己文思如泉涌，说："我经常半夜灵感大发，一写就是半宿，然后就一直失眠。你知道怎么解决这个问题吗？"

乙："你不妨看看你写的文章，一会儿就睡着了。"

身为朋友，乙不方便直接批评甲的文章写得不好，他利用看他的文章会睡着的回答，曲意表达其看法——你的文章写得很差，具有催眠效果。由于观点表达巧妙，并不会让对方心生不快，也更易让对方看出顾及他颜面的苦心。

朋友之间的含蓄幽默让双方的关系得以维系，言简意赅之余更有深意。平淡睿智的语言，蕴涵着双方心智，风起云涌的交手，能够在不动声色之中化干戈为玉帛，可谓是善用幽默含蓄表意的高手了。

幽默训练心得

一个人"会不会"说话，并不是看他能否说话滔滔不绝。说话的根本目的在于表达沟通。所以，一个人"会不会"说话，最重要的是说话的方式与表达的技巧。说什么并不重要，关键看怎么说。含蓄的幽默话语能够有效地润滑和缓解矛盾，调节人际关系，给人带来欢乐，以愉快的方式娱人。话说得恰到好处，说得能打动人心，你就是一个会说话、受欢迎的人。

7. 请君入瓮的幽默技巧

一考生骑驴赴京赶考。路上问一个放牲口的老汉："嗳，老头儿！这儿离京城还有多远？"老汉看他穿戴得挺排场，问路却不下驴、说话没礼貌，心里想：这算什么书生！

老汉本来不想理他，可又想教训他一下，就答道："京城离这儿180亩。"

书生感到好笑，说道："喂牲口的！路程都讲'里'，哪有论

'亩'的?"

老汉冷笑道："我们老辈子的人都讲里（礼），现在的后生娃没有教养，不讲里（礼）！"

书生脸一沉，说："你这个老东西，怎么拐着弯儿骂人呢？"

老汉说："喂牲口的老东西本来不会骂人。只是今天心里不痛快，我养的一头母驴，它不生驴仔，偏偏生下了个牛犊。"

书生不明白老汉的意思："你这个人真是稀里糊涂的，生来就该喂牲口。天下的驴子哪有下牛犊的道理？"

老汉还是耐心指教书生说："是呀，这畜生真不懂道理，谁晓得它为啥不肯下驴咧。"

书生听出了话里的意思，面红耳赤，没有作答就扬鞭绝尘而去。

幽默的表达是含意蕴的。故事中的老汉，通过曲折的暗示故弄玄虚，吸引对方思绪，诱使对方上当，是请君入瓮法运用的典范。

"请君入瓮"是个成语，出自《资治通鉴·唐纪·十二》，它讲的是关于唐代酷吏来俊臣的一个典故，其中"瓮"是指大坛子。当年在女皇武则天掌管朝政的时候，有人告发了大臣周兴，武则天令来俊臣审问周兴（周兴平日也惯用酷刑，跟来俊臣一向交好）。来俊臣假意请周兴喝酒，席间他问周兴："犯人不肯认罪怎么办？"周兴说："拿个大瓮，周围用炭火烤，把犯人装进去，什么罪他会不招认呢？"来俊臣就命人搬来一个大瓮，四面加火，对周兴说："奉皇命审问老兄，请君入瓮。"周兴吓得连忙磕头认罪。

根据这个典故，我们后人就沿用"请君入瓮"来指设好圈套等别人来钻。把这种计谋用在幽默上，它就发展成为一种富有意味的幽默技巧，或者说是语言技巧。它的突出特点就是：用故弄玄虚连续地问或答，使对方一步步进入自己的话语迷宫，营造出一种幽默的氛围，同时使他人开窍。

在日常生活中，这种艺术使幽默更加显露出它固有的机智与思辨色彩。由于这个原因，在生活中的舌战场合，这种巧设圈套的幽默技巧也被广泛地应用。

有一次，老张到菜市场买鱼。他走到一家鲜鱼摊前，看到摆的鱼虽然不少，但都不是很新鲜。老张提起一条放在鼻子前闻了一下，果然有一股臭味，看来鱼放得时间已经不短了。谁知摊主看到他这么一闻，便非常不高兴地问道："哎，你这是干什么？我的鱼是刚刚打上来的！"老张并没有和摊主争辩，也没有指责他的谎话，而是顺口说了句："我刚刚是和这条鱼说话呢！""嗯？"摊主觉得老张这话挺有意思，不禁来了兴致，想习难老张一番，于是就说："那你和鱼说些什么话呢？"老张说："其实也没有什么，我想到河里游泳，所以向那条鱼打听一下现在的水究竟凉不凉。""那鱼怎么说呢？"摊主已经笑得上气不接下气了，周围也已经聚集了一些围观的人。"鱼对我说，很抱歉，我不能告诉你。因为我离开河已经十多天了。"老张淡淡地说。围观的人哄然大笑，摊主脸上的笑容却马上不见了。

幽默的老张表面上装作没有发现鱼是变质的，通过和鱼对话这件非常荒谬的事情来化解鱼摊主的戒备情绪，并一步步诱使鱼摊主进入自己的圈套，正是运用了"请君入瓮"的幽默技巧；鱼摊主在整个过程中都被老张牵着鼻子走，完全陷入一种被动的状态中。

运用这种幽默技巧必须突破常规思维，出奇制胜地将对方引入你的圈套中。对方若是按照正常的思维去推理，根据你的设计，最后必然会掉入你设的圈套之中。

法国寓言家拉封丹习惯每天早上吃一个土豆。有一天，他把土豆放在餐厅的壁炉里，想热一下再吃，等他回头去拿的时候，土豆却不翼而飞了。于是他大喊："我的上帝，谁把我的土豆吃了？"他的佣人此地无银三百两地说："不是我。""那就太好了！""为什么？""因为我在土豆里放了砒霜，想用它毒老鼠。"佣人顿时面如土色，承认自己吃了土豆。拉封丹听后，对她解释："放心吧，我不过是想让你说真话罢了！"

如果拉封丹果真在土豆里放了砒霜，那这个故事就不好笑了。这个故事的幽默之处就在于拉封丹运用了故弄玄虚、"请君入瓮"的方法，诱使佣人说出真话，承认错误。运用这种幽默技巧还可以在特殊情况下给自己留有余地，使事情进行得更加顺畅。

"请君入瓮"的幽默技巧能够体现出一个人高超的智慧。这种幽默还有一个很明显的特点，那就是施用此术的人总是能在与对手的较量中占据主动，先发制人。从一开始就稳固地占据主动地位，吸引对方的注意力，让对方总是跟着自己的思维走，这样，最后的一击才会显得幽默有力和富有戏剧性。

8. 机辩善辩的幽默技巧

北京机动车单双号限行的第一天，公交车上超级拥挤。有一个女人站在门口，从车后面挤过来一个男孩要下车，跟那个女人说了一句："让一下，下车。"那个女人没有动。男孩挤过去时踩到了她。结果那女人不停地大声骂："神经病啊你！神经病啊你！"搞得全车人都看她。

男孩一直没有说话，下车时忍不住了，回头对那女人说："复读机呀，你！"全车人爆笑！

后来，有个小妹妹也要下车，挤过去怯怯地说："我……我……我，想……想下车，我不是神经病！"全车人再次爆笑！

那个女人尴尬得哑口无言，这时从边上飘来一句话："你是不是没电了？"全车人又爆笑不止。

既能够统一机辩与善辩，又能把这种统一与幽默交互渗透贯通起来，用幽默的语言展开自己的机善之"辩"，这种口才艺术，我们给它命名为"机辩善辩"的幽默。

许多情况下，不论是面对谈判对手还是平常的交谈对象，许多话往往是不能够用直接的方式去说，这就须以曲线的婉转方式去说。机辩善辩的幽默就是这种婉转表达自己意图的一种艺术。首先，机辩不等于或者不完全等同于善辩，所以，"机辩善辩的幽默"最少包含有两个层次的意思。机辩，字面的意思就是充满机智的辩解，或者辩解是充满机智的。善辩，就是对一个说话者来说，他有善于辩论的专长。

机辩与善辩的关系是这样的：机辩不一定是善辩，善辩一定能够包含机辩。因为，有时一个人能够机辩，往往证明他有敏捷的思维，但不一定能够像"善辩"者那样面面俱到。

话中有幽默，生活才更有味道。王蒙说："幽默是一种酸、甜、苦、咸、辣混合的味道。它的味道似乎没有痛苦和狂欢强烈，但应该比痛苦和狂欢还耐嚼。"

在历史上和现实生活中，我们看到或听到过许多这种"机辩"与"善辩"的幽默。当年诸葛亮只身过江东，游说孙权抗曹，舌战群儒，这已成为家喻户晓的历史趣谈了。在许多日常场合下，也不难发现这样的"机善之辩"的幽默。比如，在酒席上，有的人就特别善于借助自己机辩的辞令劝人喝酒，一些会议上，面对某项一筹莫展的计划，有的人就能够巧妙地拉拢支持的掌声。这样的事情，随时随地都能碰上。

一天晚上，杰克接了一个电话，而且很快听出对方是个电话推销员。

推销员："晚上好，我想和利厄·乔纳森说话。"

杰克："对不起，她是个婴儿。"

推销员："没关系，那我以后再打。"

杰克说乔纳森是个婴儿，显然是借口，他不想被这个推销电话占用太多的时间。有经验的推销员绝对明白这一点，但是他不能意气用事，和顾客理论乔纳森是否是婴儿这件事，于是他巧妙地顺着客人的意思回答：既然她还是婴儿，那我等她长大了再打。他随机的幽默不仅迅速结束了对话，而且为以后再次电话推销埋下了伏笔。

不经意的回眸一瞥最动人，出乎意料的惊喜最陶醉，突如其来的幽默最难得。如果说幽默无处不在，那是因为生活无处不在，只要有对话、有场景，懂得幽默的人就有"平地起高楼"的威力。

突然迸发的灵感火花，一语惊人的思维转向，天马行空的想象力，都能让人情不自禁产生笑意。学习幽默的艺术，才能在与别人对话时把握局势、"转危为安"。

9. 假装糊涂的幽默技巧

希特勒去一个精神病院里视察，他为了表示对病人的关心，就拉住一个病人问他是否知道自己是谁，这位病人摇了摇头，傻呵呵地冲着他笑。

希特勒挺直腰板，大声说："你听好了，我就是阿道夫·希特勒，是你们的伟大领袖。"

周围的病人听到他的叫声，都围了过来，其中一个病人拍了拍希特勒的肩膀，用同情的语气说："别难过，伙计，我们开始得病的时候，也像你现在一样。"

这明显是一个笑话。笑话中病人的糊涂幽默，给了希特勒极大的讽刺。

现实生活中，能用假装糊涂的方法达到幽默的效果，是一种高明的智慧。在一些比较特殊的场合，我们常常会碰到一些意料之外的事情，倘若处理不好，那着实会令人万分尴尬。我们在遇到这种情况的时候，不妨假装糊涂，幽默应变。

爷爷让孙子去打酱油。结果孙子回家一进门就把酱油瓶子给摔碎了。爷爷很恼火，便揍了他两巴掌。正在这时，孩子的父亲进门来，问出了什么事。爷爷就把打孙子的原因说了一下。孩子的父亲听了，便摘掉帽子，揪住自己的头发乱打。爷爷见了问道："你疯了吗？"孩子的父亲说："我没疯。您能打我的儿子，我难道就不能打您的儿子吗？"爷爷哭笑不得，表示以后不再打孙子了。

爷爷当然知道儿子的用意何在，这个聪明的儿子就是充分利用了假装糊涂的技巧，使得倔犟的老爷子妥协了。这表明，装傻有时候是一种以守为攻的武器。

席勒有一首诗叫《钟之歌》，德国一位名叫贝仑哈特的年轻钢琴家很喜欢这首诗，他专门为这首诗谱了曲，并特地举行了一个演奏会，大名鼎鼎的作曲家勃拉姆斯也被请来做听众。

演奏结束后，贝仑哈特悄声问勃拉姆斯："您觉得我这首曲子谱得怎么样？"勃拉姆斯微笑着说："《钟之歌》不愧是首不朽的名诗啊！"

贝仑哈特问的是曲子如何，而勃拉姆斯回答的却是诗写得很好。似乎是很矛盾的回答，连起码的逻辑也不通，但这也很曲折地暗示：勃拉姆斯所欣赏的是席勒的诗而不是贝仑哈特的曲。

世界上有真傻和装傻两种，真傻的人是简单的，而装傻的人却是智慧的。只有历练颇深，有丰富人生经验的人才能把自己的睿智伪装起来，装傻充愣，适时反击，取得特定条件下的幽默效果，并能不动声色地解决问题。这种方式并不像表面上看上去的那么简单，而是大智大慧的表现。人际交往中，要"傻"得可爱，"疯"得恰到好处，发挥大智若愚的幽默力量来取得交际的成功。

话说某小镇上有一个"笨小孩"，人们都喜欢捉弄他，把他看成是一个傻瓜。因为每当他们把一枚5分和一枚1角的硬币扔在他面前，叫他随便捡一个时，小男孩总是捡那个5分硬币。于是人们觉得很有趣，总是嘲笑他。很多人听说此事后也纷纷赶来进行验证，果然是那样。

有一天，一位好心人问他："难道你不知道1角要比5分值钱吗？"小男孩眨了眨眼睛，悄悄地说："我当然知道。但如果我捡了那个1角的硬币，他们就再也没兴趣扔钱给我了，不是吗？"

显然，这是一个非常聪明的小孩，那些把他当成傻瓜一样戏弄的人才是真正的傻瓜。

世上有很多看似木讷其实却七窍玲珑的人，他们大智若愚，虽然不言不语，却敏锐地洞察着周围。没有人期望自己愚蠢呆笨，但是愚和智从来都是相对存在的，二者可以相互转化，其中的分寸把握充分体现着人生的智慧。

大智若愚的人不会处处显示自己的聪明。他们大多做人低调，从来不夸耀自己、抬高自己，做人的原则是厚积薄发、宁静致远，注重自身修为、层次和素质的提高，对于很多事情持大度开放的态度，有着海纳百川的境界和强者求己的心态。

幽默训练心得

我们在待人处世中，有时可以试着用对方无法理解的语言应对，同时也可以故意装作听不懂对方的话，让对方在与你沟通中产生挫败的感觉，他说他的"阳关道"，你说你的"独木桥"，声东击西，这样来往几个回合，在对方思维混乱时，你便可以寻找突破口，巧妙应答。

10. 望文生义的幽默技巧

汉武帝到了晚年，做起了长生不老的美梦。

一日上朝，他对群臣说："相书上说，一个人鼻子下面'人中'越长，寿命就越长。'人中'长一寸，这个人就能活一百岁，不知是真是假？"

东方朔听了这话，突然哈哈大笑起来。汉武帝大怒，喝道："你怎么敢嘲笑我？"

东方朔连忙跪下，恭恭敬敬地回答："我怎么敢嘲笑皇上呢？我只是在笑彭祖，他的脸太难看了。"

汉武帝惊奇地问："你怎知彭祖长得难看？难道你见过他？"

东方朔说："彭祖是上古仙人，我哪有福分见到他？但据说彭祖活了八百岁。如果真像皇上说的，他的'人中'就有八寸长，那么，他的脸岂不是有丈把长吗？"

汉武帝听了，也哈哈大笑起来。

东方朔不愧是智者，他利用幽默的语言，巧妙指出相书上的漏洞，同时也讽刺了汉武帝的荒唐，连正在发怒的皇帝也不禁要哈哈大笑起来。

劳动人民在长期的生产劳动中创造出了丰富的语言。这些精妙的语言不仅为人们交谈提供了便利条件，同时也具有很高的审美价值，散发着永久的艺术魅力。语言表意的准确性、丰富性、形象性，也是其他任何事物所无法比拟的。

"望文生义"是指不了解某一词句的确切含义，光从字面上去牵强附会，做出不确切的解释。"望文生义"在感情色彩上是含有贬义的，然而巧妙运用"望文生义"法，会使说话十分诙谐，充满幽默感。望文生义法充分利用了人类语言的丰富含义，在强烈的不协调中形成幽默感，是一种巧妙的幽默技巧。

这种"望文生义"的方法不仅可以用于自我调侃，还可以用在别人身上达到讽喻他人的效果。直接指出对手的错误有时会伤及脸面，在这种情况下，就可以将计就计，利用字的谐音来制造"醉翁之意不在酒"的效果。既不会伤对方的面子，又能显示自己幽默的魅力。

谐音是幽默语言技巧中常用的一种方式，即利用词语的同音或近音条件构成双重意义，使字面含义和实际含义产生交叉。谐音双关以语音为纽带，将两个毫不相干的词义联系在一起，制造出讽刺嘲弄的幽默效果。

据说李鸿章有一个远房亲戚，胸无点墨却想要考取功名，一心想借李鸿章的关系捞个一官半职。一次他在考场上打开试卷，竟无从下笔。眼看要交卷了，便"灵机一动"，在试卷上写下"我乃李鸿章中堂大人的亲妻（戚）"，指望能被主考官录取。

主考官批阅这份考卷时，发现他竟将"戚"错写成"妻"，不禁拈须微笑，提笔在卷上批道："所以我不敢娶（取）你。"

我们知道"妻"与"戚"是谐音，同时"娶"和"取"也是谐音。主考官针对他的错字，将错就错，来了个双关的"错批"，达到了巧妙的讽刺效果，同时又极富情趣韵味。

国民党统治时期，苛捐杂税多得像牛毛。辛亥革命后，皇帝虽被赶下了台，人们改呼"皇帝万岁"为"民国万岁"，以为从此天下太平，而事实却是军阀混战，贪官横行，民不聊生。撰联大师刘师亮编出"民国万税，天下太贫"的对联。此联的讽刺效果堪称一绝。确实，民国不能"万岁"，但却有"万税"；天下不太平，只有"太贫"。

将某种讥讽以曲折、含蓄的方式表达出来，使人领悟到其中深层次的含义。以这种方式代替直叙的表达方法，易被人接受，又引人思考。

在有些场合，相同意思的话用幽默的语言来表达，效果会大不同。诙谐暗讽中声东击西，言在此而意在彼，更能巧妙地传达自己的想法，说服他人。

~~~ 幽默训练心得 ~~~

望文生义的幽默技巧也不是随便就可以用的，其重要的前提条件是，你所曲解的意思要让别人心领神会。对方至少要熟悉你所歪曲的经典的原意，同时他能够明白你是故意歪曲的。如果你所面对的是一个达不到这种水平的人，那么你的幽默就达不到预想的效果了，那就必然导致幽默感的丧失。

第2天

幽默训练课——幽默感是如何培养的

培养幽默感觉,增强个人魅力

1. 幽上一默，提升个人魅力

著名的现代航空大师西奥多·冯·卡门在八旬高龄时获得了美国第一枚"国家科学勋章"。授勋仪式结束走下台阶时，冯·卡门因患严重关节炎，显得步履艰难。在一旁的美国总统急忙上前搀扶他。老人向他报以感激之情，然后轻轻推开总统的手，说了一句俏皮话："总统先生，下坡而行者，不需搀扶，唯独举足攀登者，才求助一臂之力。"一句幽默的话，引得众人大笑不已。

这样的幽默，不仅使人感到轻松、愉快，而且寓意深刻，也使人在笑声中领悟到其中的哲理。

在施展幽默时，能够保持绅士风度，控制好各种情绪波动，将幽默的语言平淡地说出来，这就是高手。越是这样的幽默越能和一般的幽默所产生的效果形成强烈反差。因此温和亲切，不仅能提升自己的品位和风度，更能增强你的语言幽默效果。

具有怎样特征的人才更吸引他人呢？一般人会说出友善、热情、开朗、宽容、富有、乐于助人、幽默、有责任感、工作能力强等许多的特征。但相关专家认为，在这些所有特征中最重要的莫过于幽默了。这并不是说其他的特征不可贵，而是由于在短暂的人际交往过程中没有太多的机会展示那些特质。

假若把各种优良特质比作钻石的各个侧面，幽默感则是钻石直接面向我们的那一面，可以直接折射出智慧的光辉。

在古代，"桃李不言，下自成蹊"是为人称道的交往观念，意思是说：桃树、李树虽不说话，却因为它们的鲜花和果实而把人们都吸引过来，以至于树下都被踩出了小路。

在当今社会中，人与人的交往通常以吸引力为基础，即使你再优秀再能干，如果你不会"自我展示"，也不太容易引起他人的注意。

在有限的时间和空间之内，哪怕是初次见面的几分钟或一顿晚餐的时间，幽默都能让你一展才华，从而给人留下深刻印象。

幽默能带给你意想不到的吸引力，让你总是可以在幽默中发散睿智的光芒。思路清晰、反应敏捷、妙语惊人是具有幽默感的人的共同特征，他们总是可以从容地面对各种纷繁的场合，下面就以几个竞选的故事来展现一下具有幽默感的人是怎样用其独特的魅力来保护自己、赢得胜利的。

造谣中伤在欧美官场上是常有的事：

约翰·亚当斯参加美国总统竞选时，共和党人指控亚当斯曾派竞选伙伴平克尼将军到英国去挑选四个美女做情妇。其中两个给平克尼，两个留给他自己。约翰·亚当斯听了哈哈大笑，说道："假如这是真的，那平克尼将军肯定是瞒过了我，全部独吞了！"

如果当时亚当斯怒不可遏地指责对方的诬蔑，不但不能解释清楚，反而会"越描越黑"。以幽默的语言作答，这种反击显得更加有效吗。最终亚当斯凭借着他的机智、才干和令人钦佩的幽默感当选了，并且成为美国历史上著名的总统。

几个朋友交谈，急性子的甲总是打断乙的话，使乙无法完整地表达出意思。这时乙站起来说："对不起，说话要排队，请不要中间插队好吗？"

这句话把大家的注意力都吸引到乙身上来了，甲发现乙抢了他的风头，急中生智，也来了一句："请不要扳道岔！我现在重播一遍自己的观点。"

这时甲也运用幽默的力量表现了自己，扳回了一局。可是乙又接着说："那好，我也把自己加了着重点符号的意见再说一下。"

在这样的层层幽默的推进下，不仅在场的每一个人都受到了感染，甲乙二人也在互动的幽默中展现了自我的魅力。

幽默是展现自我魅力的极佳方式，只有具有幽默感的人才能在社交场合处处赢得他人的青睐和喜爱。

幽默训练心得

要想运用幽默手段表现自我，重要的是要懂得临场发挥，抓住每一个机会为自己所用。上文中的例子就是如此。只要你有足够的机智和智慧，懂得如何随着情境的变化而制造幽默，那么，生活中的每一个瞬间都是你表现自我的舞台。

2. 幽默妙用，品味油然而生

两个乡下财主站在村头说私房话儿，农夫老田见了，同他们打了个招呼然后走了。忽然，其中一个瘦财主喊道："黑老田，站住！"

农夫站住了，向匆匆赶来的瘦财主问："您有什么事儿？"

瘦财主喘了喘气无中生有地说："你打断了我们的话把子，赔三石谷，折合洋钱五十块，必须三日之内交清。"

老田回到家里，愁眉苦脸，茶饭不进，只差寻短见了。他的妻子问怎么回事，老田照实说了。他的妻子就说："这有什么可怕的？到时由我对付！"

到了第三天，田妻叫老田上山打柴，自己便在家门口等着。瘦财主来了，劈头就问："你家老田呢？"

田妻不慌不忙地回答说："他上山挖旋涡风的根去了。"

瘦财主一听，喝道："胡说，旋涡风怎么能有根！"

田妻反问："那么，话还有把子吗？"

瘦财主无言以对。

幽默是建立在知识与经验的基础上，想成为一位幽默家，必须对古今中外、天南地北、历史典故、风土人情都有所了解，必须对天文地理、声光电化、文法哲经、名人逸事、影星趣闻都有所关注。

"世事洞明皆学问，人情练达即文章。"只有多读书多阅世，多积累知识，扩大知识面，懂得并熟练地按技巧操作，才能登堂入室，修成正果。

总而言之，幽默只有扎根知识的沃土，饱吸知识的营养，才能茁壮地成长起来。所以，一个幽默高手，一定要提高自己的知识修养。

幽默在交谈中有重要的意义。真正的言语幽默，必定是以健康高雅的话语、轻松愉快的形式和情绪去揭示深刻、严肃、抽象的道理，使情趣与哲理达到和谐统一。

美国著名小说家马克·吐温也善于使用言语幽默。

有一次马克·吐温到一个小城市去，临行前别人告诉他，那里的蚊子很厉害。到了那里，当他正在旅馆登记房间时，有一只蚊子在他面前来回盘旋。正在店主尴尬之时，马克·吐温却满不在乎地说："你们这里的蚊子比传说中的还要聪明，它竟会预先看好我的房间号码，以便夜晚光顾。"大家听了不禁哈哈大笑。于是全体职员出动，想方设法不让这位作家被那预先"看到"房间号码的蚊子叮咬。

言语幽默最能体现受人欢迎的"趣"、"隐"言谈的风采，它在深层的变化与内核上赋予平常的言谈以意蕴深远的力量，并从色彩和情调上给它以使人着迷的欢悦。

言谈明显有雅俗之别、优劣之分，言谈优雅者也往往是言谈幽默者。隽永的谈吐能使人心中一亮，恍如流星划过暗夜的太空，光华虽在瞬间闪耀，美丽却在心中存留。

铁血首相俾斯麦有一次和一名法官相约去打猎，两人在寻觅动物时，突然从草丛中跑出一只白兔。

"那只白兔已被宣判死刑了。"

法官很自信地这么说了以后，便举起猎枪，可是并没有打中，白兔跳着逃走了。看到这种情形的俾斯麦，当即大笑着对法官说："它对你的判决好像不太服气，已经跑到最高法院去上诉了。"

办事时如果借助幽默的言语，你成功的可能性便会大大增加。幽默能创造友善，避免尖锐对立。俗话说："笑了，事情就好办!"就是这个道理。

言语上的幽默不仅能在交谈中使用，在书面交流中使用更能产生高雅的情调。

据说《大不列颠百科全书》最初几版收纳"爱情"条目，用了五页的篇幅，内容非常具体。但到第十四版之后这一条目却被删掉了，新增的"原子弹"条目占了与之相当的篇幅。有一位读者为此感到愤慨，责备编辑部藐视这种人类最美好的感情，而热衷于杀人的武器。对此，该书的总编辑约斯特非常幽默地给予了回答："对于爱情，读百科全书不如亲身体验；而对于原子弹，亲身尝试不如读这本书好。"

这位总编辑幽默的回答中包含了很深的哲理，他将爱情和原子弹进行比较，在答复读者质问的同时又表达了他和读者一样珍惜人类最美好的感情，不愿原子弹成为"人类之祸"。编辑简单明了又具有哲理性的言语将幽默提升到一个更高的层次，具有更深、更广的含义。

言语幽默多是三言两语，轻描淡写的。它既不像戏剧那样有激烈的矛盾冲突，又不像小说那样有完整结构的故事情节，但是它的确具有一种特殊的吸引力和一种高雅的情调。

幽默训练心得

幽默虽包含着引人发笑的成分，但它绝不是油腔滑调的故弄玄虚或矫揉造作的插科打诨。有幽默感的人大都有较高的文化水平和良好的品德修养，而一个不学无术的人则往往只会说一些浅薄、低级的笑话。格调高雅的言语幽默总是在诙谐的言语中蕴涵着真理，体现着一种真善美的艺术美。因而，言语幽默必须是乐观健康、格调高雅的。

3. 幽默内涵，增加你的影响力

著名诗人惠特曼是一个具有幽默感的人，而且他的幽默常常具有攻击性。也许，正是这种富于攻击性的幽默更增强了他的影响力。

有一次，惠特曼在一次大会上演讲，他的演讲尖锐、幽默，锋芒毕露，妙趣横生。

忽然有人喊道："您讲的笑话我不懂！"

"您莫非是长颈鹿？"惠特曼感叹道："只有长颈鹿才可能星期一浸湿的脚，到星期六才能感觉到！"

"我应当提醒您，惠特曼先生，"一个矮胖子挤到主席台前嚷道，"拿破仑有句名言：'从伟大到可笑，只有一步之差！'"

"不错，从伟大到可笑，只有一步之差。"他边说边用手指着自己和那个人。

幽默就是这样，为你秀出最为闪耀的一面。乐观和幽默是与人建立良好关系的催化剂，能带给别人快乐的人就更容易被大家所接受、肯定和追捧。学会幽默，你也能成为社交场上的明星。

一个掌握了幽默艺术的人，他的幽默语言和行为会一传十、十传百，成倍地扩展。如果幽默的语言行为中有他的思想、观点，那么，就会有更多人来传播他的思想、观点。幽默的涟漪或效果一旦产生，你所要传达的信息也随即被他人接受。无论他人是反对还是支持，至少他已了解了你的想法，于是你的影响便由此而产生。

人的幽默感是心智成熟、智能发达的标志，是建立在人对生活公正、透彻的理解之上的。理解生活应当说是高层次的能力，在此基础上，才能形成更好的生活能力。

俄罗斯有一位著名的丑角演员尼古拉，在一次演出的幕间休息时，一个很傲慢的观众走到他的身边，轻蔑地问道："丑角先生，观众对你非常欢迎吧？"

"还好。"

"要想在马戏班中受到欢迎，丑角是不是就必须具有一张看起来很愚蠢而又丑陋的脸蛋呢？"

"确实如此！"尼古拉回答说，"如果我能有一张像先生您那样的脸蛋的话，我准能拿到双倍的薪水！"

傲慢的观众本想借此为难一下尼古拉，却反受到尼古拉巧妙而机智的还击。

从某种意义上说，培养自己的幽默感，也就是培养自己的处世、生存和创造的能力。有较强生活能力的人，通常也是一个有影响力和感染力的人。

一个人是否有影响力，在一定程度上取决于他是否具有幽默感，是否掌握了幽默的艺术。

歌德有一次出门旅行，走进一家饭馆，要了一杯酒。他先尝尝酒，然后往里面掺了点水。

旁边一张桌子坐着几个贵族大学生，也在那儿喝酒，他们个个兴致勃勃，吵吵嚷嚷，闹得不可开交。当他们看到邻座的歌德喝酒掺水时，不禁哄然大笑。其中一个问道："亲爱的先生，请问你为什么把这么好的酒掺水呢？"

歌德淡定地回答说："光喝水使人变哑，池塘里的鱼儿就是明证；光喝酒使人变傻，在座的先生们就是明证。我不愿做这两者，所以把酒掺水喝。"

幽默，是一门魅力无穷的艺术。幽默用它特有的魅力吸引着无数人，使他们为之倾倒。世界各国的人都以其特有的方式展现着他们的幽默智慧。

幽默训练心得

"百万富翁的创造者"拿破仑·希尔曾经说过："如果你是个幽默的人，那么你就会轻而易举地去影响你周围的人，让他们永远喜欢你；如果你是个悲愤的人，即使你身边充满了欢乐的海洋，你也会看不到。"在这个忙碌的社会，没有谁不愿意和能给自己带来快乐的人在一起。能带给别人欢笑的人是最受人欢迎的人，也是最有影响力的人。

4. 幽默表现，让你充满活力

将美国历史翻到发明大王爱迪生的年代，由于他的发明，我们才能有现代的电灯设备、照相机、复印机和电影等。这些还只是他充沛的活力贡献给人类的一小部分。爱迪生除了是科学家、发明家外，还是个商人。更耐人寻味的是爱迪生还是一个世人皆知的幽默家。他小时候依靠幽默来应付困苦的生活，在火车上兜售糖果、点心和报纸。

有一次火车上的管理员不耐烦地扯了他的耳朵，使他的耳朵聋了。但是他后来说："谢谢那位先生，他终于使我清静下来，不必堵着耳朵去搞实验。"

爱迪生一生中留下了许多不朽的、著名的幽默语言和行为，有的妙语传遍世界各地，令人永怀不忘。在美国建国之初，国民们就是依靠幽默的力量来应付并克服生存在荒山野地的恐惧、被殖民生涯的艰苦和创建新大陆的挑战。

一个具有丰富幽默感的人，生活是多面性的。他通常有用不完的能力，这些能力表现在多方面的兴趣上。而一个具有较强幽默感的人，除了多方面的能力外，表现出来的还有充沛的活力和坚忍的意志。

从这个意义上说，幽默是构成人的活力的重要部分，也是产生创造力的源泉之一。

相对论刚发表时还鲜为人知，爱因斯坦很为人们的漠视而苦恼。有人要求爱因斯坦解释他的相对论，于是他这么回答：

"如果你和漂亮的女孩子在一起坐了一个小时，感觉上会好像才过了一分钟；如果你坐在热炉子旁边一分钟，就会感觉好像过了一个多小时，那么，这就是相对论！"

没有解释艰深的理论，以极其通俗的语言来表达他的伟大发现，这句话本身就创造了一个让人们对相对论产生兴趣的契机。

幽默的人能够将那些严肃的东西用轻松的方式表现出来，能够让生活压力减轻，能够让那些刻板的东西放出光彩，能够化腐朽为神奇，让枯燥乏味的生活变得浪漫，让眼泪里飞出欢笑。

幽默是精神上的"按摩师"，它能挥开疲惫，扫去低迷，赶走沉闷，让人们的生活充满乐趣，充满活力。活力不仅仅是年轻人的专属，只要心态乐观轻松，耄耋之年也能展现出生命的活力。

幽默训练心得

我们要想以乐观的心态面对社会，除了拥有渊博的知识、综合的能力，还要在平时多向别人学习。在与各种各样的人接触中，你会增加自己语言的库存和表达的才能。幽默，是一种酵母，长期跟幽默的人在一起，自己也会受到"传染"，变得充满活力。

5. 幽默常伴，展示你的亲和力

法国作家小仲马有个朋友的剧本上演了，朋友邀小仲马同去观看。小仲马坐在最前面，总是回头数："一个，两个，三个……"

"你在干什么？"朋友问。

"我在替你数打瞌睡的人。"小仲马风趣地说。

后来，小仲马的《茶花女》公演了。他便邀朋友来看自己剧本的演出。这次，那个朋友也回过头来找打瞌睡的人，好不容易终于也找到一个，便说："今晚也有人打瞌睡呀！"

小仲马看了看打瞌睡的人，说："你不认识这个人吗？他是上一次看你的戏睡着的，至今还没醒呢！"

小仲马与朋友之间的幽默是建立在一种真诚的友谊的基础之上的，丢掉虚假的客套更能增进朋友之间的友谊。可见，交朋友要以诚为本。朋友之间要以诚相待，互相关心，互相尊重，互相帮助，互相理解。爱人者人恒爱之；敬人者人恒敬之。关心别人，才会得到别人的关心；尊重别人，才会得到别人的尊重；帮助别人，才会得到别人的帮助；理解别人，才能得到别人的理解。

掌握了幽默的交友技巧，我们的朋友就会遍布天下，陌生人会变成新朋友，新朋友将变成老朋友。

要找到志同道合的朋友并不是一件容易的事情。交友难，其实难就难在交友的方法上，幽默交友不失为一种有效的方法。陌生人见面，如果幽默一点，气氛将变得活跃，交流会更顺畅。

著名国画大师张大千与著名京剧艺术大师梅兰芳深交已久，相互敬慕。在一次张大千举行的送行宴会上，张大千向梅兰芳敬酒，语出惊人地说："梅先生，您是君子，我是小人，我先敬您一杯！"

众人先是一愣，梅兰芳也不解其意，忙问："此语做何解释？"

张大千朗声答道："您是君子——动口；我是小人——动手！"

张大千先生机智幽默，一语双关，引来满堂喝彩，梅兰芳大师更是喜出望外，把酒一饮而尽。

大多数人都有广交朋友的意愿，苦的是没有行之有效的方法。如果我们能像张大千先生一样，注意感受生活，勤于思考，有一天我们也会变得和他一样幽默风趣，到那时候，对我们来说，世界就不再是陌生的了，陌生人也会乐意成为我们的朋友。

亲和力是人与人之间融洽相处的黏合剂，在上下级关系中尤为重要。一位有亲和力的上级，能够以自己的幽默感感染下属，获得下属的尊敬和信任。

美国第35任总统约翰·菲茨杰拉德·肯尼迪就是一位善于用幽默表现自己亲和力的人。

1962年，肯尼迪总统偕夫人杰奎琳前往法国访问。在访问行程中，肯尼迪及其夫人多次被要求介绍自己，同时发表对法国之行的看法。

在夏乐宫的记者招待会上，肯尼迪再次被问到类似的问题，这一次他没再用官方的口吻回答记者的问题，而是笑着说："本人是陪同杰奎琳·肯尼迪到巴黎来的男士，为此，我感到很荣幸。"

对政界名流来说，介绍自己既是一件容易的事情，又是一件很难的事情。倘若一直按照惯例来介绍自己，只能给人以应付场合之感，而对自己介绍得过多，则又给人以张扬之感。肯尼迪巧妙地将自己设置在陪同妻子的位置上，既展现了尊重妻子的绅士风度，又展现了自己的亲和力。正因为如此，肯尼迪的言语才在崇尚浪漫的法国得到了国民的称赞，而他也因此奠定了自己在法国人民心中亲切、优雅的形象。

◆◆◆◆ 幽默训练心得 ◆◆◆◆

　　人们总是对幽默给予很高的评价。实际上，幽默称得上是一个具有亲和力的"形象大使"。很多人都用幽默来改变他们的形象，改善大家对自己的看法。幽默的谈吐是表达自己友善态度的必胜法宝，它能放松谈话对象的拘谨心情，打破现场气氛的紧张沉闷，为你树立一个和蔼可亲的社会形象。

6. 幽默交谈，尽显个人风采

　　有一年，我国北方的冬季特别漫长，都已经快五月份了，天气仍然不见暖和，所以很多人都还穿着羽绒服。这时候，熟人之间碰面常说的话就是："今年气候太反常了，都快五月份了，天还是冷死人！"可是，有一个在某机关做文秘的小赵就不这样说。

　　他在单位碰到同事们就会打趣道："要立秋了吧？羽绒服都加上了？"他在路遇邻居大爷的时候，就风趣地问："大爷，您见多识广，经历过这么长的冬天吗？"碰巧，邻居大爷也是一位幽默的老人家，他笑着说："可能老天爷最近几天心情不好，老是板着一副冷面孔。"

　　几句简单的玩笑话，就让人们在相处之中多了一些欢笑，也驱散了天气带来的一些冷意。人们在日常生活中都会有很多共同关注的话题，只要我们好好把握，就会在娱人娱己的过程中增进与周围的人的了解，展示我们的个人风采。

　　幽默力量是属于你自己的，这种力量能使人解脱，使我们能自由自在地表现自己，表达我们的想法、感受，进而可以自由地去冒险，表现不平凡的作为，创造有意义的人生。

科学家、政治家等往往会给人一种理性刻板的印象，而实际上，他们大多也是和蔼可亲的，他们言语中的幽默俯拾即是。

著名科学家爱因斯坦风趣幽默。一次，由他证婚的一对年轻夫妇带着小儿子来看他。孩子刚看了爱因斯坦一眼就号啕大哭起来，弄得这对夫妇很尴尬。爱因斯坦却摸着孩子的头高兴地说："你是第一个肯当面说出你对我的印象的人。"

在晚辈来做客的场景下，爱因斯坦幽默的言谈并没有损及他自己的面子，反而活跃了气氛，使来看望他的这对夫妇能在一种轻松自然的气氛中和他交流，融洽了主客双方的关系。

一般情况下，要好的朋友之间运用语言善意地捉弄对方的方式较为司空见惯。下面是一段朋友间的幽默对话：

一个男人对一个刚刚相遇的朋友说："我结婚了。"

"那我得祝贺你。"朋友说。

"可是又离婚了。"

"那我更要祝贺你了。"

朋友间往往无话不谈，因此能够产生幽默的话题也很多。如朋友普通话不好，把"峨眉山"读作"峨毛山"，你就可以重复"峨毛山"，夸大朋友的错话；朋友错把黄鹤楼说成在湖南，你可说："不，在越南!"朋友之间的闲暇交谈，有时候会用说大话的方式进行，也能产生很好的幽默效果。

幽默的闲暇交谈，能营造出更加轻松随和的谈话气氛，促进交谈者心无芥蒂地进行交流。

幽默是一种高深的说话手段，能表事理于机智，寓深刻于轻松，运用得当时，既可体现出一个人的良好素质和修养，提升你的品位，又可为谈话锦上添花，叫人轻松之余深觉难忘。幽默和智慧的语言是人际交往中无往不利、无坚不摧的利器，智慧的语言能折服人，幽默的语言能愉悦人，这都要通过不断地阅读、学习和历练来达成。也正因为如此，幽默的智慧是我们从生活历练中所提炼出来的精华。

日本心理学家多湖辉把幽默称做"语言的酵母"。幽默的魅力，仿若空谷幽兰，你看不到它盛开的样子，却能闻到它清新淡雅的香味。所有的人都会年华逝去，红颜不再。但岁月只能风干肌肤，而幽默的魅力却不会减去分毫。

幽默训练心得

闲暇交谈，是指完全为了消遣、娱乐所进行的交谈。交流的双方或多方能在轻松的交谈中紧密相互之间的关系，因其谈话氛围比较轻松，谈话过程中最适合也最容易融入幽默成分。闲暇交谈中可以充分利用重复、夸张、错置等各种幽默手段，尽显个人风采。只是在和长辈、异性交谈时要注意礼节和分寸，不要损及对方的尊严。

7. 幽默心态，乐观和机智并存

美国著名主持人穆哈米曾主持过一场晚会。这场晚会并没有其他节目，只是穆哈米和协助他主持晚会的几个文艺界知名人士在台上进行幽默机智的问答。而台下的观众始终兴致盎然，笑声、喝彩声不断，气氛十分热烈。下面我们看看穆哈米与明星雷利的一段对答。

鬓发斑白的艺坛老将雷利拄着拐杖，步履蹒跚地走上台来，很艰难地在台上就座。看到这样一个老人，让人很自然地为他的身体担心。所以穆哈米开口问道：

"您还经常去看医生？"

"是的，常去看。"

"为什么？"

"因为病人必须常去看医生，这样医生才能活下去。"

此时台下爆发出热烈的掌声，人们为老人的乐观精神和机智语言喝彩。穆哈米接着问："您常去药店买药吗？"

"是的，常去。这是因为药店老板也得活下去。"

台下又是一阵掌声。

"您常吃药吗？"

"不。我常把药扔掉，因为我也要活下去。"

穆哈米转而问另一个问题："夫人最近好吗？"

"啊，还是那一个，没换。"

台下大笑。

幽默的表达贵在自然，某些有做作痕迹的幽默虽然也能激起人们的笑声，但给人留下的感觉并不怎么好，人们会认为这些装模作样的幽默不过是在哗众取宠。

自信、宽容、豁达、乐观的心理素质是成为一个具有幽默感的人必备的素质。因为，只有这样的人才能正视现实，笑对人生，勇于战胜困难，从而取得胜利。幽默永远属于乐天派，属于生活的强者。

有人曾问萧伯纳，如何区分乐观主义者和悲观主义者。萧伯纳说："看到玫瑰，乐观者说'刺里有花'，悲观者说'花里有刺'。"

萧伯纳的卓见对我们认识幽默是很有启示的。生活中只有乐观主义者才会有幽默感。

美国哲学家乔治·桑塔亚那选定4月的某天结束他在哈佛大学的教学生涯。那一天，乔治在礼堂讲最后一课的时候，一只美丽的知更鸟停在窗台上，不停地欢叫着。许久，他转向听众，轻轻地说："对不起，诸位！失陪了，我与春天有个约会。"讲完便急步走了。

这句美好的结束语，相当具有幽默感，并且充满了诗意。不热爱生活的人，是无论如何也说不出这种富有哲理的幽默言语的。

幽默是一种心理体验，通过言行外化而引人发笑。这种心理体验是通过言行公之于众的，因此表达幽默有有声语言、书面语言、体态语言等手段。

夫妻俩已经3天没吃东西了，家里什么也没有。两人商量，决定把家里一只养了一年多的叫"比利"的狗杀掉充饥。

当夫妻两人坐在桌旁吃完了比利的肉，收拾桌子时，丈夫对妻子说："如果把这些骨头给比利的话，它会多高兴呀！"

这个幽默对丈夫和妻子来说都是一种心理体验。丈夫的表达反映了其自嘲自慰、盎然生趣的开脱精神，妻子听了以后心里当然是苦涩的。但他们都没有因为生活的艰难而沮丧不已，而是会心一笑，以微笑来体现自己坚定生活的韧性和乐观。

因此，富有幽默感，秉持着幽默禀性对每个人都很重要。没有幽默感的人如果非要硬性施展生疏的幽默技法，给人们的感觉就会与拿腔拿调、扭捏作态的小丑无异。幽默的产生是和动作、姿态、表情的自然性融为一体的。

保持冷静的头脑，临场应变从容镇定，不慌不忙，才能妙语惊人，产生具有生命力的幽默。

俄国学者罗蒙诺索夫生活简朴，从不讲究穿着。有一次，一位衣冠楚楚但又不学无术的德国人看到罗蒙诺索夫衣袖肘部有一个破洞，便指着那里挖苦说："在这衣服的破洞里，我看到了你的博学。"

罗蒙诺索夫毫不客气地回敬："先生，从这里我却看到了另一个人的愚蠢！"

德国人借衣服的破洞小题大做，贬损别人，反映了他的无耻和恶劣的品质。罗蒙诺索夫抓住这点，机敏地选择了与博学相对的词语"愚蠢"，准确地回敬了对方，使对方自食其果。

幽默训练心得

乐观积极、热爱生活是成为一个具有幽默感的人所必备的条件。临场发挥是一种技巧，更是一种心态，它需要我们有冷静的头脑，保持从容镇定的态度。在各种晚会、文艺演出中，许多主持人、演员能够临场应变、妙语惊人，为晚会欢乐的气氛推波助澜、赢得观众的掌声和喜爱，就是凭借着这种心态。

8. 幽默提醒，保全颜面效果好

这天，一家高级餐馆里迎来了一位顾客。他坐在餐桌旁，很不得体地把餐巾系在脖子上。餐馆的经理见状十分反感，叫来一个服务生说："你去让这位绅士懂得，在我们餐馆里，那样做是不允许的。但话要尽量说得和气委婉些。"

服务生接受了这项任务，来到那位顾客的桌旁，有礼貌地问："先生，你是想刮胡子，还是理发？"这位顾客先是一愣，随后就明白了服务生的意思，对服务生一笑，就把餐巾取下来了。

试想一下，如果这位服务生走过去直截了当地说：先生，请你取下餐巾。那么，这位顾客一定会陷入难堪的窘境之中，使他的用餐极为不愉快，同时，也会使这家高级餐馆的服务评价受损。但机智的服务生借用理发店服务生的口吻，幽默地提醒这位顾客要选择得体的用餐方式，既避免了双方不愉快的交流，又有效地表达了自己的想法，实在是极为巧妙妥帖的做法。

指责别人是需要技巧的，如果能加入一些幽默的元素，则能让我们的指责传达出更多的善意。用幽默的方式将责备之意传达给对方，能给对方一种相对温和的感觉，更容易使对方动心，也能显现出我们的大度，让对方不会对指责有抵触情绪，从而能够更容易面对错误，接受谴责。

美国著名幽默大师马克·吐温有一次到一个小城市演讲。在演讲前，他来到一家理发店准备打理一下仪容。健谈的理发师没有认出他，就对他热情地介绍起这个小城来，还告诉他当天晚上小城中有一场马克·吐温的演讲，并询问他有没有抢到门票。

"还没有买票。"马克·吐温微笑着说。"唉！"理发师听后遗憾地说："马克·吐温的演讲从来都不会有空位的，您就只好从头到尾站着了。"马克·吐温微笑着接道："马克·吐温一演讲，我就只能永远站着。"

马克·吐温就是这么一位幽默的人，如果马克·吐温直接揭示自己的身份，那么这位理发师朋友一定会因为自己的话而窘迫不已。这位世界顶级的文学大师善解人意地用一句带有关联的妙语委婉地表达了自己就是马克·吐温，既没有终止这场愉悦的谈话，同时又保全了理发师的面子，实在是很高明的幽默技巧。

虽然我们尚不知道那位理发师当时能否听出马克·吐温幽默话语中的内涵，能否顿悟出自己正在服务的这个人就是大名鼎鼎的马克·吐温，但即便没有，他也会在看到报纸和海报之后恍然大悟。马克·吐温的亲切随和当然也会让人们对他更加敬爱有加。

俄罗斯钢琴家安东·鲁宾斯坦也是这样一位善用幽默的艺术家。

在某次鲁宾斯坦的独奏会上，鲁宾斯坦本人因为有事没有提前进场，在大厅门口被现场的工作人员拦了下来。工作人员并不认识他，于是要求他出示门票。得知鲁宾斯坦没有门票时，工作人员严厉地表示：门票早已被抢购一空，大厅里面已经没有空位了。"没有空位了吗？"鲁宾斯坦笑着接道："那我坐在钢琴前面可以吗？"工作人员一愣，随即恍然大悟，赶紧把鲁宾斯坦请了进去。

鲁宾斯坦并没有直接告诉工作人员自己的身份，而是用幽默的话语提醒工作人员，自己并非听众而是演奏者。与直接点出自己身份的方式不同，让对方自觉意识到其身份的做法既给这位工作人员留足了面子，也肯定了其忠于职守的工作态度。就这样简单的一席对话，将鲁宾斯坦的度量和体贴表现得淋漓尽致。

幽默训练心得

我们常说："人非圣贤，孰能无过。"面对别人的错误或者失误，我们应

当给予善意的提醒，但太过直白又容易挫伤对方，那么不妨采取幽默地婉言告知的方法既能保全对方的颜面，又能为宽容大度的你赢得更多的尊敬。

9. 适度自嘲，增添谈话趣味

有位记者在采访"二战"时期美国总统罗斯福时问道："总统先生，您是美国历史上在位时间最长的总统，请问您第四次连任总统的感觉如何？"

罗斯福并未正面回答这个问题，而是先请记者吃起了蛋糕。在吃到第三块的时候，记者已经感到很饱了，可是罗斯福依然热情地递来第四块蛋糕。记者拿着第四块蛋糕，面露难色。罗斯福看在眼里，笑着对她说："你现在应该切身体会到我第四次连任的真实感受了吧？"

"二战"时期国内国际形势复杂多变，身为总统的罗斯福身心俱疲，却又不能直接称累，因此以委婉的方式自嘲——第四次连任总统的感觉就像吃了三块蛋糕之后再逼自己咽下一块已经不能负荷的蛋糕一样。在担任总统期间，很难事事顺遂，但是罗斯福总统自嘲式的回答却显出了作为一国元首的智慧和担当。

那些身处高位者在人际交往中常常有"高处不胜寒"的感触，其实，在交谈时偶尔幽默地自嘲一番，也许可以改变这种窘境。适当的自嘲，可以让身旁的人感觉到自己的平易近人，因而更容易获得爱戴。

林肯总统常常因长相而被人取笑。

有一次，林肯在路上散步时遇到一位老妇人，老妇人毫不留情地嘲笑他说:"先生,你是我见过的最丑的人。"

林肯笑着回答道:"夫人,你得体谅我,长成这样我也是身不由己啊!"

林肯是一位心胸大度的总统,他没有因为老妇人的无礼而加以指责和反击,而是以这样一句看似无奈却不乏幽默的话让这段不愉快的对话画上了句号。正因为林肯有着良好的修养,他才能面不改色地嘲笑自己的外貌,让对话的气氛变得友好。相信这位老妇人也会被林肯的坦诚和幽默所感动,之后也不会再讥讽他了。

自嘲也是幽默的一种。当这种幽默成为一种自嘲的时候,就增添了谈话的调侃气氛。

年龄差距造成的隔阂也是很多人的困境,亦是一个十分敏感的话题。很多人因为年龄的关系而遭人轻视,这时以自嘲的姿态来应对,就能打破僵局,避免尴尬。

一位老教授讲述了一次到某高校演讲的经历:

由于演讲当天该校还有一场校艺术团的汇报表演,因此到场听讲座的学生并不多,很多位子都空着。还有一些学生在门口徘徊,随时准备离开。

面对这样的场景,老教授笑着对学生说:"你们身边的空位是不是给同学占的座啊?门口的同学也很热情,让我进场的时候有一种众星拱月的感觉。你们宁愿站着也想要听我这个老头子的讲座,我真是倍感荣幸。在老头子和少男少女之间你们选择了我这个老头子,我谢谢大家了!"

那些徘徊的学生感觉很不好意思,便都进场坐下了。接下来的演讲进行得非常顺利。

老教授并没有因为自己的年龄而感伤,而是以年龄自嘲,让学生感受到他的幽默风趣,进而让一场本来听众寥寥无几的演讲变得生动起来。其由于年龄而散发出来的历久弥新的魅力更让人记忆深刻。这种方式,不仅让自己免于尴尬,也不会伤害他人的感情,是智者的行为。

在日常生活中,我们难免遭遇尴尬的事,这时候,适当地自嘲无疑是个好方法，它可以使整个交谈气氛更加融洽，能拉近人与人的距离，让话题更好地继续下去。其实，敢于自嘲者才是有大智慧之人，只有眼光足够高远，才勇于嘲笑自己，感染他人。当被问及不方便细谈或明言的问题时，以自嘲的语调幽默以对，是一种有效的回答方式。

幽默训练心得

自嘲是一种以退为进的技巧。对影响自身形象的种种不足之处巧妙地加以自嘲，能在幽默之余为谈话添加趣味，更显示出豁达的交际魅力，和自嘲者的品质与修养。

10. 幽默相诱，做个有幽默感的人

一个姓孙的男人娶了一个爱唠叨的妻子。

一天，孙某因为下班后帮朋友办了件事而晚回家一个小时，一进门便撞上了老婆无休止的唠叨："这年头男人都喜欢不回家，就想在街上和别人下馆子，多少家庭就这样离的离，散的散；老公你可不能对我昧了良心，我可是死心塌地地跟你，真心爱你的。我一日三餐为了什么？还不是为讨你欢心吗……"

劳累了一天的孙某一听感觉很烦，但他没有正面解释，而是诡秘一笑，说："还真让你说着了，还真有这么一个人拉我上他家一趟。"

妻子一听就愣住了，忙走过来狠狠地问："是谁？"孙某哈哈大笑："就是那个小张，他让我帮他搬家具。亲爱的，我真为你自豪啊！你看你都快成联合国秘书长了，操心那么多大事！"

孙某的幽默肯定会刺激妻子的神经，从而让她警醒和反思。仔细观察你便会发现，缺乏幽默感的妻子常是一些不太自信、爱唠叨的女人。她们往往沉醉于自我宣泄之中，全然不顾自己说了些什么，说得是否巧妙，是否正确，更不顾别人有什么反应。

要改变她们这种说话习惯，除了增加她们的文化修养外，还要给她们灌输一些幽默技巧，培养她们的幽默感。如何给唠叨的妻子灌输幽默感呢？丈夫要首先学会并积极使用幽默，用幽默的家庭氛围去感染她，熏陶她。

家庭的温情主要是在语言交流中获得的，而有些时候，妻子在家里默默地守候，等来的却是丈夫的一言不发。他严肃古板的神情、郁郁寡欢的神态，让妻子一看就大失所望。

丈夫不愿说话的原因多种多样，如果不是性格孤僻，就很可能是遇到了什么不顺心的事，如工作压力大，或是妻子的某些言行伤了他的心。这些原因对于与丈夫朝夕相处的妻子而言，只要细心观察，就很容易识别。

有这样一则幽默故事：

小红和丈夫小张都是教师，但他们俩人的学校相隔数十里，一周才相聚一次。有一个周末，小红兴奋地迎接丈夫进屋之后，发现他两眉紧锁，愁容满面。小红奇怪之余，并没有收敛自己的笑容。她平静地给丈夫倒了一杯水，递到丈夫手上，说："昨晚天气预报说今天多云，原来指的是你的脸啊！"丈夫苦笑一声说："我的脸只怕是转不了晴了！我给学生订购了一份复习资料，学校硬说我捞回扣，非法牟利。我成了领导们反腐倡廉的靶子了！"小红也意识到事情的严重性，但她还是劝慰丈夫说："你不要太有压力，事实总是事实，法律只相信事实，咱们暂且高高兴兴地过了这个周日，下周精精神神、轻轻松松地跟他们评理去。"

小红真是一位贤惠的妻子！当丈夫遇到难题时，她用一句幽默的话语勾出了丈夫的心里话，当丈夫和盘托出自己所遇的麻烦时，她又好言安慰，为丈夫解除心理负担。幽默相诱的方法本身就包含着妻子与丈夫之间的温情和爱。培养对方的幽默感并不说我们讨厌他（她），而是要通过提高对方的素质和幽默感来达到一种有效的沟通，为家庭的幸福作铺垫。

幽默训练心得

　　威逼利诱不如幽默相诱，人们往往更容易接受温和、幽默的劝说，在幽默的"诱导"下打开心扉。平时多注意培养自己的幽默感，做个善于沟通的人吧。

第3天

妙语培养课——妙语是如何炼成的

幽默中口吐莲花,交谈中如沐春风

1. 妙借修辞，幽默中惊喜不断

在相声《婚姻与迷信》中有这样一个段子：

甲："旁人都说，夫妻两人关系最密切！"

乙："是啊！"

甲："但有些人不尊重妇女，一般男人都这样说，'我老婆''我媳妇儿''我家里的'。"

乙："家里的？"

甲："你家里那东西多了，她算哪一类呢？"

乙："真不像话！"

甲："这还是一般的说话，那文言就更不像话了！"

乙："文言？"

甲："文言称妻子为'贱内'！头上先给你来个贱字儿，这就好不了！还有叫'内子''房下''糟糠'。"

乙："糟糠？"

甲："好糠才多少钱一斤？糟糠就更不值钱了……"

用"好"字换"糟"字，字义相反，并同时连接"糟糠"加以词义曲解，笑料就随之产生了。

幽默是人类共同的文明成果。世界各民族丰富的语言文字，为幽默提供了妙趣横生的表现形式。而千百年来习传至今的修辞方法，更为幽默创造了多姿多彩的使用技巧。幽默借用精妙的语言修辞，更能达到寓意深刻、出奇制胜的效果。

修辞，不仅是使语言生动的方法，还是一种幽默技法。掌握借用修辞的幽默技法，一定会使你的生活充满笑声。

（1）比喻巧妙

比喻是搞笑的重要方法之一，其主要功能是语言的形象性。那些使人感到新颖别致、出乎意料的比喻都是产生幽默滑稽的最佳材料。

法学家王宠惠在伦敦时，有一次参加外交界的宴席。席间有位英国贵妇人问王宠惠："听说贵国的男女都是凭媒妁之言，双方没经过恋爱就结成夫妻，那多不对劲啊！像我们，都是经过长期的恋爱，彼此有深刻的了解后才结婚，这样多么美满！"

王宠惠笑着回答："这好比两壶水，我们的一壶是冷水，放在炉子上逐渐热起来，到后来沸腾了，所以中国夫妻间的感情起初很冷淡，而后慢慢就好起来，因此很少有离婚的事件；而你们就像一壶沸腾的水，结婚后就逐渐冷却下来。听说英国的离婚案件比较多，莫非就是出于这个原因吗？"

运用比喻幽默法重在"贴切"，这就是说本体和喻体要联系紧密，甚至达到独一无二的紧密程度，王宠惠关于中西方夫妻的解释正是巧用比喻的典范之作。

一位数学家同女朋友在公园里散步。女朋友问他："我满脸雀斑，你真的不介意？"数学家温柔地回答："绝对不！我生来就爱跟小数点打交道。"

多么绝妙和充满爱意的比喻，幸福就是这样一点点滋生出来的。

用比喻产生幽默要自然得体，不露痕迹，给人以天衣无缝之感，方可令人解颐。

老师对吵闹不休的女学生说："你们唧唧喳喳，真闹哄。一个女孩相当于五百只鸭子。"

不久，一名女生在外面报告："老师，外面有一千只鸭子找您。"

老师莫名其妙，出去一看，原来是自己的妻子和女儿。

这位女生巧用比喻，用鸭子直接喻人，同时，又增加了机械换算，显得语言的喜感自然天成，乐趣横生。

（2）善用"仿拟"

"仿拟"顾名思义，指在说话的过程中，有意仿照现成的句子结构或词组类型"造出"新的语句、词组。其直观、简便地表达方式和蕴涵讽刺的功效，深受人们喜爱。

甲："连长真有两下子，指哪儿打哪儿呀！"

乙："你行吗？"

甲："行，我能打哪儿指哪儿。"

乙："噢！打哪儿指哪儿呀，那谁都会！"

甲故意把平常的话题颠倒说，从"指哪儿打哪儿"到"打哪儿指哪儿"，结构形式相同而语意大变，词句的前后组合出现矛盾，顿时引起人们的笑声。

由于仿拟可以采用具体的事物加以模仿，比较直观、简便，同时又能使事物的矛盾情况凸显出来，富有讽刺功效和幽默的力量。仿词的仿拟大多是在已有的词语的对举下，采用反义词、近义词等相关要素，临时仿造出新词，两个词语之间更换的依据是彼此的相关性、可对比性。仿拟幽默往往给人带来不尽的笑声。

（3）一语双关

双关语都含有潜台词和象征意味，并能体现某些深层的哲理意蕴。双关语的趣味，是依靠逻辑思维推理的指导，表现出人物丰富的想象力。

有一家旅社，叫做"泰远旅社"，坐落在四季宜人的风景名胜区内。有位保险行销人员前往这家旅社，向老板销售保险。当保险行销人员与那家旅社的老板进行磋商的时候，那位老板如同一般投保人的反应一样，对保险行销人员说："这件事情让我再考虑几天，因为我还需要和我的太太商量一下。"

保险行销人员在听完他的推托之词后，对他说："来到贵店'太远'，如是'太近'的话，多来几次也无妨。但是偏偏我却是身居在那遥远的台北……"这家旅社名叫"泰远"，与"太远"谐音，推销员一语双关。听了这番话之后，那位老板忍俊不禁，结果在当天就谈成了这笔生意。

通过以上例子可以看到，在双关语中都会含有潜台词和象征意味，并能体现出一种深层的哲理意蕴。因为这一特点，双关语很少能引起大笑，而多数人是以微笑相待。其双关语的诙谐，需依靠逻辑思维推理的指导，并在人物丰富想象力的帮助下完成，因而，需要不断地加强语言修养，才能真正做到喻之切，意之深。

敏锐的观察力和丰富的想象力是创造幽默妙语的重要因素。只有具备敏锐的观察力，才能捕捉住生活中稍纵即逝的幽默素材；只有具备丰富的想象力，才能从平凡的生活素材中找到别出心裁的幽默构思。

2. 幽默妙语，运用之妙存乎一心

美国第 26 任总统西奥多·罗斯福年轻时曾在海军部供职。身处一个接触不少军事机密的部门，难免会遇到各种各样的试探性提问。

一天，罗斯福的一位好友在闲聊中表示出对美国海军动向的极大兴趣，并点名问道某一大西洋小岛筹建基地的秘密计划。

起身向周围打探了一番后，罗斯福压低声音问这位好友："你能保守秘密吗？""当然能！"该朋友激动地回答。罗斯福听后微笑着说道："那么，我也能。"

面对好友的提问，直接拒绝似乎很驳友人的面子，而对方也有可能继续打破沙锅问（纹）到底，表示自己只是好奇绝不会泄密。

直接卖个人情把情报告诉对方？这显然有违自己的职业道德。在这种两难的情况下，罗斯福以一句小小的玩笑，让朋友自觉意识到自己所问的内容是应该被保密的，也就不好意思再追问下去了。

类似的问题不仅会发生在好朋友的身上，在一些公众场合也会出现。

亨利·艾尔弗雷德·基辛格是1973年诺贝尔和平奖获得者，这位著名的当代美国外交家不仅是一位国际问题专家，还是一位睿智的幽默大师。在基辛格担任尼克松政府国家安全事务助理一职时，曾有记者公开向他询问美国当下导弹和潜艇的数量。

基辛格听到问题后并没有横眉冷对，而是以非常配合的口吻回答："数目我当然是知道了，但是我不知道这条信息算不算是保密的。"

记者听到这句话，立刻接话："不是保密的啊！""不是保密的吗？"基辛格听后饶有兴趣地倾下身问道："那你说是多少呢？"提问记者顿时满脸尴尬，只能"嘿嘿"地傻笑。

公共场合的记者提问要比私下的朋友闲聊更为严肃，贸然发火只会破坏讲话者在公众心目中的形象；但拒不回答似乎又不能彻底断绝记者们的无理提问。基辛格也是利用了一句玩笑，既保持了自己亲切的形象，又让发问记者自己封住了嘴巴，真是一箭双雕！

"知己知彼，百战不殆"，想要成为幽默达人，将幽默顺利收入囊中，必须先了解何为幽默。并不是所有人都懂得幽默是什么，有很多人还对幽默有很多误解。现在有很多所谓的"冷笑话"，其实没有太多的幽默元素。

帕克斯：上星期，我在公园里散步。天很冷，风呼呼地吹着。突然，我看到一只老虎。

内德：那你怎么办？

帕克斯：我看着它，把手插进口袋，回家了。

内德：它没有来追你？

帕克斯：没有，你知道，老虎在笼子里呢。

幽默是一个饱含智慧和情趣的领域，一个成功的幽默包含着各种各样的不同要素。对幽默最简单的定义是"笑的艺术"，不过并非所有逗人的笑话都算幽默。笑话是把已知的故事讲给人听，故事本身是先存在于讲述者的大脑中的，是可以预谋的；而幽默通常是临场反应的结果，是突然迸发出的智慧火花，是自然而然结出的"笑"果。

首先，幽默的妙语必须是情调高雅的。一个不学无术、懒于动脑的人是不会有幽默感的，他们只会说些愚昧无知的话。

民国时期盘踞山东的大军阀韩复榘就曾经闹过非常多的笑话。有一次，他去学校参观，学生们正在进行篮球比赛，气氛非常热烈。

他突然转身怒声斥责陪同参观的教务长："是不是你贪污了？学校为什么这么穷酸？十来个人穿着裤衩儿抢一个球，像什么样子，多不雅观！明天到我公馆，再领点钱，多买几个球，一人发一个，省得你争我抢的！"

其次，好的幽默妙语是委婉含蓄地表达出来的，即使是讽刺性的幽默，也不一定非要让自己表现得锋芒毕露、咄咄逼人。

几位同事在饭馆里用餐，其中一人突然对着服务台喊叫："喂，伙计！快拿网来！"

一位服务人员急忙走过来，问道："您要网干什么？"

那人指着桌上的鱿鱼汤说："这盆里不见鱼只见汤，我想这狡猾的鱼大概潜入水底了，有了网不就好捕捞了吗？"

这位顾客用一个非常巧妙的比喻，委婉地指出了餐品分量不足的事实，从而不用多费口舌，就让餐馆的工作人员自知理亏，避免了引起不必要的口舌之争。

黑格尔指出，幽默是"丰富而深刻的精神基础"；康德认为，幽默是理性的"妙语解颐"；弗洛伊德说"幽默的人，是最能适应的人"；中国相声大师侯宝林说"幽默不是耍贫，不是出怪相、现活宝，它是一种高尚的情趣，一种对事物的矛盾性的机敏反应，一种把普遍现象戏剧化的处理方式"。可见，幽默是一种高级的语言艺术，它与人各方面的素质是密切相连的。

幽默训练心得

幽默是一门复杂的艺术，我们要想游刃有余地将这种艺术应用到日常生活之中，就必须仔细揣摩掌握诸多技巧。在生活中总会有些问题是别人穷追不舍而你却不想回答的。这样的问答场面就像是双方在言语和心理上的一场拉锯战，此时，一个机智的幽默会帮助你在保持彬彬有礼的态度的同时让提问者自觉闭口。

3. 妙语有妙用，距离感消除

汪伦是李白的忠实"粉丝"，他想邀请李白来自己家里作客，于是给李白写了一封信。信中写道："先生好游乎？此地有十里桃花。先生好饮乎？此地有万家酒家。"

李白接到信后，一看又有美景，又有美酒，甚是高兴，于是欣然前往。见面之后，李白迫不及待地问道："不知汪兄信中所说的十里桃花和万家酒家所在何处？"

汪伦慨然答道："离此十里之外，有个桃花潭，此乃'十里桃花'。在桃花潭旁边个酒家，店主姓万，故称'万家酒家'。"

李白被汪伦的巧辩逗得大笑，觉得十分有趣，就在那里住了下来。离去之时，两人已成知己。李白感念汪伦的盛情，写下了脍炙人口的《赠汪伦》一诗。

陌生人见面，总免不了有距离感。巧妙地运用幽默，可以迅速将这种距离感融解，使交流变得顺畅，从而产生心灵上的共鸣。用幽默的方式和态度对待他人，能填平双方之间的鸿沟，让彼此之间走得更近，也更容易得到一种共识与默契。

我们常常会有这样的感触，同那些富有幽默感的人交谈，比吃山珍海味、喝陈年美酒更加令人回味无穷，也比欣赏动人的乐章和舞剧更让人感到心情愉悦。所以，要想与别人在心灵上达成共识，首先就要学会运用幽默妙语。我们在生活中，总是不断交替扮演着主人和客人的角色，因此我们要学会去应付不合理的要求、令人不快的行为甚至尴尬的场面，以免事情发生的时候手足无措。

许多著名的政治家、教育家、谈判家都知道，如果把幽默感的神奇力量注入语言之中，就可以使自己显得平易近人，更富有人情味。

美国前总统克林顿平时喜欢吹萨克斯管，虽然吹得不错，却一直没有展示的机会。

一次，克林顿在有线新闻网（CNN）发表竞选演说时说："有人问我除了会吹牛之外，还会干什么。"克林顿拿出藏在身后的萨克斯管，"今天我就来回答这个问题，我还会吹这个。"

随后，克林顿拿出了看家本领，一口气吹了好几首名曲。他的幽默话语和才艺展示帮助他拉近了与选民的距离，赢得了选民的好感。

幽默在拉近人与人之间的感情距离方面有着神奇的效果，因为一起笑表明人们之间已经有了共同的话题，这是社交成功的第一步，也是很重要的一步。

人与人之间的交往，不能仅限于表面，要更加注重心灵上的沟通。而幽默就是让彼此产生心灵共鸣的好方法，因为幽默的语言富于风趣，给人以亲切友善之感，因而容易被人接受。

有时候为了化解困境，没有合适的方式，只有依靠幽默的力量。

法官鲍勃的住所隔壁有个音乐迷，这个音乐迷常常把电唱机的音量放大到令人难以忍受的程度。

一天鲍勃终于忍无可忍，便拿着一把斧子，来到邻居门口。他说："你的电唱机音色可真差劲，让我来修修！"

音乐迷吓了一跳，急忙表示抱歉。鲍勃听后笑着说："该抱歉的是我，你可别到法庭去告我，瞧，我把凶器都带来了！"说完两人像朋友一样笑了。

当然，鲍勃并不会真的把邻居的电唱机给砸了，他只是用这种幽默的方法表达了对邻居的不满。他的行为潜台词是对音乐迷说："我们是朋友，我希望和你好好相处，唱机是唱机，可以修理一下。"当然，所谓"修理"只是把唱机的声音调低些罢了。

幽默训练心得

幽默还是一种积极的生活态度，缺乏幽默感的人，就像在没有减震功能的马车上一样，路上的每一块石头都会使其颠簸。因此，要想获得别人的好感，其关键因素之一就是：把幽默注入别人的内心，消除彼此之间的距离感，让大家都成为你的朋友。

4. 幽默话语，亲情沟通无障碍

法国戏剧家小仲马的小说《茶花女》一经出版即轰动全国。小仲马一举成名之后，又把小说改编为剧本。1853 年，话剧《茶花女》初演受到热烈欢迎，剧场爆满，万人空巷。

兴奋的小仲马发电报给当时流亡在布鲁塞尔的父亲大仲马说："巨大的成功！就像我看到你的最好作品初次上演时所获得的成功一样！"

风趣的大仲马在回信中写道："我最好的作品就是你，我亲爱的孩子！"

大仲马是个很懂得用幽默为自己服务的长辈，他没有直截了当地告诉小仲马"你是我的骄傲"，而是利用长辈特有的幽默表达方式，一下子拉近了父子之间的距离，使父子感情进一步加深。

很多时候，长辈对晚辈的幽默还带有溺爱色彩。山东、河北一带的长辈习惯这样和男青年开玩笑："给你找个小脚大耳朵的婆娘"。"小脚大耳朵"其实指的是猪。四川一带长辈则会对小孩子说："快些长大吧，好为你讨个漂亮的老婆，是西瓜脑袋、蒜瓣脚。"其实这西瓜脑袋、蒜瓣脚指的是猫。无论通过怎样的方式，长辈对晚辈的幽默总是能表达出一种深切的爱。

身为父亲，幽默的表达方式不尽相同。有位父亲在对待儿子崇洋媚外的问题上，没有直接训斥，而是巧用幽默进行曲意的批评，这样更易于使儿子接受。

一家人正在吃饭，孩子突然十分感慨地说："外国人就是比我们文明，即使在使用餐具上，也和我们不一样。外国人吃饭用的都是金属刀叉，而我们却用两根竹筷子，明显不够档次！"

孩子的父亲听到这话虽然很生气，但他还是压低了火气说："对于这个问题我有办法。"然后，他到炉边拿起夹碳用的火钳，一把塞到孩子手中，说："给你，用这个吃吧！这也是金属的，不仅有档次还够分量呢！"

其实，爷爷奶奶辈分的人，更有家庭中长辈的特点。现代家庭，年轻人结婚生子后，往往会把孩子推给爷爷奶奶、外公外婆来带。这时候，长辈也会偶尔对儿女使用讽刺的幽默。

黄老太太有四个孙子、孙女儿，孩子们经常被他们的父母送来，交由她照管。有一天，儿子问他："孙子、孙女儿来了，您高兴吧？"
黄老太太小声说："孙儿们来，能带给我双重的快乐！"
"怎么说呢？"儿子追问。
"他们来了，我很快乐；他们走了，我也很快乐。"

黄老太太用幽默的方式含蓄地表达了她对儿子和儿媳自己不照看孩子，而总是把孩子送给她来照管的不满。

岳母和婆婆在家庭成员中的地位，在某些方面有很多相似之处。特别是一些岳母，常常被塑造成某一种刻板的典型，聪明的岳母深知这一点，所以在说话办事时，总是会多加注意。

李大妈的女儿刚结婚嫁到外地不久，李大妈就很想念女儿。邻居中有人问她："既然想她，为什么你不去看看女儿和新女婿呢？"

"我想等到他们生了小宝宝以后再去。"李大妈幽默地答道，"因为，我想外祖母总要比岳母来得受欢迎吧！"

李大妈运用自己的幽默，把自己的想法巧妙地表达了出来。

要营造两代人之间和谐融洽的关系，首先得加强彼此之间情感的交流。长辈对晚辈的幽默，不论形式如何，其目的都是出于对晚辈的疼爱和关心。

长辈对晚辈运用幽默的机会是很多的，关键是要有一种平等的观念和态度。长辈对晚辈拥有督导的权利，晚辈有错要管教，但关键还是在于让年幼或无知的晚辈明白事理。简单的打骂和训斥不但达不到教育的目的，有时还会伤害晚辈的自尊，引起他们的逆反情绪，更加不利于孩子们的成长和发展。这时候，长辈们运用幽默的方式对晚辈进行教育，绝对是最佳的选择。

幽默训练心得

有些做长辈的为了在晚辈面前保持威严的形象，在他们面前总是不苟言笑，更不用说向他们表达自己的幽默了，其实，长辈更应该通过轻松诙谐的玩笑，来向晚辈传递自己的关怀与爱，使两代人之间能更和谐地相处。

5. 幽默胜于握手，妙语好过拥抱

某人赴宴迟到，匆忙入座后，发现烤乳猪就在他座位面前，于是高兴地说："还算幸运，我坐在乳猪的旁边。"话刚出口，他就发现身旁坐着的一位胖女士正对他怒目而视。他一下子慌了神，急忙陪着笑脸说："对不起，我指的是那只烤好了的。"

这位迟到者的失误之处在于语言表达缺乏明晰性,他口中所说的两句话都有歧义。如果说前一句还算模棱两可的话,那后一句就是明确说对方是"没有烤好的乳猪"了。我们可以想象,这两句话说出之后现场气氛一定会非常紧张,还可能引发激烈的争吵。其实我们都知道,那位先生绝对不会有意攻击胖女士。

陌生人之间初次见面,互通姓名、客套寒暄是必然要经历的。如处理不好,气氛就会显得拘谨、僵硬。这时如果能巧妙运用一下幽默妙语,就可使气氛活跃起来,交谈也能变得轻松随便了,这比握手或是拥抱都要管用。

漫画家方成到山西省汾酒酒厂参观。厂方负责人迎上去说:"欢迎欢迎,久闻大名啊!"方成则笑着说:"我是大闻'酒'名啊!"

"久"与"酒"是谐音,方成将"久闻大名"几个字的顺序调换一下,创造出这句幽默机智的妙语,真令人叫绝!短短的一句话,既表示出自己的谦逊之意,解除了被恭维的尴尬,又得体地赞美了对方,拉近了两个陌生人之间的距离,真可谓是一举多得。

在人际交往中,我们也常常遇到交际气氛尴尬的情况,这时,一段荒唐的故事或几句俏皮的妙语能够有效地活跃交际的气氛,调剂人际关系。例如下面这个故事:

在拥挤的公交车上,一位男士站在一位女士的身后。汽车在拐弯时一个急刹车,这位男士不小心撞到了前面的那位女士身上。那位女士马上生气地骂道:"你个臭流氓,看你那德性!"那位男士没有生气,而是风趣地说道:"不是德性,是惯性。"

我们不得不佩服这位男士对幽默妙语的灵活运用。尽管男士不是有意撞那位女士的,但是不管什么原因,毕竟撞到了人家。可换一个角度看,是因为刹车的原因才撞上的,那位女士显然有点小题大做,出口骂那位男士"德性",而男士则巧妙地把女士口中的"德性"解释为"惯性",用他的幽默为自己解了围。

在交际中,任何人都难于避免无意中犯下的错误,这就需要我们用幽默的态度去宽容别人。如在公共汽车上被人踩到脚是很常见的事情,如果你遇到这种情况时"火冒三丈"，就有可能爆发一场无休止的"战争"；但是如果你能幽默地说上一句："对不起，是我让您没能'脚踏实地'！"这样，对方就只有自我检讨的份儿了。

总之，在人际交往中，能够灵活机动，适时适地地运用幽默，不仅能化解尴尬和紧张的气氛，还能为你积累更加广泛的人脉。

幽默训练心得

人际交往是一门大课题，任何人都不能避免。为了顺利地进行交际，适当使用幽默就显得非常必要。任何人的交际都不可能是一帆风顺的，遇到紧张的气氛，就需要用幽默的方法进行调节，使气氛变得轻松和谐。

6. 妙语信手拈来，佳句俯拾即是

有个叫比尔的人，经常以愚弄他人而自得。一天早上，他坐在门口吃面包，看见杰克逊先生骑着毛驴从远处哼呀哼呀地走了过来，于是他就喊道："喂，吃块面包吧！"先生出于礼貌，从驴背上跳下来说："谢谢您的好意，我已经吃过早饭了。"比尔却一本正经地说："我没问你呀，我问的是毛驴。"说完，很得意地一笑。

杰克逊先生非常气愤，他猛然地转过身，照准毛驴脸上就是"啪啪"两巴掌，骂道："出门时我就问你城里有没有亲戚，你斩钉截铁地说没有，没有亲戚为什么人家会请你吃面包呢？"然后对准驴屁股又是"啪啪"两鞭，说："看你以后还敢不敢说谎？"骂完，翻身上驴，扬长而去。

对比尔这一无礼侮辱，杰克逊大爷并没有直接责骂这个无赖，而是抓住"我和毛驴说话"的语言破绽，有力地进行了反击。善用幽默妙语的人往往思路敏捷、反应迅速，在复杂的环境中从容不迫，妙语连珠，常常能够凭借幽默的力量掌控局势。

语言是交流的工具，它能表达人们的思想和情感。同一个意思，长短不同的句子具有不同的表达效果。一般书面语中用长句子的时候较多，因为书面语讲求逻辑严密。但是在日常生活中，为了表达和理解的方便，我们则较多使用短句表达各自的想法。所以，一般的生活用语大都简短有力。

在日常交流中，经过很长时间的沉默后，以一两句画龙点睛的妙语佳句去作总结，就会产生令人难以抗拒的幽默效果。

在一次电视节目中，主持人向一位女作家问了这样一个问题："一个女人要婚姻持久，你认为什么是最重要的？"

"一个耐久的丈夫。"女作家随口答道。

那位主持人提出的问题不是一两句话就能说清楚的，但女作家又不能不回答，为了避免过多的纠缠，女作家以"一个耐久的丈夫"做答，既幽默简洁，又发人深省，可谓"一语惊人"。

其实，生活是个大舞台，在这个大舞台里我们能看到各种各样的人演出的一幕幕"一语惊人"的剧目。

语言不是万能的，不过有时候一句话却能够在适当的场合发挥出千言万语都不能达到的作用。

雅典的首席执政官听说哲学家保塞尼亚斯是一个能言善辩的人。这天，他派人把保塞尼亚斯找到贵族会议上来，对他说：

"贵族会议的成员们每个人都有一个问题要问你，你能不能用一句话来回答他们所有的问题？"

保塞尼亚斯不假思考地说：

"那要看看都是些什么问题了。"

于是，议员们接连不断地提出了几十个问题。当问题提完后，保塞尼亚斯还是不假思索地回答："我全都不知道！"说完，他转身走出了贵族会议大厅。

上面这个幽默属于善辩一类，善辩所表现出的常常是说话者的聪明智慧，敢于或者勇于表现自己。保塞尼亚斯就很好地表现出了自己游刃有余、挥洒自如的语言驾驭能力。

"一语惊人"的幽默有"秤砣虽小压千斤"的力度和"片言明百句，坐役驰万里"的深度。由于"一语惊人"的幽默具有这一特点，我们在交谈中使用这一技巧时，就应该用简洁、明了的语言表达出自己的意思，切勿拖泥带水。

善说者一席幽默的话语，往往既活跃了气氛，又把双方之间的距离拉近。无数事例可以证明，风趣幽默是交流双方建立融洽关系的有效途径与手段。

幽默训练心得

有人说："没有幽默的语言是一篇公文，没有幽默感的人是一尊塑像。"这话是很有见地的。当今现代社会高效率、快节奏、信息量大，这样必然容易使人产生疲劳。如果我们的生活多点妙语佳句，多点幽默，就会消除人们的烦躁心理，保持情绪的平衡。幽默具有一定的娱乐性，它能缓解人的紧张情绪，给人一种舒适轻松之感。

7. 顺水推舟，幽默妙语巧反击

漫画大师张乐平的《三毛流浪记》中有这么一则笑话：

一位阔太太牵着哈巴狗上街，见到衣衫破烂的三毛，想拿他取乐，就对三毛说："只要你对我的狗喊一声爸，我就赏给你一块大洋。"

三毛说："喊一声给一块，喊十声呢？"

"给十块。"阔太太不假思索地答道。

三毛躬身下去，顺着狗毛轻轻抚摸，煞有介事地喊了声："爸！"

阔太太开心地笑了一阵，就给三毛一块大洋。三毛连喊了十声，阔太太就真的赏了十块大洋。

这时周围挤满了看热闹的人。三毛笑眯眯地向阔太太点了点头，故意提高嗓音，长长地喊了一声："谢谢你，妈！"

围观的人大笑不止，阔太太却闹得面红耳赤。

三毛用幽默回敬了阔太太的侮辱，实在是太高明了。

俗话说"投之以桃，报之以李"。当对方的捉弄是友善的，我们回应的方式也是善意的。当面对别人恶意的愚弄，我们也要毫不留情地以幽默的智慧回敬过去。

物理学上，有"作用力"，就有"反作用力"；人际关系上，有"压迫力"，就有"反压迫力"。古人说："恶声至，必反之。"意思就是，当别人对我们恶言相向时，一般人正常的反应就是恶言回击过去，但这并非高明的人际互动技巧，最高明的技巧是运用"幽默反击术"。

德国著名诗人海涅是个犹太人，他因此常常遭到别人的恶意攻击，但总能通过自己的机智幽默巧妙化解。

一次晚会上，一个旅行家想借机攻击他，便说："我发现了一个小岛，这个岛上竟然没有犹太人和驴子！"

海涅听了，知道旅行家是存心找碴，于是不动声色地说："看来，只有你和我一起去那个岛上，才能弥补这个缺陷！"

这个笑话中，海涅就是巧妙运用了"幽默反击术"，顺水推舟地暗示出旅行家就是岛上所缺少的驴子。作家由于生活经历丰富，又经常与文字为伴，往往能够在受人攻击时快速反应，顺水推舟地让对方难堪。

见惯政治风云变幻的政治家们更是能从容应对各种局面的高手。

美国第28任总统威尔逊在任新泽西州州长时，他的一位好友去世了。那位好友是一名州参议员。威尔逊非常伤心并做出取消当天一切约会的决定。

刚做完决定，他就接到了该州一位政治活动家的电话。

"州长先生"，那人结结巴巴地说，"我……我希望能够代替已经谢世的参议员的位置。"

"好吧，"威尔逊强压怒火答复道，"如果殡仪馆同意的话，我个人是完全没有意见的。"

在威尔逊痛失好友的特殊时刻，有人竟然急着要取而代之。对于这种被权力蒙蔽了双眼而不念人情世故的人，威尔逊当然是十分反感的。但是威尔逊没有义正词严地指责该政治家的急功近利，而是顺着他的话，假装糊涂地表示同意，抓住这位政治活动家表达不清的弱点顺势攻击，给对方以辛辣的讽刺和风趣的调侃，令对方知难而退。

现代人谈恋爱越来越注重物质，很多男女见面时都把有车有房列为首要条件。适度的物质要求是不为过的，但是不能要求得太过分。请看下面这对男女的相亲情况。

一男一女相亲。

女："你有奔驰吗？"

男："没有。"

女："你有洋房吗？"

男："没有。"

女方讪笑道："那么，看来我们也没有缘分！"

男子无可奈何地起身，自言自语道："难道非要我把宝马换成奔驰，把别墅换成洋房吗？"

这位男士很有意思，他假装不明白女士的意图而故作糊涂，顺其话往下答，直到女士表明自己的立场之后再来回旋的一击。相信等女士听完男士的自言自语，肯定会脸红难堪。因为在短短的谈话之中她嫌贫爱富的心理已经表露无遗，男士很难再与其交往下去，而她也因此错过了一位条件很不错的对象。

古诗云："山重水复疑无路，柳暗花明又一村。"在人际交往中也是如此，受攻击的一方很可能在下一回合转败为胜，关键是懂得如何使用幽默的技巧。幽默地应对，幽默地让对方自食其果吧！

　　隐蔽的幽默可以以隐晦之语化解对方的攻击，而顺水推舟则更带攻击性，能让对方陷入自食其果的境地。可以说，顺水推舟的幽默更考验当事人的临场反应能力。

8. 幽默交谈，拒绝别人有妙招

　　一位朋友向普斯顿询问他的年纪。普斯顿想了一下才告诉朋友："40岁。"

　　10年后，这位朋友又问普斯顿多大年纪了，这次普斯顿毫不犹豫地答道："40岁。"

　　朋友感到奇怪："怎么可能呢？10年前你就说过自己40岁了。"

　　普斯顿答道："正人君子是不会因为时间改变一些事情的，比如10年前和现在一样我们都是朋友。你20年后问我，我同样也是40岁，对吗？"

　　此后，朋友再不向普斯顿问这个问题了。

　　显然，故事的主人公普斯顿很不愿意回答年龄这个问题，第一次就有意回避了。而他那粗心的朋友竟然没有发觉，多年后居然又对这一问题发问。普斯顿不能坚决地拒绝回答这个问题，就将与朋友间的友谊也拉入话题中，使得朋友感觉到彼此友谊也在"不变"的范围内，实在是一举两得。

　　当他人的要求是你力不能及的事情的时候，你可以用幽默的态度去拒绝。

第3天　妙语培养课——妙语是如何炼成的

幽默中口吐莲花，交谈中如沐春风

甘罗的爷爷是秦朝的宰相。有一天，秦王提出要吃公鸡下的蛋，命令满朝文武想法去找，要是三天内找不到，大家都得受罚。甘罗见爷爷急坏了，想了个主意。

第二天早上，甘罗替爷爷上朝了。他不慌不忙地走进宫殿，向秦王施礼。

秦王很不高兴，说："小娃娃到这里捣什么乱！你爷爷呢？"

甘罗说："我爷爷正在家生孩子呢，托我替他上朝来了。"

秦王听了哈哈大笑："你这孩子，怎么胡言乱语！男人家哪能生孩子？"

甘罗说："既然大王知道男人不能生孩子，那公鸡怎么能下蛋呢？"

就这样，甘罗得体地拒绝了秦王，让秦王不得不放弃自己的无理要求。

学会有技巧地说"不"，是每个人都应该学会的处世技巧，它能让你的生活变得更加轻松自在。

我国著名文学家钱钟书的小说《围城》出版后，很多的媒体记者通过种种途径找到他的朋友们，想通过朋友介绍来采访他。

钱钟书由于不喜应酬，便幽默地对他的朋友们说："你们帮我转告他们吧，既然已经见过鸡蛋了，为什么还要千方百计地想要见到那只下蛋的老母鸡呢？"

钱钟书是个十分幽默的人，他把自己辛苦写就的小说《围城》比做"鸡蛋"，而把自己比做"下蛋的老母鸡"。这一比喻新奇而贴切，既十分委婉地拒绝了记者们采访的要求，又显示出其聪明睿智。

在甜蜜的爱情之旅中，幽默的言语可以增加情趣，制造浪漫。而当一份感情难以接受之时，用幽默的言语予以拒绝，也可以让对方不那么难堪。

男孩为了向女孩求婚，精心准备了一顿丰盛的晚餐。气氛正好时，男孩说："只要你同意，我愿意一辈子为你做饭。"

女孩并未做好结婚的准备，但又不想直接拒绝，因而委婉地说："真不好意思，我还想多吃几年自己做的饭呢。"

男孩当然能够听出女孩话里的意思，但他虽然遭到了拒绝，却不至于太尴尬。因为女孩是借着做饭这件事委婉地回绝了他，这样的方式让他们双方都不会太难堪，也为这件事留下了一定余地。

━━━ 幽默训练心得 ━━━

拒绝他人要有技巧，太直接生硬的方式会让对方感觉尴尬，甚至伤及双方的关系。幽默而委婉地拒绝是一个绝佳的方法，它可以让你在人际交往中少一些尴尬，多一些顺心。你的幽默，会让你在拒绝他人的同时也赢得更多的理解。

9. 八面玲珑，幽默让你左右逢源

春秋战国时期，魏文侯派乐羊攻伐中山，一举攻克。魏文侯随即将中山封给自己的儿子。

一天，魏文侯问群臣："你们觉得我这个君主怎么样？"

大家都不敢说真话，一致奉承恭维地说："您是一位仁君。"

魏文侯听了非常高兴。

唯独一位叫任座的臣子不客气地直言道："君上得中山，不封给您的弟弟，却封给您的儿子，这怎么能算得是仁君？"

魏文侯听了心里很不高兴，脸上露出生气的表情。

任座见状，立即起身而去，心里觉得魏文侯没有仁君的气量。

魏文侯接着问翟璜，翟璜回答说："您的确是位难得的仁君。"

魏文侯问："何以见得？"

翟璜清了清嗓子说："我听说仁德的君主身边总是有直言敢谏的臣子。

刚才任座毫不忌讳地说了实话，显然是个忠直刚正的臣子，这恰好反映出您是位仁君啊。"

魏文侯听后哈哈大笑，明白了翟璜的意思，立即让翟璜把任座叫回，并亲自下堂迎接，将任座待为上宾。

因为翟璜找到了有力支持自己论点的论据，所以，虽然他和任座说法相反，却取得了意想中的效果。他把魏文侯架上"仁君"的位置，让其碍于"仁君"的称号，为自己也为任座解了困境。委婉的语气用于劝谏，总是可以达到事半功倍的效果。

中国人讲"面子"，人与人的交往不是单纯的"你来我往"，其中还蕴涵着诸多微妙的道理。人们都需要学会察言观色、委婉含蓄、不恶意伤人，要给足别人面子又不失自己形象，坚持原则又八面玲珑。

在古代，有"君为臣纲，父为子纲，夫为妻纲"等三纲五常的伦理要求，人们对自己的语言和行为都把握得非常谨慎，尤其是君王身边的臣子们更显谨言慎行。"伴君如伴虎"，一不小心脑袋就会搬家。所以，熟练掌握"劝谏术"成为大臣们的生存之道。

到了现代，人们已经没有了三纲五常的约束，但是人与人之间的相处仍然需要委婉行事。许多社会关系非常微妙，需要我们谨慎相处，尤其是上级和下属之间，无论是批评或者赞扬，都需要把握一个度，既要保持作为上级的威严，又不能使下属对其敬而远之。

某公司总经理接到一份商业保密文件，她要秘书尽快打印一份出来，这位平日只知涂抹口红的女秘书费了九牛二虎之力终于完成了。

总经理看过这份错漏百出的文件后说："小姐，我是吩咐过你，这是一份商业保密文件。但万万没想到，你竟如此认真，居然瞧也不瞧，闭着眼睛就把它打出来了！"

秘书的粗心显然让人恼火，但上司并没有选择厉声地斥责，而是用开玩笑的语气委婉地表达了对这位秘书的批评，主动为秘书没有认真工作寻找"理由"，让秘书有反思的空间，也表现了老板的宽容和幽默。

同样，婚姻生活也需要委婉幽默的润滑。如果夫妻二人长期讲话一本正经，就会产生一种冷漠感，影响婚姻的长久。夫妻不妨利用各种话题，不时幽默一下。

有一对恩爱的夫妇。一次，丈夫生病，卧床不起，脾气也因此糟到了极点。妻子下班后，听到丈夫在发牢骚，说自己快要死了。于是，聪明的妻子趴在丈夫床边，露出请求的表情说道："噢，亲爱的，你一定不能死！我的衣橱里连一件漂亮的黑色衣服也没有呀！"那位丈夫听后，立刻笑了，顺势回答道："好吧，我得等你把黑衣服准备好再离开。"

人生病时的心态是与健康时不同的，通常都比较敏感。和病人交流不仅需要耐心和智慧，更要学会委婉地使用幽默达到劝慰的目的。仅仅依靠讲道理往往事倍功半，容易激起病人的厌烦心理，起不到理想的效果。而这位聪明的妻子正是运用了委婉幽默的方法，用"请求"的语气让丈夫卸下心防，积极面对生命，达到了开解丈夫的目的。

当你遇到"吃软不吃硬"的人时，当你碍于情面不知如何开口时，当你"哑巴吃黄连——有苦说不出"时，当你困惑于该如何表达爱意时，请记住委婉的幽默妙语，它们有可能成为你最好的武器。

～～～ 幽默训练心得 ～～～

在这里，我们要注意的是，委婉幽默虽然颇有效用，但是也同样具有"杀伤力"，因为委婉运用不当就会演变为反语，而"反语"和"讽刺"是双胞胎。这时，不当的委婉不仅不会制造幽默的效果，反而会变成伤害彼此感情的利剑，只能适得其反。

第3天 妙语培养课——妙语是如何炼成的
幽默中口吐莲花，交谈中如沐春风

10. 小开玩笑，让友谊更坚固

德国著名诗人海涅有一次收到远方朋友路易的来信，他拆开信封，发现里面竟是一叠厚厚的白纸，一层一层地包着。他拆开一层又一层，直到第十几层，才发现里面有一张很小的纸条，上面郑重其事地写着一句话：

"亲爱的海涅：最近我身体很好，胃口大开，请别挂念。你的朋友路易。"

过了几天，这个叫路易的朋友也收到了海涅寄来的一个很大很沉的包裹。他不得不叫人帮忙才把包裹抬进屋里，打开一看，竟是一块大石头，上附一张卡片，写着：

"亲爱的路易，得知你身体无恙，我心上的石头终于放了下来，今天寄上，望你留作纪念。你的朋友海涅。"

朋友之间的适当玩笑可以有效地增进友情。在这个故事里，路易的信虚张声势，故弄玄虚；海涅的回信形象真切，滑稽逗人。无疑在相互捉弄中，两人的友谊联系得更紧密了。

朋友，其实就是能给你帮助和鼓励的人。在与朋友交往的过程中，很多时候需要诉说衷肠，但时间久了也不免觉得厌倦，而朋友间适时的玩笑，则可以增进彼此的了解与感情。

朋友之间的相处大都非常随意，或嬉笑怒骂，或肝胆相照，这都会有助于朋友之间感情的加深。没有真挚友谊的人是孤独的人。朋友之间，大可不必谨慎拘束，大大方方的交往，反而会让双方更好相处。

爱德华先生要结婚了，在给一位朋友发的结婚请帖上，他写道："我们将在周六晚上举行婚礼，望您能前来参加。您到后，请用脑门按下门铃，我就出来接您。"

这位朋友感觉很诧异，问他："为什么不可以用手按门铃呢？"

"我怕你带的礼物太多，腾不出手来。"爱德华眨眨眼说。

可以看出，爱德华和这位朋友间的感情非同一般。爱德华用这样一个小小的玩笑将这份友谊更增添了几分厚度。

一位女子因为母亲刚刚过世，情绪非常低落，见到朋友时也难展笑容。朋友见状便安慰她说："别担心，阿姨在那边不会孤单的，我妈妈可以带她四处去玩，她对那边很熟。"原来这位朋友的妈妈前几年因为癌症去世了。

这个故事中，这位朋友不惜揭开自己的伤疤，讲出自己母亲去世的情况，以安慰女子。他故意不提生死，而是豁达地安慰朋友，以乐观的心态阐述自己的伤心事，达到了同病相怜的安慰效果。其话语显示出其乐观豁达的生活态度，也表达了对女子的深切关心和安慰。仿佛他们的妈妈没有逝世，而仅是在另外一个天地里而已。任何人看到这里，都会被那位朋友感动，这就是幽默的力量，它让你能苦中作乐。当朋友身处逆境时，要懂得幽默地加以安慰，让对方感觉到你的真心和关怀。

人生在世，犯错误在所难免。我们在犯错时，真诚的朋友都会坦率地指出我们的错误。向朋友指出错误的动机是好的，但是这种行为需要掌握好分寸，如果是过分地挑剔，肯定会使朋友感到厌烦。让朋友接受意见的关键，是让朋友感觉到你的真诚之心。

贝尔克出版了第一本书，他得意地在朋友面前炫耀："你看过我的书吗？是一本很好的书，里面有很多新颖又正确的见解！"

"我看过了，"朋友开玩笑似的回应他，"而且，我和你有同感。只是非常遗憾，你书中的观点，新颖的不太正确，正确的基本上都不新颖。"

贝尔克听了朋友的话，虽然有点受挫，但也知道朋友是一番好意，于是虚心接受了朋友的意见。

朋友面对贝尔克的吹嘘并没有直接否定，而是用玩笑式的语气跟他调侃。在肯定其内容新颖和正确的同时，为其指出了缺点。这种委婉的批评不但能使贝尔克接受，还能让他从中看出自己的真诚，增进彼此友谊。

我们在与朋友交往的过程中，难免也会出现尴尬的局面，甚至是彼此不快的情况。如果不加理睬，任其发展，朋友之间的友谊就会受到伤害。这种时候，如果适时地来点幽默，就会很容易地让朋友间的误会与尴尬烟消云散。

第 4 天

职场幽默课——做个受欢迎的职场高手

掌控工作氛围,做事左右逢源

1. 来点儿幽默，让同事关系更融洽

最近连续下了五天的雨。公司的几个同事在一起闲聊天气。

一个人说："最近怎么一直下雨呢？"

一位老实的同事规矩地回答道："是啊，都五天了。这样下去何时能结束呢？"

一位喜欢加班的同事接上说："龙王爷竟然连日加班，看来想多捞点奖金！"

另一位关注市政的同事则说："玉帝也太不称职了，天堂的房管所坏了，都不派神仙去修，老是漏水！"

最后，一位喜爱文学的同事说道："嘘，你们小声点！别打扰了玉皇大帝读长篇悲剧。"

像这样日常闲聊里的一点幽默色彩，不但让简单的话题显得更加生动，而且让参与的人在幽默风趣的气氛中舒缓了心情。

很多人常常觉得和同事们没什么共同话题，更有一些人觉得同事之间的关系会因为利益关系的存在而非常微妙，同事之间的对话也常常只是一些诸如"今天天气怎么样"之类的寒暄。

其实，同事之间，大可不必如此拘谨。如果一直这样的话，我们的生活难免乏味，工作难免枯燥。我们与同事们在一起的时候，不妨添加一些幽默元素，增添一些闲聊的乐趣，让我们的日常工作生活也多彩起来。

为了调节矛盾，每家公司都会有不同的解决办法。一家著名的日资大企业解决同事矛盾的方法就比较奇特——设置了一个"泄气工程系统"。而这个系统竟然较好地解决了许多员工在工作中遇到的很多问题，我们来看一下这个系统中的一个组成部分。

一天，两个员工因为一点小事争吵起来。正当他们吵得不可开交的时候，上司把他们带到哈哈镜室，让吵架的两个人看看自己镜中扭曲的狰狞面孔。

刚开始，他们还强忍着不笑，但在哈哈镜面前站了两三分钟的时候，他们竟都不自觉地哈哈大笑起来。大笑之后，这两人的心情都舒畅了不少。

然后，上司就把两人带到了思想劝导室，对他们的矛盾做出详细的分析，让他们意识到各自的错误。很快，两人就握手言和重归于好了。

这家日资企业利用了哈哈镜逗人发笑的原理，让郁闷的双方心情缓和后，再来解决问题。这种利用外物的搞笑手段来缓解人们紧张情绪、解决工作矛盾的方法，很值得我们借鉴。

在工作中，同事之间容易发生争执，有时甚至搞得不欢而散使双方心存芥蒂。发生了冲突或争吵之后，无论怎样妥善地处理，总会在心理和感情上蒙上一层阴影，成为日后相处的障碍。最好的办法还是尽量避免争执，我们可以委婉表达对同事的意见，运用幽默的力量避免与同事"交火"。

陈英在一个会计部门任职员。有一次发薪水的时候，她竟然收到了一个空的薪水袋。她没有气得暴跳如雷，也没有破口大骂，只是以轻松愉快的口吻去问负责的人："怎么回事？难道说我扣除的薪水，竟然达到了整个月的薪水了吗？"当然，陈英最后得到了补发的薪水。

陈英用一种宽容的态度对待同事偶然犯的错误，并用自己的幽默避免了与同事的争吵，这样的人当然会受欢迎。

同事之间有了不同的看法，最好以商量的口气提出自己的意见和建议，语言得体是十分重要的。应该尽量避免用"你从来也不怎么样……""你总是弄不好……""你根本不懂"这类绝对否定别人的措辞。而对同事的错误采用幽默的方式来指出，不但具有包容性，而且会在和谐的气氛达到事半功倍的效果。

幽默的语言能使同事在笑声中思考，而嘲笑却使人感到含有恶意。真诚、坦白地说明自己的想法和要求，让同事觉得你希望得到合作而不是在挑他的毛病。同时，要学会聆听，耐心、留神听同事的意见，从中发现合理的部分并及时给予赞扬或表示同意。这不仅能使同事产生积极的心态，也给自己带来思考的机会。

中国人常用这么一句话来排解争吵者之间的过激情绪：有话好好说。这是很有道理的。据心理学家分析，措辞过于激烈武断是同事之间发生争吵的重要原因之一，因此，我们在对同事的某些做法不满时，要善于克制自己，委婉地表达自己的意见。

在职场中，同事之间由于种种原因产生一些矛盾是很正常的。出现矛盾不要紧，重要的是在出现矛盾以后要尽快地以轻松幽默的方式化解这些矛盾。否则，一些小小的矛盾也可能成为你的职场大患。

2. 幽默效应，大胆进行自我推销

小张应聘一家日报社采编人员，在入围面试的 10 个人中，无论从学历，还是所学专业来看，他都不是最突出的，但他的幽默感却引起了评委们的注意。

在面试时，面试官让他介绍一下自己的优势与不足。小张是这样回答的："我的优势是有过两年的办报经验，并且深爱着报业这一行。每当我拿起一张报纸，总不自觉地给人家挑错：题目是否显得累赘，哪个词用得不合适，哪个错字没有校对出来，版面设计合不合理，是不是碰了题、通栏了……甚至有时上厕所，也忍不住捡起别人丢在地上的烂报纸看……"听到这里，面试官都不约而同地笑了。

事后小张了解到，一开始他并不被看好，但其他参加面试的人的回答都过于"正统"和"死板"，正是他的灵活与幽默让挑剔的面试官觉得他更适合干记者这一行。于是，不起眼的他脱颖而出，"幸运"地被录用了。

由此看来，在面试的时候，适当地运用幽默多么重要，它不仅可以让一场开局并不顺利的面试得以延续，还有可能让招聘方忽略你笔试成绩或是其他如学历、专业条件上的不足。

求职面试时的自我介绍是非常重要的，它很可能决定着求职的成败。所以，每一位求职者都应对其保持高度重视。由于求职面试更多的是反映一个人的应变能力，所以，在自我介绍时，应该侧重于表现自身的创造性。这也是一个人能力和素质的最好体现。

一位刚大学毕业的年轻人去一家外企应聘。面对众考官的问题，他对答如流。最后，考官们递给他一张纸，上面是一道一句话的翻译题，里面有许多他从未见过的英文单词，他停下来苦思。

最后，这位大学生给出了他的答案："这句话的意思是我最好到别处去工作。"说完，他对着考官们耸了耸肩，一脸无奈的表情。众考官均被他的幽默所感染，为他亮了绿灯。

可见，在面试的过程中，即使是遇上了专业知识上的难题，也不表示你已经失败。相反，如果你能够使用幽默的技巧背水一战，说不定就能扭转乾坤。

在这商业化的社会上，积极地推销自我能力的人越来越多，虽然能力的高低是重要的决定因素，但推销方法的高明与否也往往是成败的关键。有些人甚至就因为方法不好，虽然颇具才华，却不能给人好的印象。如果在自我推销的过程中加入幽默的成分，相信会收到事半功倍的效果。

美国著名销售大师杰弗里·吉特默为他的猫制作了一张名片。每次推销的时候，他都会跟客户说："我的丽托猫有一张自己的名片。她是我的吉祥物。无论我要找哪份重要文件，总会发现她躺在上面，这很有趣。而我每次参加研讨会的时候，我总会散发它的名片。原因只是为了逗人一笑。但是，每个收到名片的人都会保留它，把它拿给别人看，并和别人谈论我。"

杰弗里·吉特默为他的小猫设计名片并到处分发，是多么有趣又聪明的创举。如果有人给你一张这样的名片，你会怎么想？你会通过它而记住对方吗？很明显，通过这种方式，杰弗里·吉特默成功地推销了自己。所以，请记住名片是你的形象代表，它应当有新意、吸引人。

美国职业棒球界的某选手曾夸耀他自己的跑步速度说：

"我若告诉你我能跑得多快，您恐怕要吓死哦！只要我打出全垒打时，观众还没听到球棒打到球的声音，我人可能已经到一垒了。"

——这么说来他的速度简直就是超音速了！显然，这是一个以幽默的方式来夸耀自己的说法。

自夸的话语之所以听起来很逆耳，是那些话语中经常带有夸张不实的描述，或许我们可以更肯定地说，自夸的话多少有些吹牛。可是，现在是个爱秀的时代，强鹰若是不张爪，可能将捕不到好猎物。

不过话虽如此，过分或过于低俗地自我炫耀，只会招致别人反感。因此一句话要想起到兼具自我宣传和自我炫耀的作用，必须具有适度的幽默感，并让人能愉快地接受。一句话，自我推销要大胆新颖，自我宣传要幽默适度。

幽默训练心得

自夸的幽默技巧也能被应用在自我宣传中。与其说自夸可耻，毋宁说它是一种宣传、广告，是所有商业行为的基础。但是，在向别人推销自己时，如果言辞太过于自夸，还是不太容易被接受的。不过，同样是一句自夸的话，若是由具有幽默感的人来说，可能就比较顺耳。

3. 幽默巧利用，有效缓解工作压力

小丽是一家大公司的总经理助理。她的工作是应付访客、处理同事和老板的日常事务。空闲的时候，还需要打字。有时，某些自以为是的人来电话，还会给她出难题。

一次，一个人在电话中说："我要和你的老板说话。"

"我可以告诉他是谁来的电话吗？"小丽问。

"快给我接你的老板。"来电话的人坚持道，"我现在马上要和他说话！"

"很抱歉！"小丽温婉地说，"他花钱雇我来接电话，似乎很傻。因为十个电话中有九个是找他的。"

来电话的那个人笑了，最后把他的名字和电话号码告诉了她。

小丽巧用幽默，恰当地给自己解决了工作难题。幽默可以在帮助人们缓解工作压力上起到一定的作用，但是幽默不是万能的，造成工作压力的原因也是多种多样的。因此，在缓解工作压力时，除了运用幽默技巧外，还要注意运用其他一些科学、正确的缓解和减压方式。专家建议，经常加班的工作者，应保证足够的睡眠，注意饮食规律，在进行体育锻炼时尽量选择一些强度小同时又愉悦身心的活动，如散步、跳舞等，从而达到平衡心态的作用。

工作是我们赖以生存和发展的手段。工作中，我们有成功的满足，晋职的喜悦，也有加薪的愉快。但也会遇到人际关系的不协调，上下级间的不相容。如果善于运用幽默，我们的工作肯定会顺利许多，卓有成效。

无论是在人事变动时被派到分公司，还是转任职位较低的工作，都无须气馁颓丧。因为世事变化无常，就算被分至分公司，也不失为是培养实力的大好机会。

某公司的职员被外调至分公司服务。决定人事变动的经理以安慰的口吻对他说："你也不要太气馁，不久以后，我们还是会把你调回总公司来的！"那位被调的职员以第三者的语气，毫不在乎地说道："哪里，我才不会气馁呢！我只不过感受下董事长退休时的心情而已。"

这才是一个能做精神上深呼吸的人：面对外调，他不气馁，懂得靠幽默来调节自己，从而使自己能够以良好的心态投入到新的工作中去。面对工作中的困难，我们除了要调节好自己的心态外，还应能通过运用幽默与他人分享欢笑，释放压力。

现代人工作压力大，工作中的人际关系头绪纷杂，这导致人们在工作中事事小心，身心疲惫。面对这种情况，在不影响工作的前提下，可以和上司、同事、下属开个适度的玩笑，幽默一下，活跃一下办公室的气氛。这也是控制情绪、激励自己处理人际关系的好办法。打破严肃尴尬的气氛，给工作注入新鲜幽默的空气，不仅有助于提高自己的工作效率，同时也能赢得同事的信任和领导的信赖。

有时候，一个职员要负责的工作种类很多，头绪纷杂，很容易因工作压力过大而产生烦躁情绪。这时候人们尤其需要幽默的帮助。下面这则，两位保险公司业务员的例子可以说明这一点。

有两人争相夸耀自己的保险公司赔付有多快。第一位说，他的保险公司十次有九次是在意外发生当天，就把支票送到保险人手里。"那算什么！"第二位取笑说，"我们公司在李氏大厦的 23 楼。这栋大厦有 40 层高。有一天，我们的一个投保人从顶楼跳下来，当他经过 23 楼时，我们就把支票交给他了！"说完，两人相视哈哈一笑，心情顿时舒畅了许多，工作的烦恼和压力也少了。

我们与同事开玩笑，在一同笑的过程中，不仅缓解了自己的工作压力，也用幽默帮助同事用更轻松的态度工作。不论你从事的是什么行业，不论你是个生手或熟手，是老板还是属下，幽默的力量都能帮助你与他人更好地沟通和交往，帮助你解决工作中的问题并从容应对困难。

幽默的语言还可以缓解人们在工作中的紧张情绪。用它来缓解工作压力，会比一些抽象的理论更奏效。

幽默训练心得

在当今竞争异常激烈的社会，工作压力已经成为上班族的主要压力。如果能处理好这方面的压力，那么压力就有可能转化为动力；但如果处理不好，就会使人心烦意乱，不仅失去工作的积极性，压力也会成为阻力。因此，为了提高工作效率，使自己工作轻松一些，不妨巧用幽默来缓解工作压力。

4. 幽默，一种充满魅力的职业技巧

在西方国家，巡警的工作是棘手的。

一天，巡警乔治在路上看见两个年轻的天主教徒同骑一辆自行车在一条小路上飞驰。他们的做法显然不合乎交通法的规定，于是乔治便将他们拦住，说："你们不知道这样做是违反交通法规的吗？而且这样的速度多危险！你们不害怕吗？"

两个教徒异口同声地说："没关系，天主和我们同在！"乔治说："很好，这么说我应该罚你们 80 美元，因为三个人是不能同骑一辆自行车的。"就这样，乔治在玩笑中完成了这项棘手的工作。

当今社会瞬息万变，工作压力与日俱增，只有具有幽默感的人，才能在竞争激烈的环境中突出重围，给领导、同事一个良好的印象。在工作中还能不忘偶尔幽上一默的人，必定是文明而睿智的，这种轻松的处事方法，也必定是大家所喜欢的。

很多人都想在工作中成为受人欢迎的人，但在开玩笑时，又往往把握不住分寸，甚至有时会因为一句过头的玩笑，与同事闹得不欢而散，影响了彼此之间的感情，自己也增加了烦恼。所以，与同事开玩笑，尤其是与自己的上司开玩笑，一定要小心谨慎，懂得适可而止。

在现代社会的职业竞争中，富有幽默感的人一定充满活力。他会有多方面的兴趣爱好、广泛的人际交往、充沛的精力和开阔的胸怀。有了幽默的职业技巧，开创事业就有了良好的内在基础。

幽默是一种人生态度，是一种生活品位，更是一种职业技巧。幽默使我们淡化了生活中不必要的严肃，如果巧妙地加以利用，幽默可以化解烦恼，愉悦身心。而且，在工作中，幽默运用得好，更是对事业有所裨益。

我们如果不能感受到别人的幽默对自己的裨益，也就不太可能以自己的幽默来激励别人。为了表现我们珍视别人所带给的益处，应该时时保持乐观的态度，同别人一起欢乐。

一个女员工星期一上班迟到了。男员工问她："小姐，星期天晚上有空吗？"

"当然有，先生！"姑娘乐了。

"那就请您早点睡觉，省得您每个星期一早上上班迟到！"

男员工对女员工的提醒是善意的，又以幽默委婉的方式表达出来，使女员工更容易接受。每个人都有自尊心，伤害了他人的自尊心，必然会引起对方的反感。所以即使是对错误的事情提出看法，也切忌嘲笑。

在职场中，收入是我们的工作能力或工作价值的一种反映，我们都渴望工作成绩能够跟我们的收入成正比。当员工感觉自己的收入和业绩不匹配的时候，当然希望向上司表达出提升工资的愿望，但是这种提议就像一个"雷区"一样，需要在合适的时间、合适的地点机智地向上司表达出来，这样才会让上司更容易地接受，否则不但加薪不成，反而引起"爆炸"，导致上司反感，甚至会因此被上司逐渐疏远。

张明在一家外资企业工作，他是一个非常有才华而且富有智慧的人。有一次，他接连提出的两项建议都被公司主管采纳了。很快，这两个建议就使公司的销售业绩分别提高了20%和12%。

公司老板非常高兴，鼓励张明说："继续加油干，我不会亏待你的。"张明听了老板的话，很开心地说："您就放心吧，我相信您也会把这句话放进我的口袋中的。"老板会意地笑了，爽快地说："会的，一定会的。"不久，张明如愿以偿地加了薪。

张明用寓庄于谐的言语轻轻松松地就让老板的鼓励变成了实实在在的好处。他能够实现自己的愿望，就在于他成功地将加薪的严肃问题变成了非常俏皮的玩笑话。

使用幽默语言的人，大都有温文尔雅的气质、亲切温和的处事态度，使他人感到轻松自然。

如果你已经利用幽默力量来帮助你取得成功，你也就能对挫折一笑置之，能以轻松的心情面对自己，以严肃的态度面对自己的新角色。

幽默是一种良好的修养，一种充满魅力的职业技巧。在工作中，得体的幽默能制造宽松和谐的办公室氛围，能帮助你改善人际关系或摆脱困境。幽默是每一个人在职业生涯中必不可少的助推之力。

幽默训练心得

在运用幽默这种技巧的时候，要多多注意幽默的运用不宜太僵硬。有些下属，特别是那些地位较低的员工，为了讨得老板的欢心，总是想尽力表现自己的幽默，但偏偏自身又不具备那样的幽默素质，所以在幽默时往往造成冷场的局面：说出的笑话，让上司不知道究竟是该为你的"幽默"笑一下为好，还是不笑为好，弄得骑虎难下，双方都十分尴尬。久而久之，老板就会认为你是一个虚伪的人，对你产生偏见。这样，你就会失去升职加薪的机会了。

5. 幽默来助阵，事业更成功

某公司开始实施销售业绩倍增计划。主管召集下属严厉地训话："各位，现在是我们加油的时候了！从明天开始，早上七点半大家就要到这里集合。八点钟一响，大家就要立刻出发去推销！"

大家都不满地抱怨时间太早。这时有位凡事讲求效率和正确性的员工，不慌不忙地问道："请问，是时钟开始敲八下时，还是敲完八下才往外跑？"

主管过于严格的要求可能会招致他人的不满，而上面这位聪明的员工就使用幽默的语言把众人的注意力转移到自己身上，使尴尬紧张的气氛重新轻松下来。这位员工的幽默既帮了主管的忙，又使主管看到了他较强的时间观念，从而有助于使他获得主管的赏识。

勤奋工作所换来的业绩是赢得荣誉的基础，而工作业绩的认可主要由上级领导决定，因此，能不能赢得上级领导的赏识、肯定和支持就在很大程度上影响着能不能获得荣誉。

对于许多职员来说，最大的苦恼莫过于工作努力却得不到领导的赏识。美国人力资源管理学家科尔曼说过："职员能否得到提升，很大程度不在于是否努力，而在于老板对你的赏识程度。"那么，怎样才能脱颖而出呢？对上述问题很苦恼的人，不妨试试在领导面前化严肃为幽默的交流方法，或许有所收获。

要想事业如日中天，必须有头脑、有手段。最近美国科罗拉多州的一家公司通过调查证明：参加过幽默训练的中层主管，管辖的部门在 9 个月内生产量提高了 15%，而病假次数减少了一半。这个实验可以证明，在事业发展过程中，幽默感对一个人提升工作能力的重要性。

为何幽默会让人更成功呢？因为具有幽默感的人在日常生活中人缘都比较好，他们可在短期内缩短人际交往的距离，赢得对方的好感和信赖。

一般而言，人们虽然有各种各样的追求，但共同点都包括考虑如何创造一个良好的人际关系环境，加强与同事及上下级的沟通，避开人际关系中的僵化与尴尬，使自己的事业获得成功。

要做到这一切，就要学点幽默。幽默能够帮助你与上司、同事之间建立和谐的关系，你也会因此而成为一个乐观的人，一个能关心和信任别人，又能被众人所信任和喜欢的人。

那么，应该如何培养幽默感呢？

首先，主动扩大交际面，缓解工作压力。与人为善，主动帮助他人，并从中获得人生乐趣。

其次，释放心襟，开阔心胸。不要对自己有不切实际的过高要求，不要过于在意别人对自己的看法，正确地认识自我，学会善意地理解别人。

最后，掌握幽默的基本技巧：一是提高语言表达能力，发挥想象力，把两个不同事物或想法连贯起来，以产生意想不到的效果。二是开自己的玩笑，即必要时先"幽默自己"。三是注重与形体语言的搭配和组合。

幽默对人的心态也有好的调整作用。人们在生活中可能遇到种种麻烦的事情，如果能够大笑一场，就可能会"化干戈为玉帛"，从而减少过分忧虑，助事业一臂之力。俗话说，"笑一笑，十年少；愁一愁，白了头"，大笑还可以使人振作起精神，以轻松的态度对待生活。

6. 幽默的建议，上司更容易接受

一位将军在早上视察士兵的时候，顺便询问了一下士兵们的早餐状况。大部分士兵都含糊其辞地对他说"还行""可以"，只有一位士兵很满足地说："半片蜜西瓜、一个鸡蛋、一碟腊肉、一碗麦片粥、两个夹肉卷饼、三块蛋糕，长官！"

将军听了之后，满是疑惑地问这位士兵："这都快赶上国王的早餐了！"这位士兵毕恭毕敬地对他说："长官，很遗憾，这是我在外面餐馆吃的。"

这次视察之后，将军马上下令改善了士兵的伙食待遇。

这是一位很善于迂回表达对军中伙食不满的士兵，他用有些幽默俏皮的语言既让长官一下子就明白了士兵们想要的伙食标准，又让长官很容易就接受了自己的想法。一个小小的幽默就能产生这样奇妙的效果。

在职场中，我们虽然不能简简单单地把收入直接等同于能力，但是收入毕竟是我们的工作能力或工作价值的一种反映，我们都渴望我们的工作业绩能够跟我们的收入成正比。

当员工们的业绩和收入不太一致的时候，员工们当然希望向上司表达出自己提升工资的愿望。但是这种提议就像一个雷区一样，需要员工们在合适的时间、合适的地点，非常机智地向上司表达出来，才会让上司更容易接受，否则不但加薪不成，反而会引起上司的反感，甚至会因此被上司逐渐疏远。

李祥在一家外资企业工作，他是一个非常有才华而且富有智慧的人。有一次，他接连两次提出的建议都被公司主管采纳了。很快，这两个建议就使公司的销售业绩分别提高了 20% 和 12%。

公司老板非常高兴，鼓励李祥说："继续加油干，我不会亏待你的!"李祥听了老板的话，很开心地说："您就放心吧，我相信您会让这句话放进我的薪水口袋中的!"老板会意地笑了，爽快地说："会的，一定会的!"不久，李祥如愿以偿地加了薪。

李祥巧妙地用诙谐的言语轻轻松松就让老板的鼓励变成了实实在在的钞票。他能够达成自己的愿望，就在于他成功地将加薪的严肃问题变成了非常俏皮的玩笑话。

在工作中，不同职位的员工对工作都有自己的不同理解，上司不一定永远都是对的。对一个称职的员工来说，有自己对工作原则的一贯坚持也是一件极其重要的事情。敢于指出上司工作中的不足是需要勇气的，而能够比较幽默地"以其人之道，还治其人之身"，则可以让上司有一个足够深刻的认识，从而对自己的不足产生比较深刻的反思。

幽默训练心得

在职场中，下属常常需要向上司表达出自己对所从事工作的一些看法和对工作或业务发展的建议。有些下属在表达自己的看法或者建议的时候，常常因为在语言表述上的失当之处，让上司对自己颇有微词，从而致使自己的一些看法或建议不容易被上司认可。更严重的，还有可能使上司对自己产生一些偏见，使自己在单位中的处境变得不乐观。

下属对上司提意见是一件需要技巧的事情。在各种向上司表达看法的方法之中，借助幽默的语言是一种比较可取的方法。

7. 随机应变，谈笑间应对工作难题

在一次企业管理学的讲座上，主讲是一位年轻的教师。面对众多资历深厚的经营者，他是这样开场的："在座各位都是著名的企业管理者，年纪也都比我大，在企业管理上都有自己独到的经验。在这一点上，我当诸位的学生还怕不够格呢！那么，我有什么可讲给大家听的呢？我只不过是将世界上最先进的企业管理学者们的理论和思想传播给大家。所以，大家以后只要把我看成世界级企业管理大师们的布道者就行了。"

大家听后，都会心一笑，现场气氛顿时活跃了起来。

这位青年教师，通过这段幽默的开场白，表达了自己在管理经验上的不足，取得了在座大企业家们的认可，又通过含蓄幽默的话说明了自己在企业管理理论上还是有一定成就的。就这样，青年教师在博得了一阵笑声的同时，也改变了企业管理经验丰富的学员们对自己的不信任态度。这就是随机应变的幽默在应付工作难题方面的表现。

身在职场，几乎人人都需要幽默的力量。在工作中，幽默地应变工作中的意外情况常能起到意想不到的作用。

领导者在工作过程中，有时会发生一些意料之外的事。如果领导者没有运用幽默应变的能力，事情处理不当，就会使信息交流受阻，影响工作目标的实现。因此，领导者必须培养自己应付突发事件的能力。

有一次，某市长到下辖的县级市去视察工作。该县级市的副市长姓管，正准备向市长汇报工作、申请城市建设贷款。这位市长听了汇报，幽默地说："管市长，你一来，我就紧张。我是市长，而你是管市长的。贷款一定给你们。"管市长也幽默地回答说："我只能管小市，不能管大市。"

两位市长都是幽默感和应变能力很强的人，在谈笑间就解决了工作上的大事。

聪明的人会发现，幽默在工作中最直接的表现形式就是应变的能力，解决工作中难题。但是同时，幽默还具有给他人带来喜悦，摆脱困境，增进与别人的相互了解，改善关系等功用。

不论你从事的是什么行业，不论你是个生手还是熟手，老板还是属下，幽默的力量都能帮助你与他人进行沟通和交往，帮助你解决工作中的难题。

加薪是每个公司员工都热切盼望的事，如果辛勤的工作迟迟得不到应有的回报，势必极大影响工作的积极性。但如何争取加薪的机会呢？在这方面你不妨来点幽默，试一试幽默而含蓄地提出自己的加薪要求，这样做比直截了当的生硬要求效果要好得多。

老张在工作上一直积极主动，工龄也够长了，但公司却很长时间没有给他加薪，这让他感到非常苦闷，他决定找机会向老板提一下。

一天午餐时间，老刘在餐厅遇到了老板，就热情地和他打招呼并坐在一起吃饭。老板看到老刘餐盒里只有一样青菜，就说："老刘，平时也吃这么少吗？"老刘笑了笑说："开源不行，所以就要节流嘛，谁让咱挣得少呢！只是可怜我一把年纪了还要赶时髦，跟年轻人一起减肥，哈哈……"

老板听完也是一笑，当时并没有任何表示，弄得老刘心里有些忐忑，担心自己是不是弄巧成拙了。结果到了月末，老刘真的得到了梦寐以求的加薪。

工作中，面对自己的成就骄傲自夸，会拉开你和别人的距离，使自己站在了他人的对立面。这时不妨运用幽默，调侃一下自己的业绩和优点。

我们认为"谦虚是美德"，并不是说凡事都要过于谦让，不与人争。在凭借自己的才能取得工作成绩时，我们一方面要强调那只"幸运"或"大家的帮忙"，另一方面也要用委婉的方式表明自己的努力也是取得成功的关键。必要时，甚至不妨幽默地吹嘘一番。

最后，还要注意，面对工作成就，当你以幽默的方式表达谦虚的时候，应该是一种发自内心的，真诚的表达。

当工作中遇到困难时，幽默应变能力体现在能否用幽默的语言和诙谐的玩笑，使紧张的气氛变轻松，使窘迫的场面变自如，使危急的形势得到缓解，使被动变为主动。

8. 用幽默做网，捕捉更多的机会

李夏毕业于某名牌大学。她非常喜欢媒体的工作，于是就打算在报社找一份工作。她了解到当地有一家报社非常知名，而且比较适合自己，于是她直接找到这家报社，对人事主管说："你们需要一个编辑吗？"

"不需要。"主管回答。

"需要记者吗？"李夏又问。

"不需要！"主管又答道。

"排字工人呢？"李夏锲而不舍。

"不需要，我们现在没有空缺的职位！"主管有些不耐烦。

"哦，那你们一定需要这个！"说完，李夏从公事包中拿出一块牌子，做工非常精致，上面写着"额满，暂不雇用"。

主管看了这块牌子，眼睛一亮，笑了笑，并让李夏先到休息间待一会儿。随后主管马上打电话给老板，说了这件事。几分钟后，老板来到休息间对李夏说："小姑娘，如果愿意，请你到我们广告发行部工作吧。"

李夏用自己精心设计的幽默充分地向这位人事主管展示出自己的智慧和才华，给对方留下了一个极为深刻的印象。正因为如此，李夏才能抓住这样一个没有工作机会的工作机会。

在找工作的过程中，面试需要把准备工作做足，需要对可能会被用人单位的负责人问到的问题做好充分的设想。同时，还要对一些用人单位随机考察面试者反应能力和思辨能力的问题，做好心理准备。这样，在你遇到自己意料之外的一些问题的时候，就不会产生心理上的慌乱，从而使你保持足够的冷静，并能够从容应对一切问题。

一位经理问一位面试者："你认为乔丹和罗纳尔多谁更厉害？"

面试者得意地说："在我看来，他们俩都没我厉害！"经理十分诧异，皱着眉头，等着面试者的进一步阐述。

"我要跟乔丹踢足球，跟罗纳尔多打篮球！"经他这么一说，经理大笑起来，不停地赞许。后来，他果真被录用了。

在严肃、紧张的面试场合，幽默机智不仅可以使自己放松，也很容易使考官记住你，从而令你能在众多的面试者当中脱颖而出。

一次电视主持人招聘面试中，考官问一位女学生："三纲五常中的'三纲'指什么？"这名女学生立即答道："臣为君纲，子为父纲，妻为夫纲。"她刚答完，面试现场就是一阵哄堂大笑。很明显，她把三者关系颠倒了。

笑声停止之后，她补充道："我指的是新'三纲'，我们国家人民当家做主，领导是人民的公仆，当然是'臣为君纲'！我国的计划生育产生了大量的'小皇帝'，这不是'子为父纲'吗？如今，妻子的权利逐渐升级，'妻管严''模范丈夫'流行，岂不是'妻为夫纲'吗？"她话音刚落，现场就爆发一阵热烈的掌声。

这位女学生幽默的口才与智慧，显示了她超强的实力，赢得了评委们的赞赏，使她顺利通过了面试。

很多人在刚面试的时候都会略显紧张，也会有不少有能力、有才华的人为此失去了工作的机会。失去一次工作机会不可怕，只要我们不轻易放弃，就会有希望。有的时候，在看似已经没希望的背后，可能还会有意外的机会。

幽默能给人带来很多东西，也可以潜移默化地改变我们。可以说，哪里有幽默，哪里就有活跃的气氛；哪里有幽默，哪里就有笑声和成功的喜悦。为此，我们一定要让培养自己的幽默感成为一种习惯。

在当今社会，各种工作机会的竞争都极为激烈，怎样让自己在众多的竞争者中脱颖而出是极为重要的事情。尤其是对刚毕业的大学生来说，如何能够在找工作的时候做好自我推销是一门需要好好研究的功课。在面试的时候，自我展示的好坏是影响成败的一个关键。因此，一定要保持头脑的活跃，多想一些幽默的点子，尽情展示自己。如果你能做到这些的话，相信对你获取更多的工作机会将有意想不到的效果。

9. 用幽默美化自己，提升亲和力

有一次，某公司的一个职员以参加其祖母的丧礼为由请了一天的假，结果此事被其上司撞破了。

等这位职员回到公司之后，上司问他："你相信人会死而复生吗？"

还没有反应过来的职员不假思索地答道："当然相信！"

"这就对了，"上司微笑着说，"昨天你请假去参加祖母的丧礼，今天她就来看望你了。"

这位上司将对下属的批评很好地融入玩笑式的幽默之中，既能达到批评下属的目的，又能够让下属明白上司用幽默来处理此事的深意。这样的上司无疑会和下属相处得非常融洽，从而使上下级的关系更为密切。

上司学会多对下属的优点表示欣赏，会更容易赢得下属的拥护。

作为上司，如果在批评下属的时候能够把下属的一些优点用幽默的方式结合在一起，则会起到更好的效果，也更容易让上下级的关系更深入一步。

在快节奏的工作中，下属犯一些错误在所难免。作为一个上司，在碰到员工们出现工作失误之时，对其进行批评指正是必须要做的事情。不同的上司对员工进行批评的手段是不同的，因此产生的效果也是不同的。这里面有着不同上司对管理手段的不同理解。

不管管理者的手段有什么区别，让接受批评的人能够从心底接受批评指正才是最成功的管理手段。我们不能说对犯了错误的员工进行大声呵斥的行为是错误的，但是作为一个睿智的上司，如果能够幽默轻松地让员工们认识到需要改进的地方，既改善了员工们的工作，又使上司和下属们的关系和谐融洽，又何乐而不为呢？

一次，张震将军在视察某部队的时候，召集了军官十余人座谈。

会上，张震将军问这些军官："一个普通战士的津贴是多少？"在座的军官竟然没有一个人知道。

张震将军看在眼里，气在心里。不过张震将军没有直接批评这些军官，而是给他们讲了一个绰号的故事。

他说："民国的时候，有个叫张宗昌的军阀，人称'三不知将军'：一不知自己有多少兵，二不知自己有多少枪，三不知道自己有多少个小老婆。"

张震虽然没有直接批评什么，但是在座的军官听到他讲的故事之后，都惭愧地低下了头。

张震将军通过类比的幽默方法对其下属进行的批评可谓入木三分，更妙的是，他在批评的同时还给这些军官们留了面子。

上司在批评下属的同时，如果在话语中夹带着一些幽默，便能够冲淡一些责备的意味，可以达到既保全了对方的自尊，又能使对方自我反省、力求改进的目的。

古今中外的大人物，无不懂得用幽默美化自己在下属心目中的形象。如林肯、罗斯福、威尔逊等，都有幽默的好习惯。

一次，林肯与白兰德边走边交谈。当他们走至回廊拐角处时，一队士兵齐声欢呼起来，原来他们是在等候接受总统的训话，但白兰德先生还没有意识到自己应该退开。这时，一位副官走上前来提醒他应该退后几步，白兰德先生这才发现自己的失礼，立即涨红了脸。但林肯马上微笑着说："白兰德先生，你要知道也许他们还分辨不清谁是总统呢！"

就这样，林肯一句简简单单的话，立刻打破了现场尴尬的气氛。

幽默的领导比古板严肃的领导更易于与下属打成一片。有经验的领导都知道，要使身边的下属能够和自己齐心合作，有必要通过幽默使自己的形象"人性化"。

那么怎样才能使自己成为一个幽默的领导呢？

首先，要拓宽自己的知识面。当领导要博览群书，知识积累得多了，与各种人在各种场合交流就会胸有成竹，从容自如。

其次，要提高观察力和想象力。领导要善于运用联想和比喻。作为一名企业的领导，要有意识地训练自己对事物的反应和应变能力。

再次，要增强社会交往能力。多参加社会交往，多接触形形色色的人，也能够使自己的幽默感增强。

最后，培养高尚的情趣和乐观的信念。一个心胸狭隘、思想消极的人是不会有幽默感的，幽默属于那些心胸宽广，对生活充满热忱的人。

幽默还可以融洽人际关系，化解公司的内部矛盾。运用幽默来美化自己在下属心中的形象，往往可以使领导者取得意想不到的效果。国际上一些著名的跨国公司，上至总裁下至部门经理，都已经开始将幽默融入日常的管理活动当中，并把它作为一种崭新的培训手段。

幽默训练心得

幽默作为一种激励艺术，在工作中起着重要的作用。对于领导、主管来说，如果富有幽默感，则很容易在自己的周围聚集一批为他效力的员工。员工之所以愿意与幽默的主管共事，很多时候是因为主管的幽默会帮助员工摆脱许多尴尬的情况。员工保住了面子，自然会为有这样的主管而高兴，并为之勤奋工作。

10. 幽默处世，化解对方疑虑

有一家公司的餐饮部，伙食很差，收费却很贵，职员们经常抱怨吃得不好。

有一次，一位职员买了一份菜后叫嚷起来。他用手指捏着一条鱼的尾巴，从盘中提起来，向餐厅负责人喊道："喂，请你过来问问这条鱼，它的肉上哪儿去啦？"

这位职员用一种开玩笑的方式，既使同事认识到了他们的错误，又不至于伤害同事之间的情感。我们在对同事的某些做法不满时，也要善于克制自己，幽默委婉地表达自己的意见。

如果你对同事有意见，首先要冷静，你的宽容可能让你一时觉得委屈，但这不仅体现出你的修养，也能使对方逐渐地平静下来。其实，任何人都会出现失误和过错，对别人这些无意间造成的过错给予谅解，正体现出你博大的胸怀。

其次，用幽默的方式提出自己的意见，温和地解决问题。

个人在职场中的发展，很多情况取决于我们人际关系的和谐。同事间朝九晚五相处，总会出现这样那样的问题，对同事提出自己的意见时，如果用幽默的方式，会在不伤及感情的情况下让同事更容易接受。

职场高手的应酬要做到外圆内方。要想化解对方的种种疑虑，就要因应酬对象的不同而改变策略、方式。在职场中，善于拓展"关系"的人，是标准的应酬高手。不管是在宴会、洽谈公事或私人聚会上，这些人总是能因人而异地适当幽默，让笼罩在对方头上的疑云散尽。

要化解对方疑虑，首先要了解造成对方疑虑的主要原因，作一个清楚的分析、整理。然后才能针对对方的疑点用轻松幽默的语言进行充分的交流。这样双方的关系发展可能会相对较为稳定，疑虑也较容易被化解。

许多人都已意识到幽默在工作中的重要性。特别是在与同事沟通想法时，适度地幽默一下有助于说服别人接受自己的观点。一般来说，每个人在表达个人看法的时候，无论是面对一个人还是面对一大群人，都希望通过幽默的方式将自己的观点更准确有效地表达出来，希望通过幽默的表达赢得工作伙伴，特别是上司的认可和支持。

和谐号邮轮在海上航行了三天后，海面突然狂风大作，海浪滔天。经验告诉船长：船马上就要翻了。

在这千钧一发之际，船长命令大副去向乘客发放救生衣，让他们跳海逃生。但大副去了半天却无功而返。船长问其原因，大副说道："他们都不愿跳下去，对不起，我实在没有办法了。"

船已经处在风雨飘摇之中了，时间不能再拖下去，于是船长只好亲自到甲板上去劝说乘客。水手们都聚在一起焦急地等待，一会儿，船长回来了，对大家说："乘客都跳下去了，我们也走吧！"

大副很惊异地看着船长，急忙问道："您是怎么消除他们的疑虑的呢？"

船长解释说："我首先对英国乘客说——作为绅士，应该做出表率！于是英国绅士先跳下去了；接着，我又板着脸对德国乘客说——这是命令！于是他也跳下去了；我又对法国人说——跳进大海是很浪漫而且很潇洒的！于是他也跳下去了；我再对伊拉克乘客说——这是将军和真主的旨意！他听后，马上起身，穿上救生衣就跳了下去；最后我对美国乘客说——您是被保了险的，先生。于是那家伙赶紧夹着皮包跳下水去了！"

船长之所以能轻易地消除乘客的疑虑，完成跳海逃生的自救，就是因为船长针对不同的人的特点采用了不同的幽默方法。在我们看来，这些也许都只是玩笑而已，可是在听者耳中，它代表的是一种民族和职责的内涵。其实，在无奈的情况下，大家必须做出跳海的选择。船长的做法，只是起到了消除大家疑虑、给大家勇气的作用。

所以，对于大副没有完成的任务，船长很轻松地就解决了。

这个故事还告诉了我们一个道理：若想在工作中化解对方疑虑，除了要使自己的语言信号准确无误地传达给对方，分析对方的性格，因人而异采用有针对性的语言进行说服外，最重要的还是先造成良好的态势，使对方在没有其他选择的情况下不得不接受我们的提议，这样幽默的说服才会收到预期的效果。否则，就很可能因基本条件不充分而导致工作任务的失败。

幽默训练心得

在日常工作中，受到领导的批评、指责的时候，如果不是太严重的问题，你大可以和领导幽上一默。这样不但能消除自己被批评的尴尬气氛，给自己一个台阶下，也可以缓解领导的火气。

第5天

爱情攻略课——用幽默唤起爱情

爱情在快乐中进行,浪漫在幽默中营造

1. 幽默搭讪，迈出交往第一步

　　大学里，一位羞涩的男生鼓起勇气走到他心仪已久的女孩面前说："经常在校园里见到你，可以知道你的名字吗？"女孩抬起头，冷漠的看着他，说："我叫柠檬汁啊！"

　　显然，女孩不想报上真名。但男生没有气馁，他红着脸"噢"了一声，改口道："那么，你好，我叫番茄酱。"

　　女孩扑哧一声笑了出来。后来，这位"柠檬汁"真的成了"番茄酱"的妻子。

　　笑是人类最美的语言，如果她能在你面前展开美丽的笑颜，那么你下一步的接触就会变得轻松了。故事中这位男生虽然很羞涩，但也有很好的应变能力。他巧妙地运用幽默，以"番茄酱"作为自己的名字，不仅化解了尴尬，还展现了自己的幽默魅力，跟女孩开了个玩笑。试想一下，假如这位男生继续追问女该的名字，多半不会如愿，反而只能以尴尬收场。

　　好的开始是成功的一半，恋爱也是一样。当"众里寻他千百度"的梦中情人出现在面前，你给对方的第一印象往往就能决定这份感情的成败。因此，一个幽默而睿智的开场白无疑是你获得对方好感进而赢得爱情的至关重要的一步。

　　询问异性的姓名只是两个人交往的第一步，要想与自己心仪的女孩进一步接触，打探到对方是否"名花有主"是非常重要的。但这是一个很敏感的问题，倘若直接询问对方婚否的私人问题，会显得很冒昧无礼，可能会使自己遭遇尴尬。这时，适当的幽默可以帮助你解决这一问题。

　　在一场宴会上，一位男士对坐在他旁边的女士产生了好感，但却不知她是否结婚了。于是他很自然地找她聊天："见到你很高兴，你丈夫怎么没来？"

"对不起，我还没有出嫁。"这位女士微笑着回应。

"噢，明白了。"男士眨了眨眼睛，"你丈夫跟我一样都是光棍。"

这位男士的谈话技巧非常高明。一开始，他以巧妙的询问探明了女士的婚姻状况，然后又以幽默的回应传达了自己也是单身的信息，真可谓一箭双雕。

有一天，女孩对自己的男朋友说："人家说男朋友就应该记住他心爱女孩子的一切，你记住我的了吗？身高、体重，我最喜欢的和最讨厌的都是什么？你倒说说看。"

男孩故作沉思地说："身高……我想想啊，穿平底鞋的话到我下巴，穿高跟鞋到我耳朵。体重……（边思索边计算），我用自行车驮你，勉强可以上30°的斜坡；抱着你的话，最多只能走十米。你最喜欢做的事是用指甲掐我的胳膊，最讨厌的当然是我玩电脑游戏和看足球赛事了……"女孩听到这样俏皮的回答，扑哧一下笑了。

当我们将一种常见的说话方式转化为另一种说话方式的时候，往往能收到意想不到的幽默效果。在与异性的进一步攀谈中，不妨试试用类似的方式来向对方搭讪，不仅能够使气氛轻松愉悦，还能增加你的魅力指数。

幽默训练心得

面对心仪的异性，不少人苦恼于不知如何开口攀谈，更有许多男孩子担心会遭到女孩子的拒绝而犹豫不决，以至于不敢尝试。其实大可不必，只要你喜欢一个女孩，就以一颗幽默的敲门砖敲开对方心扉，勇敢地与你心仪的女孩攀谈，把握好这个相识的机会。

2. 幽默求爱，让对方无法拒绝

马克思一直喜欢燕妮，但却一直没有向她表白心迹。

一天黄昏，马克思把燕妮约了出来，决心向燕妮求爱。他对燕妮说："燕妮，我想告诉你，我爱上了一个人，准备向她求爱，但是不知她是否同意。"

燕妮猜到马克思所说的这个"她"就是自己，但仍然反问："是吗？她是谁？"

马克思说："我这里有一张她的照片，你想看看吗？"

燕妮紧张地点了点头，于是马克思拿出一只精制的木匣递过去。燕妮接过来，双手颤抖地打开。里面没有照片，只有一面镜子，镜子里正好映照出燕妮已经羞红了的脸庞。

爱情美好的面纱就这样巧妙地被揭开了。燕妮接受了马克思的求爱，开始了他们一生的相知相守，恩爱到白头。

马克思的这种求爱方式可谓匠心独运，充分体现了幽默所产生的神奇效果。这一招即使在今天看来，其可效仿指数也是相当高的，朋友们不妨也在求爱的时候运用这种方法。

开始恋情的第一步，是向对方表白心迹。而如何迈好这一步，往往使求爱者困扰不已。这一步如果走得不好，不仅会让自己情场失意，还可能给以后的交往造成障碍。向对方表白，可以试着采用一种独特新颖的方式来表达，这样既可以用我们的风趣睿智博得她的一笑，又为自己保留了一份美好的回忆。

富兰克林中年丧偶。1780 年，他在巴黎居住时，打算向他的邻居——一位迷人而有教养的富孀艾尔维斯太太求婚。

富兰克林在情书中写道，他见到了自己的太太和艾尔维斯太太的亡夫在阴间结了婚。接下来，他继续写："让我们来替自己报仇雪恨吧。"

这种表达方式恰当地运用了幽默的技巧，以诙谐的言语对待恋爱问题，即使得不到爱情，也不至于烦恼懊悔，同时也避免了自尊心受到伤害。

在求婚的时候，也有人选择引用名言警句，为自己的求婚说辞加上更为有力的论证。看看下面一位小伙子的表现：

一位小伙子对女友义正词严地说："让我们埋葬掉这段爱情吧！"

女友一惊，慌忙追问："为什么？不是好好的吗？"

小伙子一本正经地说："人们不是说'婚姻是爱情的坟墓'嘛，让我们步入婚姻的殿堂吧。"

小伙子巧妙的引用"婚姻是爱情的坟墓"这句名言，为这种"故弄玄虚"的求婚方式增添了几分戏剧的效果。而女友的惊慌，正是小伙子想要试探女友对这份爱情的在意程度。这样的求婚，既幽默又充满了紧张的气氛，一定会令他们终生难忘。

想要有一个令人终生难忘的求婚方式，可以借用的不止是名言，还可以发动身边的朋友，营造出非常浪漫的效果。来听听一位妻子诉说令她难以忘怀的求婚时刻吧：

那天，汤姆约我去公园，我到了以后，发现他一直在低头玩自己的手机，好像在给谁发短信，非常投入的样子。当我靠近他的时候，他又非常慌张地把手机藏起来。我怀疑他是不是对我隐瞒了什么秘密。就在这时，我的手机突然接连不断地响了起来——我们所有的朋友，都在同一时间发来短信，内容都只有四个字："嫁给他吧！"

我吃惊地望着他，惊讶得不知如何是好。他又从包里摸出一枚戒指递到我面前，然后对我说出了那句一生难忘的话："嫁给我吧！"我除了傻笑着点头之外，还能做什么呢？

在朋友的祝福中开启一段婚姻，不正是一对新人所期望得到的结果吗？爱的表达是需要一些技巧的，需要花费一番心思，而运用新奇幽默的方式向对方求婚则可收到良好的效果。

▶▶▶ **幽默训练心得** ◀◀◀

我们常说，真爱是可遇而不可求的，所以一定要好好把握，掌握一定的求爱技巧也是十分必要的。不但要有一颗真诚的心，更需要机智与幽默的言行表达。求爱的确要下一番工夫，不能只是一味地死磨硬泡，使人厌烦。制造好感是求爱的准备工作，而运用新奇的幽默方式向对方求爱则是制胜法宝。

3. 幽默情趣，助燃爱情的火焰

一位小伙子不小心把钥匙忘在了咖啡厅，感到非常懊恼。女友对他说："钥匙忘了没关系，别把我忘了就好。"两人相视而笑，原先的不快一下子就消失了。

小伙子紧紧挽着姑娘，深情地说："认识你太幸福了，你简直是我黑暗中的明灯……"

姑娘假装生气轻推了小伙子一下，说："去，你离我远点。"

"为什么？"小伙子有些摸不着头脑。

姑娘说："当心触电！"

用幽默博得恋人一笑，不只是小伙子的专利，姑娘充满娇俏的馨香趣语更是动人。"触电"这个词人们常常用来形容恋爱双方心灵相通。姑娘的一句"当心触电"，在幽默之余，更增加了一种机智的味道，增加了不少情趣。

有位名人曾说过，幽默是恋爱生活中不可缺少的喜剧，其地位不亚于甜言蜜语和海誓山盟。

　　浪漫情趣是生活的一种调味品，每个坠入爱河的人都喜欢幽默话语流露出来的浪漫情趣。但是，浪漫的幽默，或者说幽默制造的浪漫并不是什么时候都管用的。根据恋爱心理学，男女双方刚开始交往的时候，女性最迫切需要的是男性的力感。因此，初交女友，幽默要注意把握分寸，只有当"力感"的晕轮效应达到一定程度、双方关系足够密切后，适当地使用幽默来增强美感，才能取得较好的效果。

　　一天，一对相恋已久的情侣一同去看话剧。第二幕还未开始，男孩便一本正经地对女友说："别看了，咱们哪有时间等这么久。"女友很疑惑地说："精彩的还在后面，咱们没有什么急事啊！"男孩假装糊涂，指着字幕说："你看，那不是说第二幕在一年之后才演吗？"女友听了，笑得前仰后合。

　　男孩巧妙借用话剧情节，展示了他幽默的一面，达到了预期的效果。但是，如果两人相识不久，第一次约会看戏的时候，就来上这样一个幽默，恐怕就没有这么好的效果了。其实，只要在与对方的交往中多花一些工夫，以幽默风趣的谈吐制造出一种活泼宽松的氛围，不知不觉中，你就会获得对方的青睐。

　　著名的幽默大师马克·吐温爱上了美貌的莉薇小姐，他们在 1870 年 2 月 2 日步入了幸福的婚姻殿堂。婚后不久，马克·吐温给友人写信。在信中，他不无幽默地说："如果一个人结婚后的全部生活都和我们一样幸福的话，那么我算是白白浪费了 30 年的时光。假如一切能从头开始，那么我将会在牙牙学语的婴儿时期就结婚，而不是把时间荒废在磨牙和打碎瓶瓶罐罐上。"

　　马克·吐温的信中，写出了如此触动心灵的浪漫之辞，真是充满了情趣意蕴，参透了爱情的奥秘。

　　有的时候，男女双方早已互生情愫，但男孩子呆头呆脑就是不开口表达爱意。女孩子纵然心急，也迫于矜持羞于开口，时间一久心中反而生出了些许的怨恨来，影响了彼此的感情。其实这种情况完全可以避免，因为聪明的女孩子完全可以在保持矜持的情况下，用幽默而含蓄的暗示去开启爱人的心扉。

在一个美丽的黄昏，一位少女和她心仪已久的英俊的男雇工在一条僻静的乡村道上并肩走着。天渐渐黑下来，他俩走进了一条又长又静的巷子。少女渐渐放慢了脚步，对雇工说："我不敢跟你在这里一道走，我怕万一你想吻我。"

雇工有些吃惊，问道："怎么可能呢？我肩上背着一只大桶，左手提着一只鸡，右手拿着一根拐杖，同时还牵着一头山羊……"

"那可难说。"少女低下头说，"假如你把拐杖插入泥中，将羊拴在上面，把鸡放在桶里呢？"

这样的暗示，相信再呆头呆脑的人也应该明白其中的意思了，可想而知，浪漫的故事由此开始了。

幽默训练心得

浪漫的幽默，是爱情火焰的燃料，是让浪漫情趣无处不在的神秘武器。幽默可以洋溢于日常生活的每一个空间，而在恋爱这个领域，幽默大师们更是留下了数不胜数、五彩斑斓的题材。只要你足够幽默，足够风趣，一定会顺利陶醉在爱河之中。

4. 幽默调侃，有趣的返还幽默

一对恋人正在海滩上躺着，女孩看到一个穿着最新款三点式泳装的女郎站在滩头搔首弄姿。"喂，你看!"她向男朋友叫道，"她和你崇拜的偶像一模一样。"

但男孩并不理会，依旧闭着眼睛躺在那儿。

"怎么？难道你真的一点都不感兴趣吗？"女孩诧异地问道。

"当然，"男孩说，"她要是真和我的偶像一样，你是绝对不会让我看的。"

这位男孩面对女朋友的嘲讽，非常冷静，并用带有幽默感的话回敬了她，既委婉批评了女朋友的小心眼，又表达了他知道她很爱他的情感。

男女恋人之间的这种"针锋相对"的幽默调侃，我们称之为"返还幽默"。一般情况下，面对男人的甜言蜜语或者明显的虚情假意，女孩子常束手无策或者疲于应对。但如果有了幽默这种武器，就可以在爱情的交锋中占据优势，既可使对方的不实之词败露，又能让对方感到你的可爱、机智和风趣。

男："请你相信我，我是真的很爱你。"
女："我凭什么相信呢？"
男："宝贝，我那纯洁的爱情只献给你一个人。"
女："哦？那么，你那些不纯洁的爱情献给谁了呢？"

故事中的女方，就是根据男方话语中的漏洞产生了幽默的灵感并予以

反击，可称为返还幽默的神来之笔。这种返还幽默是经过日常幽默素材的积累并在某个特殊时刻爆发的幽默，它能给恋爱生活带来无比的欢乐。

有个男孩想要追求一位女孩子，但这个女孩子对他却一直是冷冰冰的，使他感到无从入手。有一天，他们在街上偶遇了。打过招呼后，男孩说："你知道吗？我一直把你当做北极看待。"女孩不解，问他："为什么呢？"他解释说："你冷得像北极的冰一样，却又像磁石一样吸引着我。"女孩娇羞地笑了，从此他们的关系变得融洽了许多，男孩用幽默为自己的爱情堡垒打开了缺口。

在这则故事中，男孩的幽默灵感来源有两个，一是女孩对自己冰冷的态度，二是自己对女孩的那种难以割舍的爱恋情感，这也是巧妙地利用了返还幽默，化被动为主动，是把幽默融入生活的典型。

大家都知道爱情是自私的，但有时尺度拿捏不好会使恋人的关系走向破裂。如果你吃恋人的醋，不妨用一种幽默的表达让对方知道，像下面这则幽默：

男："你是我的太阳……不！你是我的手电筒！"

女："怎么？不是说太阳吗？"

男："不行，太阳普照所有的人，我只希望你照亮我一个。"

爱情是美好的，幽默更能给它锦上添花。如果爱情表达方式不当，肯定会令人生厌。

小伙子向他的女发表达爱慕之心："亲爱的，我真爱你。你像天上的月亮一样美丽，又像星星那样可爱，还像太阳一样给我带来了光明和温暖。我没有你，就像没有空气一样，简直无法生存。"

他的女友忍不住打断了他的话："你是在谈恋爱，还是在给我上天文课？"

这个小伙子想要表达对女友的爱意，但却弄巧成拙惹恼了女友。女孩用返还幽默打断了他的话，既不伤及感情，又能让男友意识到自己表达的失误。恋爱中男女互相调侃是常事，加点幽默元素会让爱情更加甜蜜，生活更加美妙。

返还幽默，给恋爱生活增添了更多的情趣，恋人间的幽默调侃，永远是一种迷人的诱惑，谁能抵挡得住这种诱惑呢？如果你懂得在恋爱中运用返还幽默，你的爱情生活将会变得有滋有味！

5. 恋爱润滑剂，幽默消除小摩擦

一个小伙子不小心惹得女友生气了，女友一连好几天都不理他。小伙子想了一个主意，他将一袋女友爱吃的红苹果和一罐红豆放到女友家门口，并留下字条，上面写道：

红豆生南国，春来发几枝。

愿君多采撷，此物最相思。

送你一苹果，愿解心头锁。

唯有一事求，请你原谅我！

用红豆寄托相思，用苹果表达歉意，如此有创意的方法和有才情的诗句，必定会将女友心里的不快化作嘴边的莞尔一笑。

我们都知道，男女之间常常是"相爱容易相处难"。两个人谈恋爱免不了磕磕碰碰。当恋人闹矛盾时，如果能够适当地加入幽默这种润滑剂，不仅能够缓解双方的摩擦，还能增进双方感情，迅速为爱情升温。

犯错误是恋爱中无法避免的事情。当恋人间的一方做错了事或误了事的时候，难免要做个解释。此时用简短幽默的语言代替自己的一大段解释，也许可以避免对方的埋怨。

小倩的时间观念不够强，与男朋友约会常常迟到半个小时。

第一次，她自我责备地说："我迟到，我有罪，我罪该万死！"

第二次，她转守为攻地说："一定是你的表拨快了半个小时！"

第三次，她还是有理由："我的表是北京金秋时间，比夏令时晚半小时！"

她每次都逗得男朋友又气又笑。不过，天底下有哪个女孩约会从来没有迟到过呢？于是她的男朋友也就一笑了之。

面对小倩的幽默，她男朋友实在生不起气来。小倩靠着幽默成功地掩饰了自己的过失。但是，迟到终究不是一个好习惯，恋人能够容忍，是因为相爱的包容，所以还是要谨慎为之。

现代社会，"野蛮女友"越来越多了，这不仅是现代女性地位提高的表现，也是男性们包容的结果。但是，男人往往好面子，在朋友面前不肯承认自己的"惧内"，人前少不了要吹嘘一番，面对女友也就容易出现"当面羊，背后狼"的状态了。

阿明和阿超是一对好哥们儿，在一场热闹的 party 上，他们两个相遇了。阿明对阿超说："听说你女友是个'河东狮'？"阿超脸上一红，却不肯承认，大声吹嘘说："哪里，她见了我就像见了老虎一样！"谁知竟被女友听到了，她冲过来责问他："你说，到底谁是老虎？"阿超只好讨好地说："我是老虎，你是武松呀！"

上面的阿超就是巧妙地运用了"武松打虎"的典故，化解了恋人之间的矛盾。面对"野蛮女友"，你不妨试试这一招。

一个小伙子惹恼了女友，女友气得拂袖离去。小伙子一把抓住女友的手，把她带到附近的餐厅里，温柔地说："亲爱的，要走，吃了东西，你才有力气走；要吵，吃了东西，你才好跟我吵架啊！"看到男友这样来讨好自己，女友也忍不住笑了。

小伙子用及时的幽默使得双方的矛盾隔阂很快被消除，不仅博得女友一笑，还传达出了深深的关爱之意。当你明知道自己做错了的时候，不妨以幽默的方式和你的恋人一起笑，这样就能有效地消除那些小摩擦，让爱情生活更加美满。

我们常说，只要怀着一颗热爱生活的心，有着一双善于观察生活的眼睛，珍惜恋人间的感情，谈情幽默便会像喷泉一样不断地涌出。恋人间交往要善于使用幽默的谈吐，诚恳对人，热情大方，自尊自重，以自身良好的修养和人品赢得对方的尊重和爱。即使遇上磕磕绊绊，幽默也可以"化干戈为玉帛"。

6. 来点醋意，酸酸甜甜更醉人

花园里，一对恋人在聊天。

小伙子说："亲爱的，你就像这鲜花一样美丽。"

"我像鲜花，那你呢？"姑娘悠悠地问。

小伙子说："我当然是依偎在鲜花上的蝴蝶。"

姑娘皱了皱眉头说："我不喜欢蝴蝶。"

小伙子不解地问："为什么？"

姑娘说："你难道没有看见吗？它又飞到别的花上去了。"

姑娘的话，透出了酸酸的醋意，显然另有所指。女孩子吃醋，某种程度上就跟抹了淡妆一样娇艳动人。恋爱中的女孩子，时不时在心上人面前吃点小醋，更显得我见犹怜。

"吃醋"实在是恋爱中的男女的"家常便饭"。倘若能够加入幽默这一剂调味料剂，则能够使这样的酸涩加上一点甜味，让你与恋人一起品尝这酸酸甜甜的恋爱滋味。

关于"吃醋"，还有一段有趣的典故：

据传这个典故出自唐朝的宫庭。唐太宗为了笼络人心，要为当朝宰相房玄龄纳妾，房夫人出于嫉妒，横加干涉，就是不让。太宗无奈，只得令房夫人在喝毒酒和纳小妾之中选择其一。没想到房夫人确有几分刚烈，宁愿一死也不在皇帝面前低头。于是端起那杯"毒酒"一饮而尽。当房夫人含泪喝完后，才发现杯中不是毒酒，而是带有甜酸香味的浓醋。从此，人们便把"嫉妒"和"吃醋"联系起来，"吃醋"便成了嫉妒的比喻语。

在恋爱中，第三者的出现无疑是一件很闹心的事情。哪怕只是和其中一方暗送秋波，另一方也会出现心里泛酸、心绪难平的异样感受。于是，"吃醋"的现象便不由自主地发生了。

派对上，一个女孩发现男朋友总是不停地偷瞄坐在身边的艳丽女郎，便在他身边悄悄说道："你和她说句话吧，不然别人会以为她是你的妻子呢!"

女孩子简单的一句小幽默就把男朋友从失态中唤了回来，这是一种钝化了的攻击，可以让男人比较容易接受。在恋爱中，如果两个人对彼此视而不见、一点醋都不吃，爱情也就淡而无味了。

一对恋人一起去参观新潮美术展览，当他们走到一幅仅以几片树叶遮掩着私处的裸女像油画前时，男友驻足了很长时间。

女友忍无可忍，狠狠掐了男友一下说："你难道想站到秋天等叶子落下来吗?"

这位女友的幽默神经可够发达的，吃醋都吃到油画上了。不过，这么一句幽默的责备，却能让爱情充满酸酸甜甜的味道。其实，"醋意"人皆有之，不管是男人还是女人，从某种意义上讲，没有了醋意，也就没有了爱情。但是"醋意"大到相互猜疑、神经质，以至于影响到恋人之间的情感就不好了，"醋"吃得适量可以开胃，吃多了则伤身。

一对恋人坐电梯，小伙子一直目不转睛地注视着站在前面的一位美丽的长发女郎，他的女友很不高兴。

突然，那个女郎转过身来，给了这位小伙子一记耳光，说道："我教训你下次别偷捏女孩子！"

这对恋人走出电梯时，小伙子委屈地对女友说："我并没有捏她呀！"

"我知道，"女友镇定地说，"是我捏了她。"

这是一个流传已久的笑话，笑话中的女友实在是太过于有幽默感了，以至于让自己的男友挨了别人的耳光。试想如果男友的脾气不好，两个人必然会发生矛盾。可见，恋爱中，一方虽然能够通过幽默的方式借题发挥，化解对另一方的醋意，但是，这种幽默也要把握分寸，不要给双方之间的感情造成不良影响。

▰▰▰ 幽默训练心得 ▰▰▰

所谓"小醋怡情，大醋伤情"，恋人之间吃点小醋，也是升温爱情的一种方式，但是切记不要过度。在吃醋的时候，记得加入幽默这一剂调料，使得爱情更有滋味。对于被吃醋的一方，可以借用幽默避其锋芒，转弯抹角地将对方的醋意轻轻弹压一下，既不刺伤对方，同时也可以消解对方的妒意，维护双方的爱情。

7. 恋爱幽默秀，秀出你的魅力

一对热恋中的情侣走在街上，小伙子拥住女友正要亲吻。

女友羞红了脸，扭过头说："街上那么多人。"

小伙子假装糊涂说："再多人我也只吻你啊，我不会吻他们的。"

女孩子娇羞地笑着说："那么多人会看到的。"

"这样啊。"男友一本正经地说，"那我们闭上眼睛好了。"

闭上眼睛就以为别人看不到自己了，这种现代版的"掩耳盗铃"貌似是自欺欺人，实际上则是用一种幽默的方式开导女友的顾虑，使彼此能够更加投入地享受二人世界。

古诗有云，"我泥中有你，你泥中有我"，正是恋人如胶似漆般恋爱的真实写照。为了让爱情更加甜蜜，需要恋人们用心去营造浪漫的气氛，同时也需要你用机智幽默的话语表达出内心深处的浪漫情怀。

恋人之间，随着感情的日益加深，自然而然会有身体上的接触，会有一些亲昵的举动。这一切都是正常的。有的人比较大方，在这方面积极主动；有的人却比较胆怯，不敢越"雷池"一步。其实，面对羞涩的爱人，你可以试着用幽默来破除你们之间的壁垒。

有一个小伙子，他虽然很想与女朋友亲近，但是没有勇气。

一天晚上，他和女友在花园里约会的时候，女友就想了一个鼓励他亲近自己的办法，对小伙子说："听人说，男人手臂的长度正好等于女子的腰围，你相信吗？"

小伙子一下子站了起来，鼓足勇气说："来，我给你比比看。"终于，他挽住了心仪女友的纤腰。

女孩用一种十分幽默的方式主动说出了男友不敢说的要求，表达了双方的"亲近"需要，而又没有让自己觉得尴尬。

一对恋人约好在公园见面，女孩先到了。过了一会儿，男孩从后面轻轻蒙住了恋人的眼睛："给你三次机会猜猜我是谁。猜不中就让我吻你。"

女友假装思索着说："你是莫扎特？徐志摩？达·芬奇？都不对？那你赢了！"

好一个调皮的女孩子！谁都能看出，她喊出的这一串人名是在幽默的告诉男友"吻我吧"，相信男友心里一定是乐开了花。

一个小伙子送一大束鲜花给他的女友，女友非常感动，抱着他就吻，他连忙挣脱向外就跑。

"你去干什么？"女友不解地问。

"再去拿些花来。"他说。

将鲜花数量与亲吻数量对等，小伙子的这种举动无疑会营造出一种令人忍俊不禁的效果来，女友自然会觉得既有趣又浪漫。

在微妙的恋爱关系里，每一个细微的动作，每一句话语，都由微妙的心理因素支配着，如果你能技巧性地掌握和运用这些因素，就会在爱情的角逐之中更胜一筹。

幽默训练心得

人们常说："恋爱中的人智商为零。"这显然是人们对恋人之间爱到深处的调侃。事实上，恋爱正是人们展现自身智慧的绝佳机会。从相互表白的方式，到弥补错误的技巧，以及应付恋人之间相互的小刁难，恋爱中的男男女女无时无刻不在展现着恋爱的智慧。

8. 幽默地拒绝，爱情不成友情在

医院新来了一个护士叫小丽，人长得漂亮又机灵，大家都很喜欢她。这天下班，办公室年轻的李医生对她说："小丽，一起去吃饭好吗？我有一件很重要的事想跟你说。"

小丽一听就猜出了这个"重要"的含义，于是笑着说："好啊！我也正好有事情要你帮忙呢。"

李医生一听高兴极了，激动地说："行，只要是帮你的忙，我一定两肋插刀。"

小丽又笑了："可没那么严重。只不过是我男朋友脸上长了几个青春痘，想问你怎么治疗效果比较好。"

小丽的这种拒绝方法非常巧妙，既不损伤李医生的脸面，又表明了自己名花有主的境况，让李医生知难而退。在爱情的角力之中，被拒绝的一方难免会有受伤的感觉。倘若拒绝的一方能够大方地安慰一下，则是最好不过了。

被他人追求是一件值得高兴的事情，这是个人魅力的一种证明，而能够巧妙地拒绝别人的示爱也是一种魅力，更是一种做人的技巧。拒绝时如果能够加上一点幽默，则会让人在笑声中感受到你体贴入微的温暖。

爱与不爱都是个人的权利。当有人向你表达爱意时，你对对方也有好感，那自然是皆大欢喜；而假如你心里并不喜欢对方的话，当然是要拒绝了。但是，拒绝对方的言辞是要委婉恰当的。倘若你的言辞过激，不仅会伤人自尊，还可能使对方因爱生恨；而倘若你的言辞过于隐晦，又容易让对方心存幻想，继续与你做无谓的纠缠。因此，恰当的把握拒绝的分寸是十分重要的。我们先来看看一位姑娘的表现：

一个小伙子向一位姑娘表达爱慕之情，可是姑娘并不愿意接受。

姑娘问道："你真的爱我吗？"

小伙子："是的，我敢对天发誓……"

姑娘："那你用什么表示呢？"

小伙子："用这颗赤诚的心。"

姑娘委婉地说："对不起，你是唯'心'主义者，我可是唯'物'主义者啊！"

我们知道，唯心主义和唯物主义是哲学上的两大基本派别。这里小伙子所讲的"赤诚的心"，同唯心主义和唯物主义的哲学名词原意是毫不相干的。姑娘在这里把它们巧妙地联系在一起，既能将拒绝的意思表达得很清楚，同时也使人感到非常幽默。

如同我们前面讲到的，有些人会采用幽默的语言来求爱。这个时候，被追求的一方如果要拒绝对方的求爱，更应该幽默以对，这样既能够达到自己拒绝的目的，也不至于伤了求爱者的自尊。

一位钢琴师向同乐团的一位拉小提琴的姑娘求爱，情书上写道："你的皮肤像白色琴键那么白净，你的头发像黑键那么黑亮，你是世界上最美的一架钢琴。"

那位姑娘回复道："谢谢你的赞美，可我是拉小提琴的啊！况且你身材很像大贝司（低音提琴，样式笨大）。我担心我们琴瑟不谐呀！"

钢琴师的求爱信充满了职业特性，是个不错的创意。而姑娘也同样采用了充满职业性的方式予以拒绝，也很有特点。由琴瑟和谐到琴瑟不谐，拒绝的语言也透出高雅的气质。

在现实生活中，你也许会遇到对方抱着谈情说爱想法而提出的约会，为防患于未然，如果你不喜欢对方，最好尽早对此婉言谢绝，让对方明白你的心意，放弃对你的追求。

◢◣◤ 幽默训练心得 ◢◣◤

拒绝别人是一种需要学习的艺术。幽默地拒绝别人，既不会令人难堪，又可以很好地表达自己的意思。在婚姻爱情生活中，幽默委婉的拒绝是一件"法宝"。有经验的人都说，恋爱和婚姻都好似一对男女在"打太极"，进进退退、打打闹闹才有意思，也才有韵味。

9. 爱情守护神，用幽默制造浪漫

一对恋人去公园约会，可是男孩迟到了半个小时，女孩非常生气。一见面，女孩就生气地说："你怎么才来呀，让人家等了这么久！"

男孩说："这不能怪我呀，他们总是故意为难我，司机慢慢地开车，一遇到路口就变红灯，而时间却走得那么快。要是我有天使的翅膀，我早就飞来了。"

女孩撅着嘴说："可是我等了整整30分钟！"

男孩幽默地说："你要知道，我可是等了20年，才有缘认识你呀！"

听到这样幽默却饱含深情的话语，相信这个女孩一定会立刻转怒为喜的。可见，经营爱情不仅需要一颗真诚的心，也需要机智与幽默的表达，这样才能让你的恋人享受到爱的甜蜜。

对于处于热恋中的人们来说，利用幽默给爱情加温是一个屡试不爽的方法。只要你有足够的创意和灵感，灵活拨动幽默这根琴弦，就能与你的恋人奏出一曲和谐的恋曲，享受爱的甜蜜。

表达爱情有很多种方式，无论是直率的还是含蓄的，都各有千秋。但由于恋爱时的羞怯心理和追求爱情成功与否的不确定性，为了使得话语具有弹性，不至于显得尴尬，表达爱意的语言还是以含蓄为宜。正是由于这样，幽默作为一种含蓄的语言形式，就具有了神奇的魅力。人们乐于借幽默表达爱的情感，正是由于其能够使人在欢笑中体会到彼此的爱。

在某个小山村里，有位英俊的小伙子爱上了一位姑娘。

一天，小伙子以借东西为由来到了姑娘家中。姑娘正在家里烤玉米和土豆，小伙子走到火炉旁，突然故作惊讶地说："你家的火炉跟我家的火炉长得一模一样！"

姑娘被逗笑了："你真逗，都是火炉，能有多大的区别呢？"说着从火炉里取出了烤好的玉米，请小伙子吃。

小伙子深深地用鼻子吸了一口气，赞叹道："好香啊！"姑娘说："吃吧！有好多呢！香就多吃点！"

小伙子问："那你觉得你用我家那个一样的炉子也能烤出同样香甜的玉米吗？"

姑娘听出了小伙子的意思，面带红晕地答道："我想我可以去试试。"

对于恋人来说，幽默具有一种特殊的作用：它使双方在幽默的言谈之中发现美好的事物，并留下欢乐的回忆。用幽默呵护你的爱情，它就会成为爱情的守护神。

大科学家爱因斯坦也是幽默高手。有一次，他因为一点小事和妻子闹别扭，搞得家里气氛非常不和谐。夜晚，他要动手写文章，便吩咐妻子为他做些准备工作。他妻子很不悦地问："你都需要些什么东西？"爱因斯坦说："一张台子、一把椅子、纸和笔，还要一只大大的废纸篓。""要大大的废纸篓何用？"妻子问。他说："这样，我就可以将我的所有谬误丢掉。"他妻子被逗笑了，夫妻间的不愉快便巧妙化解了。

在给爱情保温的问题上，不同的人有不同的方法，而幽默无疑是最能展示自己魅力的方法。

在影片《归心似箭》中，魏得胜经常给玉贞家挑水。在一次挑水时，两个人有这样的一段对白：

魏得胜："要不是你，我早喂黑瞎子了，这恩情是要报答的！"

玉贞："我可就等着你这两句话啦。你这个人嘴还怪甜的！那你就一天给我挑两趟水。"

魏得胜："那容易！我就一天给你挑两趟水！"

玉贞："挑到我儿子娶媳妇，挑到我闺女出门子，给我挑一辈子！"

魏得胜："挑一辈子？"

玉贞含羞带笑地说："对，挑一辈子！"

119

幽默，给恋爱生活增添了更多的情趣。恋人间的幽默调侃，永远是一种迷人的诱惑，很少有人能抵挡得住。掌握了幽默的技巧，你就能将恋爱的甜蜜轻松收入囊中。

谁都希望自己的爱人是个充满幽默感的人，如果爱人做事总是一板一眼，不苟言笑，这样的爱情就少了一些情趣。因此，让幽默成为恋爱的守护神，可以让爱情天长地久。

幽默训练心得

爱情被称为是人生之中最美丽的幸福之花，让幽默成为恋爱的守护神，不仅能够帮你抓住爱情，还能为爱情增添许多乐趣，留下许多美好的回忆，让你们的爱情充满浪漫和温馨。恋人间的幽默调侃，让恋爱妙趣横生，它永远是一种甜蜜的诱惑。如果你懂得在恋爱中巧妙地运用幽默，就会让你的恋人尽享爱的甜蜜。

10. 让幽默先行，为爱情升温

有一个姑娘问男友："你为什么总送人造花给我？我喜欢鲜花啊。"

男友从容答道："亲爱的。这是因为鲜花总是在我等你的时候就枯萎了。"

"真的吗？你真的非常爱我吗？"姑娘不放心地追问。

"我真的非常爱你。"

"那你能为我献出生命吗？"

男友看着她的眼睛，认真地说："亲爱的，我想这可不行。因为如果我死了，还有谁能像我这样爱你呢？"

男方这句幽默的反问不仅巧妙地化解了女方的刁难，而且显露出了足够的智慧，实在令人佩服。如果你有这么一位机灵又好出难题的女友，那你就得练好随机应变的功夫了。

男女之间互生情愫，长出了感情的幼芽。能否使它健康地生长，直到开出花朵，结出果实，如何浇灌语言之水是其中一个重要的因素。恋爱只有通过"交谈"，才会有"恋"、有"爱"，而语言的幽默如同牛奶中的蜂蜜，运用得当，它能增添个人魅力，促使感情升温。

我们都知道，感情才是爱情的基础，但这并不表明爱情与说话能力毫无关系，感情的培养同说话有密切的联系。谈情说爱的重点就在于"谈、说"二字。如果能采用幽默的语言，对于爱情将大有裨益。看看故事中年轻的男办事员是怎么约会女办事员的：

男办事员："我们到那边的咖啡店喝一杯咖啡吧！"

女办事员："那怎么成？中午的休息时间只剩下五分钟了。"

男办事员："你就相信我吧！我是办事能力最强的专家呢！我只想对你讲一句话而已……"

相信女办事员一定听出了对方话里的弦外之音。男办事员的这番"歪理"无疑为自己的成功增添了几分筹码。幽默的言谈是男女关系中最富情感张力的语言形式，使用幽默能自然地增进彼此的亲密感。

20世纪40年代，著名影星赵丹从监狱里出来，妻子已经改嫁了。后来有一部电影挑选赵丹与黄宗英担任男女主角，这为两人以后结成连理提供了契机。其实，在见面之前，赵丹和黄宗英已经互有好感，只是不太确定。所以，当黄宗英从外地赶到上海时，赵丹前去迎接。

那天是周末，一见面黄宗英就故意惊讶地说："真没有想到，你会来接我。你家里今天就没有别的事儿要处理吗？"赵丹微笑着说："为什么我就不能来接你？再说，我已经没有'家'了！"路上，黄宗英继续试探说："我不明白，大上海有那么多的明星，为什么千里迢迢要我来？"赵丹幽默地回答："这叫千鸟易得，一凤难求。"黄宗英哈哈大笑，这才放下心来。

赵丹轻松幽默的谈吐赢得了黄宗英的好感，三言两语就把自己的家庭、婚姻及追求的意愿表达得十分清楚，还巧妙运用了"凤求凰"的典故，暗示出自己的心意，为他们后来的顺利交往奠定了良好的基础。

幽默训练心得

　　日本幽默大师秋田实说过，幽默是爱情的催化剂，因为幽默的言谈最易激发爱的温柔。借助幽默，我们能让自己所爱的人感受到无比的幸福和快乐，从而酝酿出温暖美好的感情之花。

第6天

家庭幽默课——家庭中的幽默"调料"

家庭离不开和谐,亲情少不了幽默

1. 借助幽默，表达浓浓的爱意

一天，丈夫穿了件崭新的白上衣外出。没想到遇上瓢泼大雨，全身淋透了不说，衣服还沾上了很多污泥，成了一个又脏又丑的落汤鸡。

丈夫回到家后，门口的看门狗对他狂吠不止，并扑向他。丈夫十分气恼，正想拿起一根木棒打它时，妻子出来说："算了吧，别打它。"

丈夫生气地说："这条狗真可恶！连我也认不出来了。"

妻子说："亲爱的，你也要设身处地为它想想，假如这条白狗跑出去变成一条黑狗回来，你能认得出来吗？"

丈夫听到妻子的调侃，本来沉郁的心情马上云开雾散，哈哈大笑起来。

其实夫妻二人都知道，妻子把丈夫比做了狗，但这并不是嘲讽他，妻子只是用这个小小的幽默来表达对丈夫被雨淋了的关心。丈夫当然不会怪她，反而会被这种幽默逗笑，在妻子深情的关怀面前，丈夫被雨淋成落汤鸡的不快也会化为乌有。

家庭中，亲人难免有人会做错事情。比如衣服熨焦了，饭菜烧糊了、打碎了碗盘等。这时候，他们自己已经够自责的了，如果我们再加以责备，他们一定会很难过。所以我们需要的不是唠叨和责备，而是幽默的谅解和安慰。这样不仅能让亲人体会到来自我们由衷的关怀，还可以平复其失落的心情，化沮丧为喜悦，亲人也一定会更加感激你。

一对结婚十多年的夫妻，十几年来，妻子一直为丈夫煮饭。一天，妻子煮了生平最难下咽的一桌饭菜：菜烂了，肉焦了，凉拌菜没有一点咸味。看着丈夫坐在饭桌旁默默地咀嚼着，妻子一言不发，但心里很自责。

当妻子站起身要收拾碗碟时，丈夫却突然猛地把妻子拦腰抱起，吻个不停。

妻子不知所措："这是怎么一回事？"她有些吃惊。

"哈！"丈夫答道，"今晚这顿饭跟你做新娘子那天煮得一模一样，所以我要把你当新娘子看待！"

真是独具匠心！丈夫这一番幽默所表达的爱和关怀胜过任何没头没脑的责备。幽默，让妻子品味出浓浓的爱意，感受到无比的幸福。

家是我们停泊的港湾，家人的抚慰是我们一路前行的动力，给这些温暖的关怀加上一点幽默，就走出了一路笑声。

家人的关怀就像一缕缕温暖的春风，送来的是无尽的温暖。需要我们关怀的人，也常常是最关心我们或者我们最关心的人。

当然，在家庭中，幽默的方式很多，幽默的时机更多，比如，我们可以采用幽默的方式向亲人表达关怀。很多时候，因为过于熟悉，使得我们往往容易忽略自己身边的亲人，认为他们心里知道自己一定是爱他们的，再表达出来似乎是一件"多余"的事情。其实，爱不只是要放在心里，同样要说出来。如果在家庭中，缺少了彼此之间的关爱，那哪里还有家庭的温馨可言呢？不要再为忽略亲人制造借口，现在就开始借用幽默，向你的亲人表达关怀吧！

如果你已经为人妻、为人母，总是因为有永远做不完的家务、电视机老是被霸占等琐事而抱怨着你已经受够了，那么你将永远无法从埋怨中解脱出来。而如果你能用幽默的方式来处理生活中的细小家事，用幽默来关怀亲人，恐怕其成效是百句抱怨也无法获得的。

我们都知道，家庭是靠血缘和爱组织起来的社会单位。血缘关系是与生俱来不可改变的，家庭成员之间的矛盾不可能是你死我活的斗争，在发生矛盾的时候，只要能够互相谅解，轻松对待，问题必然能够得到很好的解决。

家庭更应该是欢乐的海洋，我们应该竭力避免那些能够在家庭中制造不和谐的因素。为维持家庭和睦，缓解家庭成员之间的矛盾，更应该多借助幽默向亲人表达爱意，让幽默成为家庭中必不可少的"调解员"。

我们应该让幽默为你的家庭幸福尽心尽力，自己也要为亲人的快乐尽心尽力。否则，没有了幽默的点缀，家庭生活会变得非常单调乏味。

──■幽默训练心得■───────

如果说家庭生活就像一碗汤，家庭之爱像汤里的食材，那么幽默就是这碗汤里的调味品。一碗汤里放不放调味品，完全可以依个人喜好任意选择。但对追求家庭美满幸福的人来说，他们可能会喜欢在汤里放上调味品。因为放了调味品的汤肯定比没有放的味道更鲜香，同样，有了幽默感的家庭会更加充满活力。

2. 幽默反击，需把握好分量

有一对夫妻，妻子非常喜欢唱歌，可是水平特别差，有时候搞得丈夫无法休息，丈夫每次劝说，妻子都会理直气壮地把丈夫的话反驳回来。

有一天晚上，妻子在那里自得其乐地唱着难以入耳的歌，丈夫只好急急忙忙地跑到大门口站着。妻子见此，不解地问道："我唱歌时你干吗总是要跑出去站在门口呢？"丈夫说："我这样做是为了让邻居看到，我并没有打你。"

幽默地反击，实际上是一种声东击西的说话艺术。妻子乍一听也毫不介意，可是继续回味，才会发觉自己被算计了，哭笑不得。

幽默而适当地反击另一半是一门生活艺术，聪明的人会像一位技术高超的魔术师一样将自己的意见转化成一股股甘泉，沁入爱人的心田。

柴米油盐的平淡日子有时候会让我们感觉乏味，总会有有很多的牢骚忍不住要发泄出来的时候，也会有夫妻双方对自己爱人的一些不良生活习惯或者缺点忍无可忍的时候。这时候，我们应该怎样得体地向爱人提出自己的意见，同时又不会让彼此难堪或引起生活中的不快呢？

用幽默来处理夫妻之间的矛盾是再好不过的了。夫妻之间的幽默，以和风细雨式的为多，但是当一方的话带有极强的进攻性与侮辱性时，另一方就需要运用反击幽默法，按照对方的逻辑去理解或做出推论，将对方攻击性的话语巧妙地反弹回去。

有一位先生，回家时装作气喘如牛的样子，却又得意洋洋地对妻子说："我是一路跟在公共汽车后面跑回来的，"他喘着气说，"这样一来我便省了一元钱。"

他妻子笑着说："你何不跟在计程车后面跑？可以省下五元钱！"

这位丈夫所说的明显是假的，他要表达的意思是妻子对他的钱管得太紧了，他不得不省钱跑回家。妻子理解丈夫的意思，在莞尔一笑的同时，以幽默的话回避了丈夫的话题。

幽默是打破夫妻之间僵局的最佳方式。如果你说："你看世界上的冷战都结束了，我们家的冷战是不是也可以松动一下？""女人不是月亮吗？天有阴晴，月有圆缺，半月过去了，月儿也该圆了吧！"对方听了大多都会"多云转晴"的。

总之，只要一方能针对矛盾的具体情况，采取相应的沟通方式，巧用言语，就可以尽快打破僵局，让家庭生活恢复往日的欢乐与和谐。幽默是家庭生活的润滑剂，它能给家庭带来阳光和春风。

夫妻俩吵架吵得很凶，老婆气得说："我真后悔嫁给你，早知如此，我就嫁给魔鬼了！"

"不行，你不能这样做，你难道不懂近亲结婚是法律所不允许的吗？"

面对盛怒的妻子，丈夫幽默地把她比做了魔鬼，从而让妻子在笑声中冷静了下来。

反击幽默的技巧不仅在夫妻激烈的争吵中被使用，还常被夫妻用在斗嘴中。

妻子说："男人都是胆小鬼。"

丈夫说："不见得吧，否则我怎么敢和你结婚？"

妻子骂男人都是胆小鬼，实际上是在指丈夫胆子小。丈夫则通过幽默的语言向妻子表达"我敢娶你这么厉害的女人不正好说明我胆子大吗"，在揶揄中逗得妻子一笑。

恰到好处的幽默就是这样，不但可以向自己的爱人表达出自己的看法，让其虚心接受自己的意见，还能增进双方的感情，让生活的氛围更加和谐。

幽默是讲究环境和条件的，家庭是一个很好诱发幽默的环境，因为家庭中充满了善意和爱，当然，有时候家庭中成员之间，尤其是夫妻之间，也会发生矛盾。当夫妻之间发生矛盾时，我们也可以用幽默来消除紧张，缓和矛盾。

幽默训练心得

反击幽默一般是对方的攻击有多少分量，反击就有多少分量。但在运用这种幽默技巧反击伴侣讽刺的时候，这个分量只能适当减轻，不可以加重，否则，可能会因为反击分量过重而引起新一轮的争吵。

3. 幽默关怀，用幽默诠释亲情

有对夫妻是大学里的同学，结婚后经常吵架，两个人都感到无法忍受这种状态。在一次争吵中，妻子说："天哪，这哪像个家！我再也不能在这样的家里待下去了！"说完，她就拎起自己放衣服的皮箱，夺门冲了出去。

她刚出门，丈夫急忙说道："等等我，咱们一起走！天哪，这样的家有谁能待下去呢！"男生也拎上自己的皮箱，赶上妻子，并把她手中的皮箱接了过去。

应当试着以幽默去保护自己的家庭。如果没有根本性的、重大的分歧，幽默将使家庭生活始终处于最佳状态。家庭生活中极需要这种幽默，应该相信这一点，无论什么情况下，一对善于以幽默来润滑生活的夫妇，他们获得的幸福比任何家庭都多。幽默就是这么高超的艺术。

幽默可以给平淡的生活增添乐趣和笑声，从而激发和唤醒夫妻双方的爱情。有时候幽默的力量使用得十分温和，我们可能会觉察不到它。但是它的确使爱人的心情充满愉快，这无疑有助于爱情的升华。

常常有人问："'爱的喜剧'是什么意思？"赫伯这样回答："如果我们花许多时间、精力、金钱来使我们能去爱别人，那就是喜剧；如果我们只花很少力气去使我们显得可爱，那就是悲剧。"心理学家弗洛姆写过："人想的多半是被爱，较少想到自己爱的能力。"

现在，随着生活节奏的加快和人们时间观念的加强，有些夫妻，两个人工作都很忙，在一起的时间少了。如果两人之间不加强交流，久而久之就会出现一些不必要的问题。这时不妨准备一本家庭留言簿，把对对方的爱和关心用幽默的方式表达出来。

一个一大早要出门上班的丈夫给妻子这样留言：
"天气预报，可能是虚假广告。
天亮时有雷声，估计天公会开动生产雨水的流水线……
我把咱们家的小天空折叠伞放在了你的包里。"

试想，当妻子撑着折叠伞走在雨中的时候，是否会感到头顶美丽的小天空就是爱的延伸、家庭的活动屋檐？

针对爱情的老化问题，台湾著名作家戴志晨先生开的处方是"幽默"，他说："懂得夫妻幽默之道的人，可以防止婚姻老化，使双方永远做英俊、漂亮的新郎和新娘。"

一位公车司机工作十分勤奋，每天都早出晚归。一日，当他满身疲惫地回家时，发现妻子留下了一张纸条：

每天那么晚才回来，真受不了！食品和啤酒放在冰箱里，我和爱情在被窝里。

——你的妻子。

此故事中，妻子把食品、啤酒、自己和爱情并列在一起，幽默地暗示丈夫用餐时，不要忘记了妻子需要丈夫的爱。此时，那位丈夫能不感受到家的温馨吗？能不感受到妻子那深深的爱吗？当你觉得爱情生活变得日益平静的时候，你也可以用幽默来打破这种死气沉沉的平静。

▶▶▶ **幽默训练心得** ◀◀◀

亲情需要诠释，关怀需要表达。借助幽默我们能让自己所爱的人在会心一笑中感受到浓浓的爱意和温暖的幸福。戴志晨先生说："婚姻是人世间'老化'最快的一种关系。结婚后，新郎、新娘都在一夕之间变成老公、老婆。"而实际上，老化了的不是婚姻本身，也不是新郎新娘自身，而是他们之间的爱情。

4. 幽默妙招，弥补自己的过失

一次，小王和五岁的儿子玩飞碟。由于儿子玩得太起劲了，以致于跌了好几次跤，滚了一身土。回家后，妻子一见便骂他父子俩不讲卫生，刚穿的衣服就弄得这么脏。小王没有直言辩解，只是笑笑，说："是他自己搞成这样，与我无关，你看我的衣服不是挺干净吗？"妻子被小王孩子气的话逗乐了。

在家庭生活中，我们难免会犯下一些小过失，这时候最好的办法莫过于用幽默化解。用幽默掩饰自己的过失不是逃避责任，而是争取更容易地求得家人谅解。

在夫妻生活中，一方犯错误的时候，如受到对方的指责要理解，不能认为对方是在故意找碴。夫妻之间的某些后果并不严重的小过失也是容易求得原谅的。一般在这种情况下，有过失的一方可以借助幽默博对方一笑，化解对方心中的不愉快，让对方原谅自己。

有一对夫妻发生了矛盾，妻子赌气不吃不喝，也不理睬丈夫，丈夫百般规劝都不管用，最后开玩笑说："爱生气可是老得快，愁一愁白了头，你想来个老妻少夫呀？"妻子被他逗得扑哧一声笑了。丈夫又说："这就对了，笑一笑十年少，笑一笑老来俏！"顿时，妻子脸上由阴转晴，娇嗔地说："小心我休了你！"她的心里比吃了蜜还要甜。

在一些生活比较拮据的家庭中，运用幽默语言调节心情，缓解生活的重负，分担对方的痛苦，更是爱意的表现。

一位丈夫在妻子生日过后一个星期才想起自己忘了向妻子祝贺生日。他在送上一份迟来的礼物时说了一句："我问珠宝店的小姐说：'对上周的生日该送什么礼物好？'人家告诉我要送上一份歉意。我不但要送上我的歉意，还要加上我的柔情蜜意，希望老婆大人接受我迟到的祝福，原谅你这'健忘'的夫君吧。"他的妻子被他的幽默逗得莞尔一笑，善解人意地说："你工作这么忙，忘记一次也没关系啊。"

上面故事中，丈夫得到了妻子的谅解，不仅仅是因为他自己的机智幽默，妻子的宽容大度也是一个重要的原因。客观上来说，夫妻之间免不了磕磕绊绊，而夫妻生活也正因为有了变化起伏才不显平淡与死板。不论争吵的最初原因是什么，要想尽快地熄火降温，平息争执，关键是在争吵中或事后其中一方主动承认错误。巧用幽默，就使生活充满更多的欢笑。

有一对老年夫妻，常为一点小事争得面红耳赤，各不相让。后来，不知丈夫从哪里学来这么一个绝招，往往在双方争执不下的时候，他会从衣袋里摸出一张小卡片送给妻子。这些小卡片上，有的写着"对不起"，有的写着"别生气"，有的写着"我爱你"，有的写着"笑一笑"，还有一张写着"不怕老婆非好汉"……每次送上卡片后，老汉总能博得妻子展颜一笑。

虽然一辈子没红过脸的夫妻不见得就是好夫妻，但是，各不相让也难免"话赶话没好话"。在家里，做丈夫的会听到妻子各种各样的抱怨，倘若丈夫的语言巧妙幽默，大家就会相安无事。

◆◆◆ 幽默训练心得 ◆◆◆

人非圣贤，孰能无过。犯错误是正常的，关键是要及时地承认自己的错误。但是承认自己的错误，表达自己真诚的歉意，总会感觉有些尴尬，这时候，就需要自己动动脑子，幽默一把，想出一个既能博得对方一笑又能表达出自己的歉意的办法。适当的幽默很容易让人接受，当然也包括自己的家人。

5. 信手拈来，幽默就在你我身边

有一对年轻夫妇，因家里只有一台电视机，男的爱看球赛，女的爱看电视连续剧，经常发生矛盾。最后基本上都是丈夫让步。

不过这位丈夫很有心计，平日一有机会，他就向妻子灌输体育知识，谈谈球赛趣闻。久而久之，妻子的兴趣果然被他激发了，有时也跟他一道收看体育比赛的节目，变成了夫唱妇随。到了四年一届的世界杯足球赛时，妻子的注意力已经被精彩的比赛吸引了。这时，他煞有介事地对妻子说：

"看你这个高兴劲儿，我想起了一句老话。"

"什么话？"

"知足常乐！"

"怎么会想起这句话呢？"

"知足常乐么，就是知道足球以后，就会常常乐了呗！"

多么富有情趣的调侃！这样的生活才是和谐的典范。

一个男人和一个女人，从陌生走到婚姻的这一过程，往往是二人一生中最为甜蜜和充满激情的时期。一对情人走进婚姻以后，由于不同的成长环境和生活背景；由于社会日渐风行的自我思维方式，由于锅碗瓢盆、柴米油盐等家庭琐事的困扰，往往会造成婚后生活日渐平实乏味，和恋爱时的浪漫激情形成鲜明的反差。

其实，那些都只是表面现象，其内在根源在于夫妻双方的心态都发生了变化，因为双方之间过于熟悉而使得生活没有了新鲜的味道。如果夫妻双方能改变心态，用心观察生活，则生活中的柴米油盐皆可成为幽默的素材，给夫妻生活增添新鲜的味道。

老王夫妇和老李夫妇在一块闲聊。这时，王太太剥开一个橘子，发现果肉有些干枯，也没有什么汁水，便对丈夫说："这个橘子干干的，你帮我吃一半。"王先生不高兴地说："你不吃的才给我吃啊？"

不一会儿，李太太也尝了下橘子，如同嚼棉花，便给了一半给老李："这个橘子太干，我替你吃了一半，剩下的一半你自己吃吧！"

老王听后对王太太说："你看看，人家李太太多体贴！"

这个幽默灵活地勾画出夫妻间在摊派不可口的食品时的心理状态。同样的事情，经过不同的方式表现出来，收到的效果却是大相径庭的，幽默的李太太就让老王很羡慕。由此可见学会幽默是可以避免不少烦恼的，幽默的夫妻更幸福。我们来看看下面这对夫妻。

妻子对丈夫撒娇："亲爱的，你可不可以洗衣服？"

丈夫不理不睬："不能，我还没睡醒呢。"

妻子转而笑道："我不过考验你一下，其实衣服都已经洗好了。"

丈夫这时睡意全无："我只是和你开开玩笑，我其实是很乐意帮忙的。"

妻子则一脸严肃："我也在和你开玩笑，既然你愿意洗，那就赶快去干活吧！"

这位妻子的幽默和机智让人不得不佩服，她成功地给丈夫上演了一出请君入瓮的现代喜剧，让丈夫在不得不去做这些不喜欢做的事情时，也会莞尔一笑。这样的家务事带来的不是烦恼，而是夫妻两个人的欢乐。

幽默不仅在琐碎的家务中可以给我们带来欢乐，在其他的事情上也可以起到意想不到的效果。且看下面这个可爱的妻子。

妻子叹了口气，对丈夫说道："做男人真好，我要是男人就好了。"

丈夫满腹狐疑："为什么？"

妻子顿时来劲了，高兴地说："我今天看到一个手链，漂亮极了。当时我就想：'我要是男人，一定会买回去给老婆，不知她会多么高兴呢！'"

这种迂回提要求的方式，不仅表达了妻子想要买手链的愿望，而且不会引起丈夫的反感，同时还可以活跃气氛，是进可以攻，退可以守。如果妻子直接对其丈夫说要买手链的话，丈夫也许会找一大堆理由来搪塞。而智慧的妻子巧换自己的角度，说出自己的心愿，既不会遭到丈夫的反对，而且可以让丈夫理解自己的想法。这种幽默，是其他语言所不能达到的。

幽默训练心得

很多夫妻都会被为生活中的琐碎事情困扰和厌烦。这时如果懂得给乏味的生活加上幽默这味添加剂，就可以让生活丰富多彩起来。平凡的生活可以有不平凡的人生，琐碎的家事可以有不琐碎的快乐，普通的夫妻也可以有不普通的幸福，幽默可以让平淡的生活更幸福。

6. 多些小幽默，少点大道理

苏格拉底婚前并不知道他的新婚妻子脾气很坏。结婚之后，他才意识到自己娶了一位"恶妻"。虽然苏格拉底认为自己的婚姻不是很美满，但他还是常常鼓励别人结婚。

苏格拉底这样说："如果你娶到一位好脾气的太太，你会终生幸福；但如果你娶到一个坏脾气的太太，则恭喜你，你就可以成为'哲学家'了！"

苏格拉底运用带着很浓的自嘲意味的歪理幽默，表达他对"娶了一个坏脾气的老婆"这个既成事实的无奈，又表达了对妻子的豁达谅解。

歪理幽默还能用来安慰亲人。家庭不是讲理的地方，夫妻之间不需要太多严肃认真、正儿八经的是非理论，却不可少了嘻嘻哈哈、"胡说八道"的歪理幽默。在许多幸福的家庭中，妻子或丈夫恰恰是凭满腹歪理、满口胡言赢得了对方的欢心。而终日正襟危坐，不苟言笑得近乎冷漠的人则很难赢得爱人的欢悦。当然，这并不是说夫妻之间就纯粹是善恶不辨，美丑不分的，而是说家庭之中、夫妻之间更讲感情。在适当的时候讲出一些歪理，家庭生活就会变得趣味盎然，生机无限。下面是一个丈夫使用了歪理幽默的故事：

从来没有喝过酒的妻子从丈夫的杯子里抿了一小口白酒，皱着眉头说："酒可真难喝！"丈夫笑了笑说："可不是吗，可你还整天唠唠叨叨，说我喝酒享乐呢！"

酒对于妻子来说很难喝，而对丈夫来说则可能是一种享受。丈夫利用

妻子说酒很难喝这一点讲出了一通为自己辩解的歪理。

还有一个故事：

丈夫在看晚报，当他读完一篇《女人的寿命比男人长》的文章后，便问妻子："我真不知道为什么男人要先走一步？"妻子解释道："总得有人留下来收拾衣服吧！"

通过上面两则例子，我们可以看出，在家庭生活的每时每刻，只要你顺着对方的言谈举止用貌似合理实则荒谬的道理轻轻一推，歪理便出来了，幽默也就产生了。

家庭是男人和女人靠爱情建立起来、并靠爱情来维系的栖息地。夫妻间的是是非非、恩恩怨怨不是某种道理可以讲得清的，夫妻之间的一些行为也就不能简单地以"是非对错"作判断。而幽默也常常是靠歪理来产生。

有一天丈夫对妻子说："真糟糕，我的胡子越来越白了，头发却还是黑的，你说这是怎么回事？这多么难看，别人一定认为我的头发是染的。"

妻子说："胡子先白了还不是怪你自己，谁让你这嘴巴用得最多，而脑袋用得最少呢！"

丈夫一句一本正经的话，却让妻子找到了幽默的灵感。妻子的安慰话，让人忍俊不禁。

还有一则：

妻子："你经常说梦话，去医院检查检查吧。"
丈夫："不用了吧！要是治好了这病，我就没一点说话的机会了！"

夫妻之间运用这种歪理幽默，不但可以活跃气氛，愉悦性情，而且还能表现一种夫妻之爱，使得家庭生活妙趣横生。这样一来，就不会有"相爱简单，相处太难"的感叹了。

━━━ 幽默训练心得 ━━━━━━━━━━━━

让幽默长驻家庭，用幽默冲淡家庭中不时出现的喧嚣，用幽默去化解夫妻之间的各种矛盾，对于建立幸福的家庭将大有好处。

7. 亲情幽默，委婉的指责更有效果

妻子对丈夫说："我生了女孩，你妈妈说什么了吗？"

丈夫回答："没有，她还夸你呢。"

妻子认真地问："真的？夸我什么？"

丈夫一字一句地说："夸你有福气，将来用不着担心看儿媳妇的脸色行事了。"

这位丈夫没有直接对妻子说出她不尊敬母亲的事实，而是以温和的批评、巧妙的幽默，来表达自己对妻子的不满，通过这种方式让妻子从一个母亲的角度来看这件事情，使她在回味之余，更容易接受批评并加以改正。

生活中，我们对亲人会有各种各样的看法，有时候是好的看法，有时候则是不好的。当我们对亲人有不好的看法时，如果直言不讳，言辞激烈，则难免伤害对方。如果能将话语制成"糖衣炮弹"，对有缺点的一方进行善意的揶揄和有节制的讽劝，以幽默的方式送给对方，那么就既达到了批评对方的目的，又增加了趣味的成分，既能使对方心甘情愿地改正错误，又不会伤害感情。

家庭生活中许多琐事有时也会引起家人大动干戈，其原因之一是双方的话语中都缺少一种幽默的成分。如果在表达对亲人的看法的时候能采用幽默的方式，那么你的意见一定会更好地被接受。

如果妻子把丈夫管得太严，丈夫往往会感到很不自由。小气的妻子往往把家里的财物管得很严，丈夫会觉得很不方便，这时候要表达不满可以向下面这位先生学习。

儿子问父亲："爸爸，阿尔卑斯山在哪里？"

父亲漫不经心地回答说："去问你妈！她把什么东西都藏起来了。"

结婚后，家务事变得多了，有的丈夫很懒惰，即使工作不太忙，也不肯动手帮妻子。对此，大部分做妻子的最终不会太计较。不过妻子可以用幽默的方法来提醒他。

妻子在厨房忙完以后，对久坐不动专等着吃饭的丈夫说："今天的晚饭做好了，你现在可以开始选择了。"

"是吗？都有些什么菜？"

"炒青椒。"

"还有呢！"

"没有了。"

"那你让我选择什么啊？"

"吃还是不吃！"

家庭成员在一起生活的时间长了，彼此之间有一些看法是很正常的。尤其是夫妻之间，如果堆积了很多问题得不到解决，就会影响夫妻之间的感情。这里，我们总结了一些夫妻之间随时都会用到的幽默智慧，希望可以帮助大家用幽默的方式来表达对对方的看法。

对于脾气坏、爱唠叨的太太——

太太开玩笑地对丈夫说："你需要一个自动闹钟在早上叫醒你。"丈夫不太高兴地说："不必了，有你在旁边就够了。"

对于隐瞒年龄的太太——

丈夫说："我太太说她的二十八岁生日快到了，但是她面对的是相反的方向。"

对于很会花钱、爱迟到的太太——

丈夫说："我太太只有一件事会准时到，就是买东西。"

对于爱"八卦"的太太——

丈夫说："谁说女人不会保守秘密？只不过是需要保密的女人更多而已！"

对于爱抱怨的太太——

"你太沉迷于高尔夫球了！"太太抱怨，"你连我们的结婚纪念日都不记得了。""我当然记得，"丈夫抗议，"就是我挥出三十五尺一杆进洞的那一天。"

对于漫不经心，不懂欣赏的丈夫——

"五年来，我先生从来没有好好看过我一眼。"有一位妻子抱怨，"要是将来我有什么三长两短，恐怕他也没法去认尸了。"

▲▲▲ **幽默训练心得** ▲▲▲

幽默是一种灵活的表达方式，它可以明确而又温和地表达出我们对亲人的看法。幽默的表达可以让亲人平和地了解到我们的想法，重新审视他们自身，改正他们的错误，弥补他们的不足。

8. 打破僵局，用幽默融化冰川

两口子吵架，妻子闹着要同丈夫离婚。他们去法院的路上，要经过一条不深但很宽的小河。

到了河边，丈夫很快脱掉鞋子走入水中。妻子站在岸边，瞧着冰冷的河水，正愁着怎么过去。这时，丈夫回过头温和地说："我背你过去吧。"

丈夫背着妻子过了河。他们没走多远，妻子突然道："算了，咱们回去吧！"

丈夫诧异地问："为什么？"妻子不好意思地低着头说："离完婚回来的时候，谁背我过河呢？"

在夫妻之间发生矛盾的时候，幽默所表达的是一种委婉的妥协，既不损及自己的颜面，又能同爱人友好地和解。夫妻之间，貌似嘲笑的关怀幽默总是能够迅速地弥合双方之间的个性差异与感情裂痕，拉近彼此的心理距离。

当夫妻之间发生摩擦时，我们可以用幽默来消除紧张，缓和矛盾。

丈夫看见失业的妻子一点儿也不懂得节约，于是对她说："你怎么一点儿都不懂得废物利用？"

妻子回答说："因为很懂得，所以才嫁给了你。"

在婚姻和家庭生活中某些的时候，对方折损人的话语可能会造成不可磨灭的伤痕，在这种时候，我们要像上面故事中的妻子一样，尽量运用幽默去做妥当的化解。

幽默训练心得

恩格斯说过，幽默是具有智慧、教养和道德上的优越感的表现。在家庭成员的交流中寓庄于谐地表达严肃的内容，甚至用来进行善意的批评，每每能使另一方在轻松的感觉中备受启迪。当夫妻间发生矛盾、家庭关系中出现僵局时，双方都应该撇开愤怒，抛弃争吵，试试在那一刻能直达人心灵深处的幽默的力量。

9. 幽默道歉，赢得爱人的谅解

陈先生是位商业人士，因为工作忙，经常忘记太太的生日。为此，太太跟他闹过好几次。陈先生也给太太保证过：再也不忘记她的生日了。但是，今年他偏偏又把这一特殊的日子给忘掉了。

生日过了三天时，陈先生突然想起太太的生日，马上就去为太太买了个漂亮的手镯，并对太太说："老婆，你的样子太年轻了，我都没觉得你又长了一岁，这也难怪我记不得你的生日。"

陈先生忘记了太太的生日，可能会让太太不高兴，但他在弥补自己过失、给太太道歉的同时，巧妙地借机称赞太太年轻貌美。这样的道歉，即使是再生气的太太也会无力拒绝。

直白的道歉可以有立竿见影的效果，含蓄的道歉方式同样可以赢得爱人的欣赏和认同。下面例子中的老王就是这样。

老王跟妻子吵架后，几天都互不理睬。作为男子汉大丈夫，老王不想输了这个面子，但总是这样耗下去也不是个办法。于是，老王想出一个法子。

在睡觉之前，老王在桌子上放了一张纸条，上面写着："孩子他妈，明天我有急事需要处理，请在早上六点钟叫醒我——孩子他爸。"

第二天早上，老王醒来都已经七点了。他心想，怎么这么晚了都不叫我？正要生气，看到床头柜上有张纸条，上面写着："孩子他爸，快醒醒，已经六点整了。——孩子他妈。"老王不禁笑出声来，拿着纸条跑到妻子面前，妻子也笑了。两人又和好如初了。

老王想同妻子言和，又因为碍于面子，只好给自己铺台阶。没想到被妻子也巧妙地运用了一回，结果使两个人都看到了对方抛过来的橄榄枝，最终和好如初。这种无声的和好方式实在是非常高明。

　　幽默是一种人生的态度，是一条精神的出口，是一杯生活的美酒。学会幽默，即使是在道歉的时候也会显得妙趣横生。

　　对很多人来说，道歉是很难为情的事情。因为它会让我们觉得很没"面子"。这时候，如果你试着幽默地表达自己的歉意，则可以很好的化解这个难题。以幽默的情景喜剧来代替干瘪乏味的语言解决日常生活中的分歧，真是无声的道歉，快乐的结局。

幽默训练心得

　　幽默可以在我们的家庭生活中起到掩饰自己的过失、求得家人原谅的作用。但幽默不是万能的，无论是男人还是女人，某些重大的甚至会危及夫妻关系的错误必须向对方实话实说，尽力赢得对方的宽容和谅解，不能因为幽默掩饰而冲淡了夫妻之间应有的真诚。

10. 幽默开心果，谁说小孩不懂幽默

　　丈夫因晚上加班，错过了妻子的生日晚餐。回到家，丈夫偷偷溜进儿子的房间，晃动手中的糖果，对儿子说："宝贝儿，告诉爸爸，晚上妈妈过生日时都说我什么了？"

　　儿子歪头想了想说"你要我把对你不好的话都省掉吗？"

　　"是的。"

　　"哦，那妈妈什么话都没说。"

　　爸爸哈哈一笑，吻了吻儿子，回卧室向妻子请罪去了。

一个称职的家长要做的是，了解自己的孩子，不要轻视孩子所表现出的幽默天赋，应该鼓励孩子的幽默，对他们的幽默感做出肯定的表示，让这种幽默的语言成为父母与孩子之间一种新的共同语言。

俗话说，良药苦口利于病。但是并非所有良药都苦口，幽默教育孩子的方式就是一剂不苦口反而开心爽口的良药。

教育孩子是需要技巧的，如果一味地灌输大人们自己的思想，很可能好心办坏事，不但教育不好自己的孩子，还会起相反的作用。而在教育孩子的过程之中，多用一些小幽默，则不仅有助于孩子的智力发育，而且能在无形中激发孩子的思维和语言能力；不仅能达到教育孩子的目的，而且能使孩子感受到父母的爱。

在家庭里，我们不妨让小孩子成为幽默的开心果。如果孩子有足够的幽默感，大人还可引导他们编幽默故事，甚至创造一个令人捧腹的结局。

有一位父亲自己没有什么学问，但却望子成龙心切，总希望儿子能成为画家。于是他要儿子学习画画，可儿子却另有志向。时间长了，父子间总有磕碰。

终于有一天，苦不堪言的儿子拿着一张白纸交给父亲，说已经画好了。父亲不解地问："你的画呢？"

"在这张纸里，画的是马吃草。"

"草在哪儿？"

"给马吃光了。"

"那马呢？"

"草吃光后，它就走了。"

父亲笑了，从此不再逼儿子画画。

这就像鲁迅说的：不在沉默中爆发，就在沉默中灭亡。试想，这位儿子如果把对父亲的不满强忍在心里，久而久之，会积累成怨恨，导致父子关系紧张；如果儿子采取过于激烈的反抗，也会导致父子不和。而这种幽默的暗示，不仅解决了儿子与父亲的难题，还让父子的感情变得更亲密了。

有一位父亲把当年结婚照片的相簿拿给小女儿看。

小女孩看着照片，先是颇感不解。继而突然眼睛一亮。"我明白了!"她说，"就是这个时候你把妈咪带回家来，帮我们做家事的。"

一个孩子从无知到能以幽默的方式与父母交流，是一个可喜的变化，这说明他们长大了。这时，幽默的语言就成了父母和子女之间一种新的共同语言。

孩子是爱情的结晶，是家庭中最具活力的成员，孩子有纯真的心灵，孩子本身就能给父母带来无尽的欢乐。我们应该让孩子成为家庭幽默的开心果，使孩子养成乐观开朗的性格和与人为善的品质。

孩子是父母的心肝宝贝，父母往往允许他们尽情发挥聪明才智来开大人的玩笑。但是，孩子天真烂漫，童言无忌，有时的言语也可能为家长造成尴尬。

一天，家里来了一位客人，爸爸和客人在一边说话，6岁的儿子不停地在他们面前走来走去，想要对爸爸说什么但又不好说的样子。爸爸看到后说："儿子，别老在我们面前晃来晃去的，有什么就大声说。"

于是儿子大声地说："妈妈刚来电话说别留客人在家吃饭。"

对孩子既不能溺爱，也不能过于强硬。多使用幽默的方式教育孩子，不但可以给我们的生活增添不少乐趣，还可以让孩子养成活泼开朗的性格，何乐而不为呢?

幽默训练心得

家庭成员中，同辈之间互相使用幽默是常见的。但其实，家长应该与孩子多一些幽默的互动，这样不仅能够培养孩子的幽默感，更重要的是能增进孩子和家长之间的感情。一个称职的家长要做的是：了解你的孩子，不要轻视孩子所做的那些能让你开怀大笑的"傻事"，多鼓励孩子的幽默，对他们的幽默感做出肯定的表示。家长应注意倾听孩子回家后讲述的有关学校生活的小笑话，并应报以会心的笑。

第7天

演讲技巧课——幽默让演讲更具感染力

欢声笑语不间断，掌声喝彩不停歇

1. 趣味开场，来一场精彩的演讲

2008 年 7 月 5 日，台中市市长胡志强在厦门大学做了题为"文化造市"的主题演讲。作为台湾的"明星市长"，胡志强具有超高的人气，不过使他更有魅力的是他极为幽默的谈吐。

一上台胡志强就不断向观众抛出一个个幽默的"包袱"。"这是我第一次来厦门，第一次来厦大，第一次在大陆演讲。到我这个年纪，'第一次'已经不多了。"简单的几个"第一次"，就让大家立刻感受到这位台湾政坛人物对此次访问机会的珍视。

接着，他便开始拉近与听众的距离："各位给我的热情接待，让我有回家的感觉。一个人回家以后做的第一件事情是什么?"他一边说，一边把西装外套脱去，扔在了讲台一边，并特意微笑着对现场的记者说："不要拍了，我不会继续脱了。"其幽默诙谐、自然大方的话语自然赢得了现场听众的一片掌声。

胡志强的开场白很有特色，他那无处不在的幽默不仅在极短的时间内打消了观众们对他这种政坛人物对话的警惕性和隔阂感，而且充分展示了这位"明星市长"的才智和风范，让大家对他的演讲内容充满了期待。

演讲是一个信息传播和反馈的过程。开头传播的不顺利，会极大地影响到反馈的质量。而如果有一个精彩的开头，也就获得了先机，相当于把传播和反馈的管道一下子打通了，其意义不言而喻。

"万事开头难"，做演讲更是这样。一旦观众的注意力被分散，后面的演讲将寸步难行。只有一开始就用三言两语抓住观众的心，让他们喜欢上讲演的人，那么演讲者说的话才能有吸引力。而幽默不失为一个好的选择。

据说胡适先生在北京大学任教之时，曾经在自我介绍时采用幽自己一默的方式，来增加"课堂情趣"。一次给新生上课，他把孔子学说称做"孔说"，孟子学说称做"孟说"，他自己的学说称做"胡说"，让同学们在笑声中感受到了这位大师的谦和。

无独有偶，文化大师启功先生在一次讲演中做自我介绍时这样说道："刚才你们老师给我封了许多头衔，我实在是不敢当。我们家的祖先原来生活在东北，是满族，古代叫做胡人。所以我今天所讲都是'胡说'，同学们不必太过认真。"

这种轻松的开场幽默赢得了学生的喜爱与热烈的掌声，说者和听者的距离一下子就拉近了。第一印象给人的影响非常重要。一般我们对一个人的第一印象会形成心理定式，顽固地保持很长时间，所以在双方初次认识时的自我介绍十分重要。

1990 年中央电视台邀请台湾影视艺术家凌峰先生参加春节联欢晚会。当时，许多观众对他还很陌生，可是当他说完那段妙不可言的自我介绍后，一下子就被观众认同并受到了热烈欢迎。

他说："在下凌峰，我和文章不同。虽然我们都获得过'金钟奖'和最佳男歌星称号，但我以长相难看而出名……一般来说，女观众对我的印象不太好，她们认为我是人比黄花瘦，脸比煤炭黑，但我很温柔。"

这一番话戏而不谑，妙趣横生，令观众捧腹大笑。这种自我介绍给人们留下了非常坦诚、风趣、幽默的良好印象，凌峰的名字因此传遍了祖国大地。借助幽默的方法，凌峰缓解了现场略显压抑的气氛，拉近了与观众的距离，给全国观众留下非常深刻的印象。

自我介绍时的幽默需要刻意设计吗？如果有可能还是要设计一下，因为脱口而出的幽默很难把握好尺度。而刻意设计好的幽默则在拉近距离的同时，还能起到其他作用。

一般来说，演者都是名人，而观众则以普通人居多。如何跨越这种隔阂，拉近与观众的距离，减少陌生感呢？很多政治家在这方面都极富创造性。

幽默对于增进他人的好感有着举足轻重的作用，而有一个新颖的开场白，则可以让你的幽默口才锦上添花、如虎添翼。

▱▱▱▱▱ 幽默训练心得 ▰▰▰▰▰▰▰▰▰▰▰▰▰▰▰▰▰

　　幽默的开场白宛若演讲人的一张智慧的名片，在快速缩短与听众距离的同时，能使听众在轻松愉快的气氛中自觉不自觉地进入角色。演讲开始的时候，在自我介绍时幽自己一默是一种能很快拉近与别人距离的说话方式。如果能够巧而不俗地来点幽默，会立即拉近自己和听者之间的距离。

2. 驾驭听众，幽默让沟通更容易

　　美国总统老布什曾经担任过美国驻北京联络处主任，后来，成为总统的他再次回到美国驻华大使馆时，他的演说更是变成了一段"迟来的牢骚"。

　　"在异国他乡见到你们熟悉、亲切的脸庞，确实让我有宾至如归之感。你们让琐碎的行政事务运转得如此良好，并且因为我的到来，而使得大家如此遭罪，请接受我衷心的感谢。因为我知道，接待一位总统的访问犹如经历一场浩劫。我曾经被派驻在这儿，有过这样的经历。看到总统离开了，我确实很高兴。如果那还不够受的，亨利·基辛格又给我们增加了两次这样的经历。我知道你们对我们没什么好感。好吧，现在进入正题，向这里所有的中国雇员，所有家庭，所有——（此时，一个婴儿的啼哭声打断了总统）哦，没那么糟，宝贝！等会儿，就要好了——向所有在座的各位，表达我诚挚的谢意！"

　　老布什抓住自己曾经从事过"接待总统"这项工作的经历，顺势站在听众的角度，成为现场"诚惶诚恐"的工作人员的代言人，使整个演说就像是在和很久不见的老朋友的对话，顿时拉近了与听众之间的情感距离。同时，这个幽默的开场白也使得老布什从高高在上不可逼视的总统大人变为一位平易近人、善解人意的好总统，其个人形象也在瞬间得到提升。

高明的演讲者知道，讲演的成败不是由他来决定，而是由听众的脑袋和心灵来决定的。他总是能让听众感觉到他所感觉的，同意他的观点，分享他的快乐，分担他的忧愁。

那么，如何才能成为演讲艺术中的佼佼者呢？如何借助演讲提高自己在社会上的竞争力？或许，幽默就是你最佳的武器。好的幽默往往成为演讲中的点睛之笔，达到让人回味无穷、余音绕梁的效果。

一场精彩的演讲不仅要有能够吸引观众的内容，演讲者还必须学会和观众"套近乎"，巧妙地运用幽默清除陌生感和距离感，这样才能使自己所讲的话深入人心，不落俗套，也更容易在听众中产生共鸣，保证演讲顺畅进行。下面还是老布什的故事。

老布什非常擅长和他人"套近乎"。1991年，英国女王伊丽莎白二世访问美国，老布什在宴会上致欢迎词。因为伊丽莎白二世已经多次访问美国，所以老布什对女王的习惯了如指掌。

他在致辞一开始就运用轻松的语气说道："在您数次对美国的访问中，我从您身上发现了一个把我们联系在一起的品质——热爱锻炼。无论是雨天还是晴天，您的长时间的散步总是把那些想打听小道消息的狗仔队们气喘吁吁地甩在一边。很庆幸，今天我那患有纤维性颤动的心脏没有被那场激烈的竞走累垮。"

一个简单的幽默表述，即轻松又贴切，轻而易举打破了政治对话的紧张气氛，沟通了两个"国家"之间的感情。

当然，美国历史上会"套近乎"的总统还有很多。

克林顿总统在欢迎朱镕基总理访问美国时，也用一段幽默的夸奖达到了沟通情感的效果："美国人民很高兴见到您，美国人民对您很感兴趣。毕竟，不是每个领导人都既能理解全球经济的错综复杂，又能理解京剧的无穷奥妙；既能演奏胡琴，又能在说出直率的政治观点的同时发表不客气的音乐评论。"

看来，人与人的沟通，幽默不可或缺，尤其是在面对冷冰冰的政治的时候。

沟通情感是人和人交流的必经过程，而公开场合的演讲又和私人交流有极大的区别。在演讲中沟通与听众的感情其实是个"技术活儿"。既不能过分恭维，刻意夸赞，又不能假装亲近，敷衍了事。这时恰当地运用幽默会取得良好的效果。

幽默训练心得

演讲是一门艺术，成功的演讲者就是这门艺术的最佳创作者。这个特殊的艺术门类向人们展示的不仅仅是思维碰撞的火花、针锋相对的激昂和醍醐灌顶般的大彻大悟，它还可以让人们领会到语言文字世界的"诗情画意"。

3. 幽默应对，临场意外不要慌

有一天，纽约某住所举行林氏宗亲会活动，林语堂被邀请进行即兴演讲，大家表示，希望借他的演讲宣扬林氏祖先的光荣事迹。林语堂明白这是个"吃力不讨好"的差事：如果不说些夸赞祖先的话，同宗肯定会失望；若是言辞太过吹嘘，又有失自己的学者风范。

林语堂略一沉思，不慌不忙地走上台说："我们姓林的始祖，据说有商朝的比干，这在《封神榜》里提到过；英勇的有《水浒传》里的林冲；旅行家有《镜花缘》里的林之洋；才女有《红楼梦》里的林黛玉。另外还有美国大总统林肯，独自驾飞机越大西洋的林白，可以说是人才辈出。"

他还凭借自己丰富的学识，对这些人物做了有趣的讲解。

文化大师林语堂的机智和博学令人惊叹。然而，我们细细体会他的话，就会发现他所谈的大部分是小说中虚构的人物，甚至还有和林氏毫无关系的美国总统。这样的表达既避免了对本姓祖先进行吹嘘，又满足了林氏宗亲的要求，真是幽默生动，奇妙无比。

演讲本来就不是一件容易的事，即兴演讲更是一件艰巨的工作。有时演讲会遇到一些意外情况，比如听众寥寥无几，有人故意捣乱，甚至有些听众故意提出刁钻古怪的问题，反对演说者的观点，等等。遇到这些情况，千万不能气馁、动怒、粗鲁地对待，那样会使演讲遭到惨败。优秀的演说家能以幽默的方式沉着机智地应付各种意外情况的发生。

林语堂先生有一次在美国哥伦比亚大学讲授中国文化课。课上，他对中国文化大加赞誉。一位女学生不服气地发问："林博士，你是说，什么东西都是你们中国的好，难道我们美国就没有一样东西比得上中国的吗？"这是一个很难回答的问题，如果演讲者反过来赞扬美国，就不利于演说的主题；如果严肃地表示美国不如中国，则会引起在座学生的敌意。

林语堂只是轻松地回答："有的，你们美国的抽水马桶就比中国的好嘛！"

他的话引起哄堂大笑，气氛骤然活跃起来，发问者对这一回答也无话可说。

在演讲中遇到听众有不同意见，不可漠然视之，如果不予恰当的处理，后面的演讲将难以顺利进行。

有时演讲者还会碰到恶意的攻击或咒骂，如果演讲者勃然大怒或与之对骂，将损害演讲人的形象，使捣乱者的阴谋得逞。

且看英国首相威尔逊是如何应付这种局面的：

英国首相威尔逊有一次在民众大会上演讲，遇到一些激烈的抗议，一名抗议者高声骂道："垃圾！"群众大惊，以为威尔逊先生会勃然大怒。不料，威尔逊镇定地说："先生，关于你特别关心的问题，我们等一会儿就讨论。"

威尔逊首相巧妙地将抗议者的谩骂转为现实生活中需要解决的一个问题，既为自己解了围，又使会场气氛轻松下来，被动的处境也就此摆脱了。

美国政界要人凯升首次在众议院发表演说时，由于打扮得比较土气，遭到了其他议员的嘲笑。一个议员在他演讲时插嘴说："这位伊利诺伊州来的人，口袋里一定装满了麦子呢！"众人听了哄堂大笑。

凯升也不发火，而是不慌不忙地说："真的，我不仅仅口袋里装满了麦子，而且头发里还藏着许多菜籽呢。我们住在西部的人，多数是土头土脑的。"他的自嘲式的坦率赢得了大家的好感和敬意，接着，他大声说："不过我们藏的虽是麦子和菜籽，却能长出很好的秧苗来！"

众人对这位不卑不亢的演说者鼓掌赞赏，他的演说成功了。

幽默训练心得

演讲，从某种角度可以被看做是一场舞蹈比赛：如果说演讲部分是比赛规定动作，选手们总是能够准备得比较充分；那么观众提问就是即兴动作的比赛，考验每个人的应对能力。如果尴尬得不到正常的化解，不仅直接影响演讲的效果，还可能会导致演讲者和听众之间出现误会和矛盾。

4. 幽默口语，彰显睿智和魅力

2006年10月，法国前总统希拉克在北京大学发表演讲时发生了一点小意外。他在回答一位学生的提问时，麦克风忽然出现了一点故障，导致发声异常。在这种重大的外交场合出现这样的问题，难免有些尴尬。现场的组织人员顿时有些紧张。这时，这位74岁的老人像孩子般做了一个顽皮的鬼脸，耸耸肩说："这可不关我的事，我没碰它。"一句话引来全场听众的笑声和掌声，尴尬气氛顿时消散。

在这种严肃场合，出现这样的意外情况，即使追究下来，也情有可原。但希拉克用他的睿智与幽默将这一僵局化为无形，实在巧妙。在演讲中，各种"人为意外"的出现是对演讲者反应速度的极大考验。

一个不合格的演讲者在遇到演讲现场的意外时总是会表现得手忙脚乱，不知所措。而高明的演讲者则能巧妙的"化被动为主动"，利用这个意外状况，展示自己的幽默和机智，不仅能顺利化解意外，还会提升观众对演讲者的信任度，成为演讲成功的推动力。

演讲不是简单的一个人说，一群人听。它是现代人际交往的特殊方式，也是一种群众性社会活动。在演讲的过程中可能出现各种各样的意外情况，如多媒体仪器的故障、现场个别听众因观点不同而做出的过激行为等。在这种情况下，就要看演讲者的能力了。演讲者作为现场唯一的掌控者，必须对这些意外做出应对，而幽默就是应对这种意外的一种常用而有效的武器。

当众演讲是一个很普遍的展示自己的方式，幽默的口语能为自己的演讲增添魅力。一般来讲，当众讲话主要是口语表达，语言的口语化本该不成问题，但由于当众讲话总要比一般的随意交谈或在非正式场合的说话更规范、文雅和生动，因此许多人在准备稿子的时候常常要堆砌辞藻、雕章琢句或引经据典，使演讲的语言"文章化"。这样不仅会让文字艰涩、表达沉闷，更坏的是会打击到听众们的听讲兴趣。

幽默语言的通俗是简明易懂，而不是浅薄庸俗、单调乏味，是为了既通俗易懂，又具体、生动、活泼、形象。古代的说书人，讲到故事中的人物心头不安时，不说忐忑不安，而说"心里有十五个吊桶打水，七上八下"；讲到羞耻时，不说满面羞赧，而说"恨不得有个地缝钻下去"；讲到赶快逃跑时，不说赶快逃跑，而说"只恨爹娘少生了两条腿"；讲到着急时不说着急，而说"急得像只热锅上的蚂蚁"。所有这些都博得听众的赞

赏和喝彩，流传至今仍有强烈的感染力。

人们往往有一种习惯性的看法，认为口语简单粗浅，书面语完善而文雅。实际上，现代实用语言在口头和书面两大方面并无多大差别，也不该有太大差别。有些人讲话、致辞或答问总要按照稿子念。如果你的口语不幽默，不善于脱稿讲话，那么写出来的稿子也往往是平板冗长、干巴乏味的，当然也就不具备口语的特点。不是口语化的东西却又用嘴说，这就是某些人的口语表达既不通俗又不幽默的主要原因。而另一种倾向是只求简单明白，不求细致幽默，这就流于粗俗和浅陋。正确的理解和做法是，书面语言要尽量吸收通俗而幽默的口语，而在口语表达上要尽量使用书面语中那些精练而严谨的词语。只有这样，我们的语言才会既通俗易懂，又幽默活泼。

▶▶▶ 幽默训练心得 ◀◀◀

要想让自己在公众场合的讲话收到良好的效果，一定要学会把握语言的风格，注意文采，适当运用口语，使讲话通俗易懂，更重要的是要用幽默的讲话艺术来彰显强大的魅力。

5. 幽默演讲，拨动听众的心弦

英国作家、评论家切斯特顿（1874—1936 年）身材高大，穿着讲究，可谓仪表堂堂，却天生一副柔和的嗓子。不过他并未被难倒，相反，有时候，他还能借此创造特殊的效果。

有一回，在他去美国作旅行前，举行了一次演讲。演讲开始前，主持人用华丽的辞藻，喋喋不休地将切斯特顿介绍给听众。切斯特顿觉察到主持人的介绍太多太乱，听众似有厌倦之色。于是等介绍完后，他站起身对听众说:"在一场旋风过后,随之而来的是一阵平静而柔和的微风。"

尽管切斯特顿是著名的评论家,却不失为一位出色的演说家。他懂得用自己的情感来调动听众的积极性。切斯特顿幽默地将主持人华丽的介绍评论变成了旋风,并借机将自己接下来的演说比做柔和的微风,既引起了人们的好奇心,又为自己柔和的噪音埋下伏笔。

一个演讲者的感染力可以说是他演讲的生命力。适当的幽默可以把演讲者的情感表现得透彻准确,从而更能吸引人、打动人,更能拨动听众的心弦。

运用比喻制造幽默的技巧我们恐怕要向那些想象力丰富的幽默文学家学习,他们的幽默总是自然流露,信手拈来。这不仅是他们创作才能的展现,更是他们丰富的人生阅历的体现。

马克·吐温曾在纽约新英格兰学会第71届年会午宴上作过一篇《新英格兰的天气》的演说。在演说中,他把当地的气候特点描绘得淋漓尽致,妙趣横生。

演讲一开始,他便直入主题:"本人虔诚地相信,造物主创造了我们大家,创造了新英格兰的一切——就是没有创造出天气。我不知道创造新英格兰天气的是何许人,但我想,这些人一定是风伯雨师工场里的新学徒。他们为衣食而在新英格兰做实验和学习,然后,被提拔去专为需要优质服务的地区研制天气。"

马克·吐温巧妙地将英格兰多变的天气比做是初出茅庐、学艺不精的学徒的实验作品,直接将听众带入对英格兰天气的无限遐想中,主导了听众的思维方向。整个演说,一直延续了比喻、拟人的风格,讲述一个外乡人和英格兰天气之间的复杂情感联系,精彩绝伦,令人捧腹。

马克·吐温还用过一个经典的比喻,在他70岁生日的宴会上,他发表了《七十岁生日感怀》的演说,颇有自我嘲讽的味道。他说:"70岁!这是基督教《圣经》神圣地定下的人生大限。从此,你们不再需要服现役了;对于你们,紧张的生活已经结束,你们的服役期已满。用吉卜林的军事术语来说就是:你或好或坏地服了役,你退伍了。你成了共和国的荣誉成员，你解放了，强制手段不是针对你的，除了‘熄灯号’外，其他号声都不是针对你的。”

这段比喻和对比形象、准确地表述了人生的真实状态，颇有自我嘲讽的意味。同时又展现了这位优秀作家乐观、幽默的人生导向，耐人寻味。

幽默演讲的艺术情感是演讲家创造性劳动的体现，它不是对生活感受的简单复述，而是其进行的巧妙提炼和加工。只有这种独特的艺术情感，才可能是富有魅力的，才可能给人以强烈的艺术感染。

幽默训练心得

幽默演讲的技巧之一就是要对听众的情绪有十分恰当地把握，根据听众的情绪来调整自己的情感，用自己内心的情感去创造出对听众有感染力的幽默语言、用自己幽默的情感激发听众的热情，进而碰撞出情感的共鸣。

6. 幽默表达，凝聚听众注意力

龙永图是著名的谈判专家，在一次演讲的过程中，一位坐在第一排的老人举手提问，他直言不讳地说："我以前是搞外贸的。加入世贸组织后发生了贸易摩擦，对咱有什么好处？"龙永图认真地听完老人的提问后说道："当然有好处，这就好比一个大个子拉一个小个子到阴暗角落里单挑。而小个子则愿意把冲突拿到人多的地方去，希望有人出来主持公道。我们之所以愿意通过世贸组织多边争论机制解决问题，也是想让大家出来评评理。对不对？"

龙永图不愧是谈判桌上的高手，他巧妙地将解决贸易争端比做俩人打架，把经济发达国家比做大个子，把发展中国家比做小个子，生动幽默地描绘了俩人打架的心态，把一个十分抽象的经济现象，用一个熟悉的事例说得透彻明了，极具说服力。

这样形象化的手法还非常适用于教学活动。我们都知道，人的抽象思维能力是随着年龄的增长、阅历的增加而不断形成的。学生经常会面对许多理论问题，如果老师用理论推理的语言来讲述，可能不利于学生的理解。这时候，如果借助幽默举例、类比的方法，利用学生丰富的想象力，就会取得不一样的效果。

演讲时，如果语言过于平实，表述生硬，听众的注意力就会渐渐开始转移。人们会向屋顶、窗外望去，不停地看表，"看遍万物"但就是不看演讲者。甚至听众们有的睡着了，或是半昏睡状态，一片茫然。这时，演讲者需要做一些可以立即奏效的事情，将听从从这些状态中拉回来。最好的方法就是讲个笑话，幽默一下。

很多研究表明在演讲中运用笑话是有益处的。最重要的一点是听众喜欢具有幽默感的演讲者。社会学研究表明人们对于融入到笑话或者逸事中的信息的记忆时间要长于对于纯粹信息的记忆时间。因此，将笑话巧妙地融入你的演讲中，就能把听众的注意力吸引到你的主要观点上。

在演讲中使用笑话的另一个好处是能够缓解紧张气氛。一个恰如其分的笑话能够有效地打破僵局，营造友好的氛围。幽默能够使你的演讲定位在积极的基调上，有助于形成轻松的气氛，促进演讲过程中的思想交流。

英国文学家吉卜林在演讲中就非常注重气氛的调节，总不忘在自己的演讲中说点玩笑话来逗引听众大笑。

他说："诸位，我在年轻的时候，住在印度。我常常替一家报社采访社会新闻，这工作是非常有趣的，因为它可以使我有机会去认识一些伪造货币、盗窃、杀人以及这一类富有冒险精神的有才干的人。（听众大笑）在我采访到他们被审判的情形后，我还要到监狱里去，拜望一下我们那些正在受罪的朋友。（听众又发出笑声）我记得，有一位因为杀人而被判无期徒刑的人，是一位绝顶聪明而善于言辞的青年人。他告诉我一段在他看来是他人生最重要的话："我觉得一个人如果一失足跌入罪恶的深渊里，他一定会从此为非作歹不止，最后他竟以为只有把他人都挤到邪路上去，

才能表现自己的正直。"（听众大笑）这句话真是妙不可言！（听众的笑声和鼓掌声同时响起）

演讲中的幽默感是演讲者或演讲主讲人情操和人格的外化，是思想、学识、智慧和灵感在语言运用中的结晶，是一瞬间闪现的光彩夺目的火花。听众听来能陶冶情操，健全人格。

▶▶▶ **幽默训练心得** ◀◀◀

幽默的笑话语言，是演讲必不可少的调料，运用了这样的方法，就可以更好地表达演讲者的观点和凝聚听众的注意力。

7. 幽默"投其所好"，选择有针对性的话题

2007 年，比尔·盖茨应邀在哈佛大学毕业典礼上进行了一次演讲。大家都知道，比尔·盖茨虽然曾在哈佛就读，但他中途就退学创办了微软，因此，哈佛学报曾称他为"哈佛大学历史上最成功的辍学生"。这件事让他的这次的毕业演讲颇显奇怪。而精明的盖茨却把自己的"丑闻"当成了"因地制宜"的最佳题材："我为今天在座的各位同学感到高兴，你们拿到学位可比我简单多了。"

一句自嘲的幽默表达了对毕业典礼现场的主角们——顺利完成学业的优秀毕业生们——的衷心祝福。毫无疑问，这是现场学生希望听到的。

比尔·盖茨明白，自负的哈佛毕业生们渴望听到的不是谆谆教诲，不是人如何才能成功的废话，更不是盖茨个人的成功经历，因为这些他们都知道，所以盖茨选择了自嘲式的幽默。

演讲时，话题的选择至关重要。演讲者一般都希望在听众中间引起共鸣，所以都会选择"投其所好"的话题。因为听众在年龄、职业等方面的差异会在很大程度上影响他们对于话题的接受度和理解度。比如，在给大学生做演讲时，最常讲的话题除了学习方法、工作心得之外，就是恋爱观。如果有戏剧化的谈恋爱的经历，拿来幽默一下经常会收到不错的效果。

作为一个演讲者，在每次演讲之前，不妨先扪心自问一下：你所选择的主题是否符合听众的需求？演讲的内容与听众究竟有什么利害关系？能否帮助他们排忧解难，实现理想的目标？明确了这些，然后才开始讲给他们听，这样必然会吸引他们的注意力。你若是会计师，就可以这样做开场白："我现在要教你们如何省下 50 ~ 100 元的税款。"你若是律师，如果教听众如何生前拟好遗嘱，他们一定会听得津津有味。在你的专业知识里，无论如何也可以找到对听众有所裨益的话题。

所谓演讲，并不是随意而谈，它是一项有准备、有针对性的工作。演讲过程中幽默的使用都是"有预谋的"，也就是说不是任何话题都可以拿来即兴幽默。演讲者只有根据演讲内容、场合等因素有针对性地选择幽默话题，才能做到投观众所好，吸引观众注意力，从而取得期待的效果。

阿里巴巴创始人马云曾经应邀在母校杭州师范学院进行返校演讲。马云上台后，一开口就让母校的师弟师妹们笑成一片："前两天我刚从美国回来，在美国参加会议的时候有人问我，我的英语是哪里学的，我说中国杭州师范学院！——在我们公司，尽管有来自北大、清华，也有来自哈佛、耶鲁等名校的学生，但是如果你在我公司问哪所学校最好，员工都会说：杭州师范学院！没办法，因为在阿里巴巴，他们只能这么说。"

马云的幽默演讲，有着双重的妙用。既避免了对母校的刻意恭维，又用自己的亲身经历表达了对母校的感谢，并引发了一股集体自豪感；同时，又恰当地使用个人成功的事例告诉母校的莘莘学子：事在人为，外部环境并非影响成功的决定性因素，个人的努力才最重要。而个人如何努力才能取得成功，只有认真听后面部分的演讲才能知晓。这样自然又设置了一个小小的悬念。

俗话说得好，"见什么人说什么话"，这当然不是教育大家要"见风使舵"，而是提醒各位，不要"哪壶不开提哪壶"，学会"投其所好"，选择有针对性的话题。这是对谈话对方的基本尊重，也是提升个人形象的好机会。

8. 幽默谈吐，缩短与听众的距离

美国前总统里根善于用精心安排的幽默语言点缀自己的演讲，以赢得特定观众的尊重。对农民发表演说时，里根说了这么一件逸事赢得了他的听众。

一位农民买下一块河水已干枯的小河谷。这片荒地覆盖着石块，杂草丛生，到处坑坑洼洼。他每天去那里辛勤耕耘。经过不断劳作，最后荒地变成了花园。为此他深感骄傲和幸福。某个星期日的早晨，他去邀请部长先生，问他是否乐意看看他的花园。那位部长来了，视察了一番。部长看到瓜果累累，就说："呀！上帝肯定为这片土地祝福过。"他看到玉米丰收，又说："哎呀！上帝确实为这些玉米祝福过。"接着又说："天哪！上帝和你在这片土地上竟取得了这么大的成绩呀。"这位农民禁不住说："可尊敬的先生，我真希望你能看到过上帝独自管理这片土地时，这里什么模样！"

里根巧妙地根据听众对象准备自己的幽默素材，从而赢得了听众的关心与兴趣，实现了演讲者与听众的幽默互动，增加了会场的热烈气氛。

成功的演讲并不是一个人在讲，而是在场的所有人都能有思想的交流。演讲的一个大忌就是一个人唾沫飞溅地讲，没有与听众的情感交流，没有让听众参与进去。在演讲中，除了根据对象选取素材来引起互动之外，还要时常向听众提问一些轻松、愉快、搞笑的问题。

那么，幽默地提问应该问什么呢？许多演讲者喜欢问一些可以让他们更好地应付听众的问题：你们中有多少人是从郊区来的？你们中没有到来的请举手？你们中有多少人希望演讲者不再问这些无聊的问题？尽管这种"调查"技巧十分老套，但它却行之有效。

高明的演讲总是充满幽默，如果在一次演讲中能让听众爆发出几阵会心的笑，便算得上是成功的演讲。演讲在适当的情境下进行幽默提问可以缩短与听众的距离，满足听众的好奇心，创造宽松的气氛，使演讲者处于主动。

含笑谈真理，往往是受人欢迎的。有人赞美笑是礼貌之花，笑是友谊之桥。著名科普作家高士其说："笑是美的姐妹，笑是善的良友，笑是爱的伴侣；笑有笑的哲学，笑有笑的文学，笑有笑的教育学。"由此可见，笑是神通广大的，生活中不能缺少舒心的、快慰的、爽朗的笑声。而幽默，能寓庄于谐，给人以轻松、优美之感，能使真理更耐人寻味。谚语说得好："笑是力量的亲兄弟。"笑，表达出人类征服忧患的能力；笑，也能增强人们的友谊、信任和联系。而幽默的笑是一种有趣的、高尚的、会心的、意味深长的笑。

在演说报告、社交谈话中，一些信手拈来的妙词佳句，就地取材的风趣言语，灵机一动所产生的富于哲理的闪光，既使演讲者调节了节奏，也使听者解除了疲劳；既有助于深化主题，又能活跃谈话气氛。

幽默训练心得

演讲是在比较正式的场合对众人所作的一种带有鼓动性、说服性、抒情性和表演性的讲话。但是，不能因为它比较正式，演讲人就一定要端起架子，板起面孔，做枯燥无味的陈述。因此，营造幽默轻松的气氛是使演讲易于为他人接受的一种高明的方法。

9. 自我调侃，幽默演讲的必备手段

1955 年，郭沫若回到母校日本九州大学作演讲，顺其自然，演讲主题很明确就是要描述自己在学校中的成长历程，以及表达自己对母校的感激之情。郭沫若说："在这里我要向我以前的老师表白，我作为一个医科大学生，事实上不是一个'好学生'。福冈的景色太美了，千代松原也是非常美丽。由于天天接近这样好的自然美景，所以我在学生时代的时候没法用功，对于医学没有认真地研究下去，而跑到别的路上去了。"郭沫若的幽默带给了同学们一阵阵欢快的笑声。

郭沫若通过对在学生时代诙谐式的回忆，既表达了自己对母校美景的留恋，又展示了自己的幽默风采。

在参加即兴演讲的时候，应该充分发挥自己的想象力和创造力，用自己的与众不同来为演讲主题的幽默气氛增姿添彩，同时让幽默的演讲人脱颖而出。

找到合适的幽默来吸引众多听众的注意力，实在不是一件简单的事情。而演讲者从自身搜寻"话题"，采取自我调侃、自我嘲讽的方法不失为"哗众取宠"的最佳选择。

演讲者的自我调侃不仅可以满足听众的好奇心，而且还可以降低演讲者的"高度"，增加亲切感。

科学巨匠爱因斯坦在一次科学会议上说："因为我对权威的轻蔑，所以命运惩罚我，使我也成了权威，这真是一个十分有趣的怪圈。"

这句话瞬间就将遥不可及的、神秘的物理学家变成了令人感觉亲近的平常人。

美国前总统乔治·布什也是一个十分善于进行自我调侃的人。

布什在美国第57届广播电视记者协会晚宴上做了"我给英语带来了什么？"的即兴演讲。在演讲过程中，他列举了许多自己在曾经的演讲中出现的低级的语法错误，博得了观众的阵阵善意的笑声。演讲最后他还颇为自豪地说："你们说那又有什么大不了的呢？生活还在继续。我夫人和我女儿照样还爱着我。我们的军队依然在保卫边疆。美国人还是会在早晨起床去上班。人们仍旧出门玩得开心，就像我们今晚过得那么愉快一样。"

通过这段精彩的演说，布什告诉听众：总统也是普通人，也有不好的语法习惯，也不总是不苟言笑的。这样他就成功摘掉"总统"这个"高帽子"，和听众站在了一起。

布什不仅习惯调侃自己，而且喜欢调侃他的智囊团。

在耶鲁大学接受名誉博士学位时，他这样勉励和他一起获得学位的同学："最应该恭贺的是第21届的全体毕业生。我要对你们中间成绩优秀的人说，你们干得非常出色；同时，也要祝贺成绩C等的同学们——你们也有可能成为美国总统。耶鲁的学位是很有价值的，我经常这样提醒迪克·切尼——他曾经在这里读过书，只是离开得早了点儿。所以大家要明白了：如果你从耶鲁毕业的话，你能成为总统；如果你中途退学的话，你就只能成为副总统了。"

这样巧妙的调侃不仅达到了演说的目的——鼓励所有的同学们，成绩不能代表一切，不管曾经的成绩如何，都要自信地踏入社会，创造新的成绩。而且幽默地讲述属于白宫内部的"日常生活"，极富情趣。

幽默训练心得

当每一位公民被笑所征服时，他就置身在一种和睦的气氛中，从而真正领悟到幽默的内在含义。笑，往往有助于人们的理性认识和道德评价，它是知、意、情的复合，也是真、善、美的统一。讥讽的笑，是通过对丑的否定来间接地肯定美；而赞美的笑，是以愉快，欢悦的感情来肯定美。

10. 幽默结尾，余音绕梁回味无穷

有一年，全国写作协会在深圳罗湖区举行年会。开幕式上，省、市各级有关领导论资排辈，逐一发言祝贺。轮到罗湖区党委书记发言时，开幕式已进行了很长时间。于是他这样说："首先，我代表罗湖区委和区政府，对各位专家学者表示热烈的欢迎。"掌声过后，稍事停顿，他又响亮地说："最后，我预祝大会圆满成功！我的话完了。"他以迅雷不及掩耳之势结束了演讲。听众开始也是一愣，随后，即爆发出欢快的掌声。

从"首先"一下子跳到"最后"，中间省去了其次、第三这样的讲话，言简意赅，出人意料，达到了石破天惊的幽默效果。确实是风格独具，别出心裁。

俗话说"编筐编篓，全在收口"。结尾是对整个演讲的总结，它承担着收拢全篇的任务。因此，其意义非常重要。演讲要获得全面成功，一定要精心设计好精彩的结尾。

鲁迅先生在结束《在上海中华艺术大学的演讲》时这样讲道："以上是我近年来对于美术界观察所得的几点意见。今天我带来一幅中国五千年文化的结晶，请大家欣赏欣赏。"话刚说完，他就把手伸进了长袍，在大家好奇的关注中，发现他慢慢地从衣襟上方伸出了一卷纸。就在大家仍然摸不着头脑的时候，鲁迅先生把那卷纸缓慢打开。呈现在大家面前的居然是一幅破旧的月份牌！原来这就是鲁迅口中的文化结晶。霎时间全场爆笑。

鲁迅先生在恰到好处的动作表演以及幽默的悬念设置下，让演讲在大家的爆笑中拉下了帷幕。相信即使大家会忘记鲁迅演讲的内容，也不会忘记鲁迅演讲时候的幽默。这就是幽默结尾带给演讲者的回馈。

所以说结束语是演讲的重要组成部分，幽默的结束语能使演讲收到意想不到的效果。通常情况下，结尾不应冗长拖沓，更不能画蛇添足，而要在达到高潮时戛然而止，给听众以余音绕梁、回味无穷的感觉。结尾时要尽可能达到与听众感情上的交融，引起听众的共鸣。在把握好分寸的前提下，满腔热情地提出希望、要求和建议。

在一次演讲中，老舍先生开头说："我今天给大家谈六个问题。"接着就开始第一、第二、第三、第四、第五，井井有条地谈着。这时他发现会议的时间不多了，于是他提高嗓门："第六，散会！"听众先是一愣，接着就欢快地鼓起了掌，大家都十分敬佩老舍先生的幽默。

老舍先生知道已到散会的时间，没有再按事先准备的去讲，而是选择时机戛然而止，既幽默又利索。

曾经有人说过："我把文章刊登在最受欢迎的地方，任务就完成了，而在演说上，当听众达到最愉快的顶点，你就应该设法结束了。"

讲演中，精彩而幽默的结尾要求大致可以归纳成以下两点：

（1）强化印象，结束全篇

当演讲基本完成，听众对你的观点、态度以及讲述的有关知识基本上已经掌握时，就应该考虑"收口"了。幽默"收口"将从视觉上、听觉上给听众留下最后印象，将在听众的大脑屏幕上"定格"，并直接决定听众对整个演讲的印象。精彩、幽默的结尾往往能弥补一些不足，强化听众的总体印象。只要我们留意一下，便会发现古今中外的演讲家对结尾都是很重视的。

（2）言简意赅，耐人寻味

伟大的歌德曾这样欢呼新时代的到来："宽恕我吧，渗透着时代精神，这是莫大的乐趣。看呀，从前的智者是怎样思考的，而我们最后却远远超过他们。"歌德结尾的演讲简单生动，耐人寻味。

因此，精彩的演讲结尾不要重复、松散、拖沓、枯燥，应尽量避免那种人云亦云的客套式的结束语。结尾幽默生动应该是演讲者追求的目标。

幽默训练心得

如果说好的演讲开头犹如"凤头",那么好的演讲结尾就像"豹尾"。豹尾者,色彩斑斓而又强劲有力。演讲的结尾要既有幽默文采又坚定有力,既概括全篇又耐人寻味,这样才能使全篇演讲得以升华,收到良好的效果,才能够让听众们在笑声中感觉到意犹未尽。

第8天

幽默解围课——化解尴尬的幽默艺术

遇到窘境不急躁,我且开怀一笑之

1. 不卑不亢，幽默让你从容应对

清代著名学者纪晓岚机巧善辩，才智过人。有一次，乾隆想开个玩笑为难纪晓岚，便问他："纪爱卿，忠孝怎么解释？"

纪晓岚答："君要臣死，臣不得不死，为忠。"

乾隆立即说："我以君的身份命你现在去死！"

"这……"纪晓岚没料到皇上竟然会这么说，只好说"臣领旨！"

"你打算怎样死？"

"跳河。"

"好，去吧！"

但纪晓岚走了一会儿，又跑回来了。

乾隆问："纪爱卿，你怎么没死？"

纪晓岚答："臣碰到了屈原，他不让我死。"

"此话怎讲？"

"我到河边，正要往下跳时，屈大夫从水里出来，拍着我的肩膀说：'晓岚，这就不对了，想当年楚王是昏君，我不得不死。你应该先问问当今皇上是不是昏君，如果皇上说是，你再死也不迟啊！'"

就凭这一句，不仅拒绝了皇帝的"圣旨"，也化解了困境。一场尴尬就在轻松幽默中消失。

在社交场合，由于自己的不慎，有时我们会使自己处于比较难堪的境地，如果遇到了缺乏教养、不怀好意甚至是对我们有敌意的人，也会致使我们陷入比较难堪的困境。在这种情况下，如果我们抽身而退，固然可以逃离困境，但当了逃兵，总是不光彩的，也会给自己日后的社会交往带来消极的影响。

飞行中的客机因气流震荡，突然发生了一阵剧烈晃动。座舱中的乘客们惊慌失措，大声喧哗。这时，一位空中小姐从驾驶舱走出来，微笑着对大家说："请女士们、先生们不要惊慌，飞行一切正常。刚才的情形只不过是因为患感冒的驾驶员打了一个喷嚏而已。"

当旅客在万里高空中飞行时，他们最希望的恐怕就是平安到达目的地了。面对乘客们的惊慌失措，这位空姐选择了一个轻松俏皮的幽默来缓和乘客的心情。对乘客来讲，此时镇定是最重要的，而空姐从容、机智的幽默正是一剂镇静剂。可以想见，这个小幽默远比程式化的请旅客保持镇静要有效果得多了。

类似这样的难堪局面总是突如其来，让人无法提前加以防范。但幽默感强的人却往往能轻松过关，给我们留下许多逸闻，使我们津津乐道。

某次国际会议上，一名美国官员看到周总理使用的是派克牌钢笔，便不怀好意地说："周先生，您作为中国人民的优秀儿子，为什么还使用着我们美国生产的钢笔呢？"

周总理笑着回答道："这是抗美援朝时期我国一位将军从美军那里缴获的战利品，我认为很有纪念意义，所以就一直带在身边。"

周总理以幽默的话语含蓄地回击了对方的挑衅，也让对方能有自知之明地让刁难就此打住。政治人物的幽默在表意之余有一定的警示作用，周总理是出色的外交家，见惯了外交场合上的风云变幻，他在面对外国记者的蓄意刁难时，总能从容不迫地阐明自己的观点，让对方自食其果。

俗话说，"要在游泳中学会游泳"，我们也只有在社交中才能学会社交，在尴尬中才能学会应对尴尬，在幽默中才能学会幽默。

要大胆地去实践。不经过实践的检验，我们就无法把幽默运用得更纯熟，就无法通过社交为自己拓宽生活的道路。

幽默训练心得

幽默是摆脱尴尬窘境的妙方。生活常给我们出些难题，学会了幽默，

可以巧妙地为自己和他人化解难堪，为生活增添更多的笑声，让人际关系更加融洽，既提高了我们的智慧，又可以充分地展示我们的人格魅力。

2. 假装糊涂，彰显幽默的力量

一个酒徒在外面喝酒喝多了，很晚才回到家。他忘记了带钥匙，于是只好敲门。

妻子怒气冲冲地打开门说道："对不起，我丈夫不在家。"

"那好，我明天再来。"

酒徒说完，装出转身要走的样子。

结果，妻子紧忙追上去把丈夫拉回了家。

丈夫借助假装糊涂的幽默技巧，化被动为主动，巧妙掩饰了自己的过失，得到了妻子的谅解。可是，如果你忘了某些特别的日子，比如妻子的生日，那妻子就真的会不高兴了。这时候，除了掩饰过失之外，你还必须明确地承认你的错误

莎士比亚在其著作《第十二夜》中，让主人公薇奥拉说出了这样一句话："因为他很聪明，才能装出糊涂人来。彻底成为糊涂人，要有足够的智慧。"

智慧有时就隐藏在假装糊涂的幽默中。在一些特殊场合，我们常常会碰到一些意想不到的事情，处理不好着实使人尴尬。遇到这类情况时，想要化解难堪，不妨假装糊涂，幽默应变。下面是俄国诗人普希金的一个"糊涂"故事：

普希金年轻的时候经常参加贵族们在家里举办的沙龙，不过，那时候的他还不是很有名气。有一次，在彼得堡一个公爵家里举办的舞会上，他

邀请一位年轻而漂亮的贵族小姐跳舞。这位小姐十分傲慢地说:"我不喜欢和小孩子一起跳舞。"普希金微笑着说:"对不起,亲爱的小姐,我不知道你现在怀着孩子。"说完,很有礼貌地鞠了一躬。

普希金用假装糊涂的办法巧妙地回击了无礼的贵族小姐,使自己体面地下了台。类似上面这种在突发情况下的假装糊涂,其实是一种高超机智的应变手段。我们再看看下面的这位女导演是如何运用这种手段的。

一次,拍完电影,演员们都去浴室洗澡了。这时有人给女主角打来紧急电话,女导演急忙去叫她。

片场一共有三间浴室是给明星专用的,一进门是更衣室,里面才是浴室,如果人在里面洗澡,外面的声音是听不到的。

导演不知道女主角在哪间浴室,情急之下推开了第一间浴室的门,哪知道却看到男主角正站在喷头下冲洗。

感觉到门开了,男主角的动作停顿了一下,女导演急忙转身,并赶紧把门关上。

"哦,对不起,李萍小姐!"

导演立即喊出了另一位女明星的名字,帮自己解困的同时也化解了男主角的尴尬,室内的男主角也灿然一笑。

这位女导演故意假装看错人的糊涂做法,是幽默的神来之笔。

故作"痴呆"所表现出的幽默是智慧的产物,因为它往往对一些人所共知的或简单易懂的现象作出荒诞的解释或发挥,将人引向另一个不易想到的荒唐的思路上。

我们不妨在适当的时候给朋友们来点糊涂的幽默:朋友脸红,可以建议他少吃点苹果;朋友脸黑,就建议他少吃点窝头。你越是把不可能的事情凑到一块,就越能显示出你的"痴呆"、幽默和智慧。

幽默训练心得

幽默感的缺乏很多时候是因为我们已经习惯于直截了当地就事论事,而实际上,如果在出现问题的时候直接对他人进行反驳,只会使自己更加

难堪。适当地装装糊涂，幽默一下，反而能够巧妙地解决问题。假装糊涂的妙处就在于对真、假、虚、实的灵活运用，有时候尽管自己很清醒，还是要装作糊涂来迷惑对方，这样才能巧妙试探出对方的真正意图。

3. 金蝉脱壳，用幽默摆脱窘境

有一天，一个社会地位显赫、狂妄自大的太太向萧伯纳发出了请帖，想邀请萧伯纳到家来做客。

请帖是这样写的："星期四下午四点到六点，我将在家。"

萧伯纳对她一向是敬而远之的，绝对不会前去拜访她。于是他在请帖底下添上简短的一行字："我也一样。"然后就派人将请帖给那位太太送了回去。

不明着拒绝对方的邀请，而是声明自己也将像对方一样待在家里恭候，拒绝赴约的意思已经十分明显了，这种金蝉脱壳的幽默技巧同样显示了萧伯纳在社交上的智慧。

在各种不同的社交场合，迅速摆脱自己所处的不利处境、活跃气氛、赢得尊重，都离不了幽默的独特作用。由于社交中突如其来的事情比较多，许多不曾预料的情况都会发生，因此要想使自己在社交中游刃有余，必须要有过人的智慧和极其迅速的反应能力。

记得一位幽默大师曾说过这样一句话："懂得幽默，能说幽默话的男人是最佳男人，长得丑一些是无所谓的。"幽默是一个人内在气质的表现，一个人内在气质的美，胜过外表的美。

有一次，几个朋友正在一家餐馆聚餐。一位朋友的妻子突然来到，不知为何，开口便大声训斥丈夫："你是世界上最卑鄙无耻的人！"

餐馆的顾客都注视着他们。当丈夫的迅速站起来扯开嗓子，指着供桌上的泥人叫道："说得好，老婆，你还对他骂了些什么？"

这位朋友真是妙招，他妻子的火一下就下去了。他这句话有多层意思，一是给老婆面子，暗示老婆不要太冲动，影响不好；二是让顾客知道他老婆不是在骂他，给自己留了面子。虽说大家心里明白是骂他的，但大家都只注意他的幽默感；再就是给了几个朋友面子。后来这位朋友的妻子反而同他们一起进餐，并真诚地向丈夫和他的朋友们表示歉意，这反倒给他们这次聚餐增加了欢乐气氛。

号称"无冕之王"的记者是非常擅长给名人们制造麻烦的，有许多名人都曾面对过记者的刁钻提问，经常有无法下台的烦恼。显而易见，如果应对不慎，就会使自己的形象大受影响。但那些充满智慧和才学的名人们却八仙过海，各显神通，给我们留下了不少风趣的故事和许多启示。

相声大师侯宝林到美国去访问。美国记者自然不会放过他，就提出了一个很刁钻的问题，来刁难侯宝林："里根是演员，当了美国总统，你也是演员，你在中国也可以像里根这样吗？"

这个问题可不好回答，既不能答"可以"，也不能答"不可以"。只见侯宝林稍一思索，就回答道："我和里根不一样，他是二流演员。"

侯宝林的回答妙不可言，既回避了做简单的"是"与"否"的回答，又充分肯定了自己的演艺才能，含而不露，令对方无懈可击。

经验告诉我们，遇到这种情况，只有自己才能救自己。用自己的智慧来展示自己的幽默，三言两语就能使自己摆脱困境、维护自己的尊严、给对方以有力的回击，从而也能把自己的人格魅力充分展现出来。

幽默训练心得

幽默是摆脱尴尬窘境的妙方。作为一个社会人，在与别人交往的过程中，难免会遇到一些尴尬的场合，在那种情况下，如果你能以幽默的方式来从容应对，令人紧张的气氛就可能消失得无影无踪。对方也许还会被你的魅力所吸引，被你的宽广胸怀所感动，进而钦佩你，真正接受你。

4. 失败有理由，幽默来辩解

史蒂文森是美国 20 世纪 50 年代的一位政治家，他曾两次与艾森豪威尔竞选总统，两次都败在艾森豪威尔的手下。但史蒂文森始终保持着幽默的作风与风格，即使在最失意的时候，他也不忘记幽默。因而，他即使是两度竞选失败，没有登上总统的宝座，也仍然取得了很大的成功。

史蒂文森第一次荣获提名竞选美国总统时，内心异常激动。他自己打趣道："我想，得意洋洋不会伤害任何人，也就是说，只要人不吸入这空气的话。"

当他竞选总统失败，在门口欢迎记者进来时，他仍以充满幽默的口吻，风趣地说："进来吧，来给烤面包验验尸。"

后来，有人邀请史蒂文森做演讲。他在去演讲的途中遇到阅兵的行列而使汽车受阻，耽误了时间。他到达会场时已迟到。面对耐心等待他到来的人群，他当即表示歉意，并解释说："军队英雄老是挡我的路。"

听众们知道，史蒂文森两次竞选的对手，都是艾森豪威尔将军这位"军队英雄"。因而史蒂文森所说的这句话，让听众心领神会，捧腹大笑。

其实，无论是谁，在前进的道路上总会碰到这样那样的困难和障碍，或是工作上的失意，或是家庭的困难，或是心理的不适。只要你面对挫折时，用幽默的方法排解失意，你就能激励自己战胜困难，增加勇气和信心。

一个人如果有了缺点或缺陷，这本不是件好事。但如果能够勇于自我暴露问题，揭露自己的缺点，明示自己的缺陷，便能显示一个人的坦诚和责任感，往往被视为可靠和勇敢的人，也会使自己显得豁达和自信，从而淡化缺点或缺陷。

苏联总统戈尔巴乔夫最爱讲一个关于他本人的笑话，用来嘲笑他自己改革前对苏联经济所作出的努力。

他在一次俄罗斯联邦大会上对记者说："有一个总统拥有一百个情妇，其中一个染有艾滋病，但很不幸，他分不出是哪一个；另一位总统有一百个保镖，其中一个是恐怖分子，但很不幸，他不知是哪一个。"

戈尔巴乔夫环视了一下周围的记者自我嘲笑说："而戈尔巴乔夫有一百名经济专家，其中有一个是聪明的，但很不幸，他不晓得是哪一个。"

戈尔巴乔夫曾想用经济改革的成就来挽救他政治体制改革的失败，但经过一系列的努力，仍无济于事。他在这里的自我嘲弄，实际上承认了自己对经济改革的无能。但这种自嘲的幽默方式非常有助于赢得人们的理解和原谅。

1972 年，美国总统尼克松访华时登长城，因腿病只上了三个台阶就无力再登了。

这时偏偏有位记者走过来，想"将"他一"军"："总统先生，你何不登上最高峰？"

尼克松笑了笑说："昨天我与毛泽东的会见已经是最高峰了，何必再来一次高峰呢？"

那位记者的问话是够刁钻的，让人猝不及防。可尼克松首先抓住了其诘难的关键词——"最高峰"，然后突破"长城最高峰"的本义局限，临时赋予其"最高领导人的会晤是出访的最高峰"的新义，一下子把举步维艰的局面转化了。

幽默训练心得

幽默一直被人们誉为是只有头脑聪明的人才能驾驭的语言艺术，而自嘲又被称作是幽默的最高境界。由此可见，能在自嘲中表现幽默的人必须是智者中的智者，高手中的高手。自嘲可以用来活跃谈话气氛，消除紧张；在尴尬中自找台阶，保住面子；在特别情形下含沙射影，刺一刺无理取闹的小人。

5. 将错就错，借力打力巧解脱

戚继光的"怕老婆"在他的军营中是很有名的。一天，他的部下鼓动他说："大将军，在沙场杀敌之时，您是威风凛凛，震破敌胆，怎么会被一个妇人吓倒呢？今日我们为您助威，您手执宝剑去吓她一吓！"

戚继光听部下这么一说，觉得不能在部下面前丢人，于是持剑奔向后院。经过第一道门时，他喊声如雷；进第二道门时，声音已经渐小；等冲进夫人的房间时，已经声细如蚊。夫人见是他冲进来了，吼道："喊什么呀，吵得很！"戚将军立即答道："我之所以高喊，是打算给夫人杀只鸡吃！"夫人听后，说："以后杀鸡不准大声嚷嚷。"

戚继光胆识过人，文韬武略罕逢敌手，他组建领导的"戚家军"让倭寇闻风丧胆，但他夫人的一句怒吼就让他如此战战兢兢。品味这种幽默，需要理解与智慧，断不可简单地把戚继光的"惧内"归结为胆小，其实这正体现了一个丈夫对妻子深沉的爱，对家庭的浓浓依恋之情。中国上下五千年的古老文明，造就了中国人重感情、重家庭的特点，也因此让"惧内"的幽默故事上涉帝王将相，下及黎民百姓。真是"惧内"面前，人人平等。

有时候，在大庭广众之下，我们难免会犯一些小错误，闹一些小笑话。这时候，不要惊慌，你可以用幽默帮助自己表达真诚，来避免大家的嘲弄。

雷莉·布丝是美国20世纪50年代的著名女演员。在一次重大的颁奖活动中，她急步登台，没想到在台阶上绊了一下，险些跌倒在地。全场观众都为她吃了一惊，有些人甚至笑了起来。只见她不慌不忙地稳住了身形，站在舞台中央，平静地说：

"女士们，先生们，你们刚才看到了，我是经历了什么样的坎坷才站到今天这个台上的。"

全场观众顿时掌声如潮。

这就是令人赞叹的机智和幽默。这位女演员所要讲的内容，可能事先排练过数十遍，轻车熟路，而上述的这句台词却是从来没有想过的。这就是临场发挥型幽默的困难之处，同时也是它的精彩迷人之处。

所谓失言，是指一个人说了不该说的话。通常都是无心之失，是不小心造成的，并且大多是可以原谅的。在日常交谈中，每个人都难免会有说漏嘴、说错话的情况，从而使自己陷入窘境之中。

有一个人在一次会议上和一位要人谈话，为了使谈话活泼轻松，便故作随意地说道："看那一位穿圆点花衣服的女人，看到她我就反胃！"

没想到对方这样说："那是我的太太。"

可想而知，当时那个人听到这话时该是多么无地自容。后来他说，自己一回想起这件事来心里就有点儿发毛。这也难怪，这样的窘境总是特别难以补救，但并不是所有的困境都是如此。

老师在学生的心中常常是无所不知的，特别是当这位老师成为学富五车的大学教授时。但当学生们问了老师也不知道怎么回答的问题时，老师用"不知道"这三个字恐怕不是最好的回应。如果这时能适时发挥一点幽默，不仅能够缓解自己的尴尬情绪，还能给学生留下一个幽默的好印象。

一位教授总是炫耀自己的学识丰富，老对别人说自己上知天文，下知地理。一天，一位学生为了为难这位教授，故意问道他有没有将《二十四史》全部读完。教授想了一会儿才回答："像《二十四史》这样的不朽著作，每人都应该在去世以前把它仔细研读完。但为了活得久一点，我还没有开始阅读。"

面对学生的提问，这位教授采用借力打力的幽默方式给出了自己的答案。相信他的这个回答，既给出了一个真实答案，但又让学生认识到了一个幽默的自己。正是有了适时的幽默，才让我们在无数个紧张、关键的瞬间，缓和了气氛，挽回了事态，使我们更能创造出轻松愉快富于智慧的生活。

幽默训练心得

果戈理有一句话："理智是最高的才能，但是如果不克制感情，它就不可能获胜。"如果我们在遇到尴尬的局面时总是心慌意乱、不能控制自己的感情，自然会穷于应付。这时，我们不妨来个将错就错。

6. 幽默助阵，提高应变能力

纪晓岚在编纂《四库全书》时，正值盛夏的一天，打着赤膊坐在案前。这时，乾隆突然驾到。衣冠不整见驾就有欺君之罪，更何况纪晓岚这副模样！他慌得连忙钻进桌子底下躲避。其实乾隆早就看到了，向左右摇手示意，叫他们别作声，自己就在纪晓岚藏身的桌前坐下来。时间长了，纪晓岚感到憋闷，听听外面鸦雀无声，又因桌围遮着看不见，不清楚皇上走了没有。于是低声问："老头子走了没有？"

乾隆心里又好气又好笑，故意喝道："放肆！谁在这里？还不快滚出来！"

纪晓岚没法，只好爬出来跪在地上。乾隆说："你为什么叫我老头子？说不出理由来，决不轻饶。"

纪晓岚从容答道："陛下是万岁，应该称'老'；尊为君王，举国之首，万民仰戴，当然是'头'；子者，'天之骄子'也。呼'老头子'乃至尊之称。"

乾隆笑道："卿急智可嘉，恕你无罪！"

本来纪晓岚用"老头子"来称呼皇帝是大为不敬的，可是经他这样机智地巧辩了一番，"老头子"竟变成了十分尊崇的意思。乾隆皇帝未尝不知他这是一种即兴胡诌，但却放过了他，显然是欣赏他的机智以及处变不惊的幽默趣味。

有幽默感的人往往思路敏捷、反应迅速，在复杂的环境中从容不迫，妙语连珠，常常能够凭借幽默的力量化险为夷。在生活中，每个人都难免遇到令人尴尬的人或事，而且因此陷入一种狼狈的境地。这时略施幽默来进行自我调节，便能抹掉困窘，扭转尴尬局面。

有一位叫阿芳的姑娘，虽然没有出众的容貌和迷人的身材，但为人性情开朗、正直幽默，许多人和她交往几次，就会被她的幽默所吸引。

一次，阿芳参加同学聚会，和同学们回忆着大学时代的美好生活。不料主人在招呼客人时，一不小心将一盆水打翻，全洒在了阿芳的脚上，把她那双新皮鞋泼湿了。主人不知所措，显得十分尴尬。阿芳却不慌不忙地说：

"一般人正常情况是洗脚之前先脱鞋。"

一句话，使满屋的人都笑了起来，难堪的气氛也一扫而空，大家更加佩服阿芳姑娘。

有时候，我们会陷入一种狼狈的境地。这时，我们可能惊慌失措，可能很愤怒，也可能十分沮丧。惊慌失措使人失去思考能力，愤怒使人失去对自己的情感的控制，而沮丧则导致人的精神处于消极的、无所作为的、听天由命的状态，而所有这一切都无助于我们从狼狈的境地中解脱出来。

这时候，客观情境的严酷需要我们把自己思维的潜在能量充分调动起来，超常发挥。而要做到这一点恰恰需要冷静、乐观，使自己的精神处于一种自由的、活跃的状态，也就是通常所说的急中生智。在这种状态下所说出的话语往往比通常情况下要聪明得多，也有趣得多。

幽默训练心得

幽默本身是一种对生活的态度，也是一个人智慧的表现。世上不存在完全没有幽默感的人，我们应该学会运用幽默提高自己的应变能力。首先，你要多涉猎各方面的知识；其次，你得放宽自己的心情，保持自己的乐观开朗，不要东想西想；再次，你在说话办事之前要稍微想一下，看看什么该说，什么是别人在和你开玩笑；最后，你一定要增强自信心，经常告诉自己，我是最快乐的，我是一个幽默的人……

7. 求同存异，达成一致也简单

丈夫喜欢钓鱼，也喜欢让妻子跟着去，让她见识自己高超的钓鱼技术。但她却不喜欢钓鱼，经常哀求丈夫："为什么你不像别人的丈夫一样，哪儿也不带我去？"因此丈夫特别羡慕在一起钓鱼的夫妻。

有一次丈夫碰到这样一对夫妻，就问那个男的："先生，你是怎样让你的妻子同你来钓鱼的？"他听了一愣，反问道："你是怎样让你妻子呆在家里的？"

夫妻间的爱好、兴趣不同是正常的，对方不喜欢做的事情，我们不能强求。不过，有些时候夫妻双方在某件事情上产生分歧时，还是可以采取求同存异的方法，通过适当的磨合达到意见一致的。

日常生活中许多生活琐事往往会引发大的干戈，其原因之一就是双方的话语中都缺少一种幽默的成分。如果在批评亲人的时候能采用幽默的方式，那么你的批评就已经成功一半了。例如：

妻子已经有两个礼拜没有打扫房间的卫生了。丈夫对妻子的懒惰和邋遢十分不满，就对妻子说："亲爱的，上星期你工作很忙，没有时间做家务，如果这个星期你仍然忙的话，我还可以替你再做一周家务。"

丈夫这样做就比严厉地指责妻子懒惰与疏忽大意委婉很多，也更容易被对方接受。

威尔罗哲士深知人与人交往中求同存异的重要。他曾经说："将来我的墓志铭要这样写着：'我对当代每一位杰出人物都开过玩笑，但是我从来没有遇见一个我不喜欢的人。'"

结了婚的人更有必要掌握这种求同存异的幽默技巧，以保证夫妻和睦和家庭安定团结。下面是一位男士的话：

"我太太和我尽管有所不同。但是我们经常如加州人在地震过后说的话那样相互调侃：'虽然都是你不好，但是我依然爱你如昔。'"

就像国际关系中不同国家的求同存异需要一定的基础一样，夫妻之间的求同存异也是建立在一定的基础之上的。所不同的是前者以利益为基础，后者以夫妻之爱为基础。很多时候，夫妻两人在想法、兴趣等方面都会存在一些差异。

有一位先生对朋友说："我太太和我总想不到一块儿去。我们手头有一笔钱，她想要一件新的真皮大衣，而我想买一部新车子。最后我妥协了，我说：'买一件真皮大衣，然后把它收到车库里去吧。'"

这位先生和他的太太当然不会真的把一件真皮大衣收到车库里。表面上两个人的愿望都没有实现，实际上却是丈夫通过幽默的方式向太太妥协了。他们通过幽默的方式解决了问题，避免了夫妻各自为政的局面。所以，当夫妻之间有什么不同意见时，不妨幽默一些，在笑声中宽容对方与己的不同之处，在笑声中驱散不睦的阴霾，使阳光重回生活里。

幽默是家庭生活中的必备品，没有幽默的家庭往往缺少欢声笑语。作为家庭中的一分子，我们有责任让家庭生活变得更轻松，更有意义，让我们的亲人因为感受到我们的爱和关怀而更加幸福。适宜的幽默，会使家庭生活更加和谐美满，让家中充满欢声笑语。

8. 随机应变，让难堪一扫而光

一次，妻子因为外出办事走得太匆忙，忘了把家中的火炉封好。当她回来的时候，火炉已经灭了，她感觉有些累，就没顾上生火，趴在桌上睡着了。丈夫回到家里，进门见冷锅冷灶的，就十分生气，愤愤地说："真是个活死人，把火都看灭了！"妻子听了这句话，没有生气，反而心平气和地说："别发火了，火再大，也点不燃炉子啊！"丈夫余怒未消，仍愤愤地说："你呀，要没有我，恐怕要去讨饭吃。"妻子马上附和道："这也是我不愿离开你的原因呀！"丈夫一听此话，终于笑了。

这是一个非常聪慧的女人，丈夫的指责无疑让她陷入了难堪的处境，但她并没有针锋相对地反驳，也没有强词夺理地狡辩，而是用小幽默表达自己的歉意，在笑声中获得了丈夫的原谅。

当我们在生活中遇到难堪的局面时，不妨试着从多个侧面、多个角度去寻求解决的办法，使自己的思维向多个方向发展，直到找到一个既机智又幽默的表达方式，使自己摆脱困境。

无论何人，只要充分运用自己的智慧，随机应变，用幽默的言辞缓和窘境，都是一种成功。幽默能化冲突为喜悦，变危机为幸运，即使在充满火药味的场合，也可以成为最佳的缓和剂，帮助你摆脱困境。

妻子比较好胜，邻居张辉家有什么她就一定要有什么。

一天，她问丈夫："你知道张辉家最近又添置了什么吗？"

丈夫回答道："一套新家具。"

妻子满不在乎地说："我们也添套新的！"

丈夫又说："他家还购买了一台松下牌等离子大彩电呢！"

妻子眉飞色舞地说："小意思，咱们家也买一台！还添了什么呢？"

丈夫面露尴尬，说："张辉最近……我不想说了。"

妻子不高兴了，问道："为什么？怕比不过他吗？"

丈夫难为情地说："他另外找了位漂亮的妻子。"

妻子这时候无话可说了。

妻子这时的无话可说，其实是丈夫有意识引导的结果。聪明的丈夫通过巧妙的话语暗示妻子一连串的追求不切现实。相比直接反对妻子的观点，这种步步深入的归谬法，逐步诱导其发现自己观点的错误，既缓和了气氛，又避免了尴尬。

小王驾驶的货车在公路上行驶，边跑边放音乐。后面来了一辆小车，鸣笛几次，由于笛声不响，车上噪声又很大，小王和他的同伴都没有听见，他把小车压了好长一段路。终于，小车瞅机会超过了小王的车，便在小王的前面停下挡住了去路，小车上的几个人下车后，对小王他们又是指责又是骂。小王的伙伴们也不示弱，眼看一场械斗就要开始。这时，小王很冷静，他下车走上前去，边脱衣服边大声说：

"同志们，我今日虽然不是有意压小车，但是给大家带来了麻烦，该打。我脱了衣服，让你们打得方便，要求你们打轻点，打快点，打了大家好赶路。"

小王这么一说，反而把大家逗笑了。大伙都说"算了"，各自走路。

小王利用以柔克刚之法，将责任揽到自己头上，幽默中透出真诚，既避免了难堪，又化解了矛盾。

◁◁◁ **幽默训练心得** ▷▷▷

我们常说："天有不测风云，人有旦夕祸福。"很多事故的发生是我们都不愿看到的，但如果发生了，我们也没有必要悲观失望。只要我们换个角度去想想，就会发现困难中也蕴藏着新生的希望；只要我们不放弃幽默的力量，勇敢地笑对人生，就定能再次振作起来，昂首前行。

9. 自嘲诡辩术，窘境中寻活路

一位工程师十分"惧内"，堪称是模范丈夫。一天，几个朋友打算去他家一探究竟。刚进屋，就听见妻子像架机关枪一样对他数落不停。这时，他自我解嘲地说对朋友们说："听习惯了，就像听 rap 一样。"经他这么一幽默，朋友们和他的妻子都开怀大笑起来。

一笑之余，我们清晰地看到了丈夫对妻子浓浓的爱意，也看到了机智的丈夫对老婆做出的诙谐幽默的反击。这位丈夫虽有怕老婆之名，但能处处体恤妻子，包容妻子，此种气度正显示出大丈夫本色，不愧为丈夫中的楷模。这个家庭也正因为有这样的男人，才有了无穷的幸福快乐。

自从《喜羊羊与灰太狼》在全国热播后，社会上开始流行"嫁人就嫁灰太狼"的说法。在女性观众心中，灰太狼是个典型的"妻管严"，是个十足的好男人。

男人征服世界，女人征服男人。横扫欧洲的拿破仑最终还是拜倒在女人的石榴裙下。好男不跟女斗，能屈能伸的大丈夫最终还是用幽默给家庭带来快乐。

窘中求趣，是一种愿望，但如果没有勇敢的、超乎常人的奇特的想象，那也只是愿望而已。而有了这样的想象却不善于在想象中借助偶然的因素来构成某种歪曲的推理，也是很难成功的。奇特之妙，就在于颠覆常规的逻辑性。

当一个竞选者身陷反对者的包围时，其境况的窘迫是可想而知的，但聪慧者往往能化解困境。下面摘录了三人化解困境的言语：

第一个人说："谢谢你们，要不是你们的支持，我不可能当选。"

第二个人说："很感谢各位，要不是你们反对我的一些鸡毛蒜皮的事，我早就落选了。"

第三个人说："很感谢各位，你们那样反对我也没有把我送上断头台，要不然我即使获胜，也会没头没脑地站在这里。"

很显然第三个人的幽默意味更强。因为它除了更加荒谬以外，还更像一种歪理，这得力于"没头没脑"的双关语，使整句话具有了一种荒诞的逻辑性。

在民间传说中有一位我们大家都耳熟能详的幽默大师阿凡提，在极端的困境中他常以机智取胜。

阿凡提想进一座锁了门的果园，他用梯子爬上果园的篱笆，又把梯子搬进园里，再沿着梯子下去。刚一下梯子就看见园丁在瞪着他。园丁问："你是谁？到此有何贵干？"

阿凡提说："我是卖梯子的。"

园丁说："怎么跑到这里来卖梯子？"

阿凡提说："老天爷，难道你不知道梯子是到处都可以卖的呀！"

机智使阿凡提摆脱了偷盗的嫌疑。他的妙处不是荒诞，而是很现实，现实倒是真实的。如果说窘境中的幽默可以"无理而妙"的话，那么窘境中的机智则非得"有理而妙"不可。

自嘲诡辩术，就是利用人们的心理特点，当自己陷入窘境时，自我超脱，采取自嘲自讽，自贬自抑的方法，嘲笑自己的缺点，嘲弄自己的缺陷，贬低自己的优点，以此作为摆脱窘境的良方。

10. 化解窘境，维护个人形象

一次，美国总统里根在白宫钢琴演奏会上讲话时，夫人南希不小心连人带椅一同跌落在台下地毯上，观众顿时发出惊叫声。在200多位观众的注视下，里根夫人急忙灵活地爬起来回到了座位上。正在讲话的里根见夫人没有受伤，便插入一句俏皮话："亲爱的，我告诉过你，只有在我没有获得掌声的时候，你才应该这样表演。"顿时，掌声一片。

里根依靠他那超群的能力和胆识，机智而又幽默地化解了妻子南希和自己的尴尬，维护了双方的形象，同时又活跃了会场上的气氛，为演奏会增添了一个耐人回味的小插曲。

幽默是智慧的迸发、是善良的表达、是交往的润滑油、是我们人生的松弛剂，它更是一种胸怀、一种境界。正如王蒙所说："幽默是一种成人的智慧，一种穿透力，一两句就把那畸形的、讳莫如深的东西端了出来。既包含着无可奈何，更包含着健康的希冀。"幽默和智慧的语言是人际交往中无往不利、无坚不摧的利器，智慧的语言能折服人，幽默的语言能愉悦人，这都要透过生命过程中不断地阅读、学习和历练来达成。也正因如此，幽默的智慧是我们在生活历练中所提炼出来的领悟。

对于如何摆脱窘境，我们可以试着采用以下方法。

（1）假装习以为常

美国总统里根和加拿大总理皮埃尔·特鲁多是老乡，因此在美加外交关系上，两位首脑也就没少利用这个优势"求同"。特鲁多曾特意请里根到自己的老家，并以老乡身份盛情款待，席间，宾主不亦乐乎，其乐融融。

在里根以美国总统的身份第一次访问加拿大期间，他自然少不了演说。可加拿大的百姓一点儿也不欢迎这位总统，举行反美示威的人群不时地打断这位明星总统的台词，让特鲁多深感不安。里根倒是很洒脱，笑着对陪同的特鲁多说："这种事情在美国时有发生，我想这些人是特意从美国赶到贵国的，他们想使我有一种宾至如归的感觉。"紧皱双眉的特鲁多顿时眉开眼笑了。

（2）顾左右而言他

一天晚上，玛丽和丈夫、婆婆一起去看电影。在他们欣赏着电影时，一段男女在卧室欢爱的露骨镜头出现在银幕上。

玛丽极难为情，她想婆婆这时一定会想些什么。

就在这时，眼盯着屏幕的婆婆开口道："多好看的被单！真想知道她是从哪儿买的！"

（3）一笑泯怨仇

在一个宴会上，一位诗人和一位将军坐在一起，将军不喜欢诗人，对他很冷淡。每当女主人谈起诗的时候，将军就皱起眉头。

宴会进行到一半时，女主人说："我这位诗人朋友现在要为我作一首十四行诗，并且当场朗诵。"

聪明的诗人推辞说："哦，不，好心的太太，还是让我们的将军来发一枚炮弹吧！"那位将军一下子乐了，举起酒杯，提议跟诗人碰一杯。此后，直到宴会结束，将军和诗人都谈得非常投机，两人由此成为了好朋友。

相逢一笑泯怨仇。豁达、自然、轻松的幽默方式可使相互之间的矛盾变得缓和，避免出现令人难堪的场面，化解彼此之间的对立情绪，使复杂的人际关系变得和谐。

幽默训练心得

　　幽默具有神奇的力量。在生活中，能不能运用幽默这种力量化解交往中的窘境，是对人们的一种挑战和考验，因为它能折射出一个人的应急处事能力，表现其内在修养和气质。

第9天

公关谈判课——做优秀的公关大师

谈判是一场战役,幽默是一种武器

1. 轻松入题，谈判气氛你来掌控

1943 年，英国首相丘吉尔和法国总统戴高乐由于在叙利亚问题上产生了分歧，便两人心存芥蒂。直接原因是戴高乐宣布逮捕布瓦松总督，而此人正是丘吉尔颇为看重的人物。要解决这一件令双方都颇感棘手的事，只有依靠卓有实效的谈判会晤了。

丘吉尔的法语讲得不是很好，但是，戴高乐的英语却讲得相当流利。这一点，是当时戴高乐的随员们以及丘吉尔的大使达夫·库柏早就知道的。这一天，丘吉尔是这样开场的。他先用法语说道："女士们先去逛市场，戴高乐与其他的先生跟我去花园聊天。"然后他用足以让所有人听清的英语对达夫·库柏说了几句话："我用法语对付得不错吧，是不是？既然戴高乐将军英语说得那么好，他完全可以理解我的法语的。"语音未落，就赢得了戴高乐及众人的哄堂大笑。

丘吉尔的这番幽默消除了谈判双方参与人员的紧张情绪，营造了良好的会谈气氛，使谈判能在和谐互信中进行下去。

一般在谈判开始时，要注意礼貌地问候对方，轻松地引入谈判的话题，要讲究策略，有理有节，求同存异。必要时运用一些幽默诙谐的语言，调节一下紧张沉闷的空气，放松一下绷得过紧的心弦，营造一种轻松愉快的气氛。

谈判双方站在各自的立场，为争取各自的利益努力是无可厚非的。但如果你固执地认为，谈判就不可能轻松愉快地进行，那你就走进了一个谈判的误区。如果你总是一副严肃的面孔，以极其认真的态度上来就"言归正传"，没有一点活泼的气氛，就会让谈判场所显得死气沉沉、闷不可言，给人一种压抑的感觉。这样就会造成多次的暂停、休会，甚至会出现满足双方利益的灵活方案少、缺乏有建设性的提议、达成协议的日期一推再推等情况。因此，谈判时应该主动去营造良好的谈判气氛。

某个警匪电影中有这样一段谈判专家与匪徒的对话：

匪徒："你怎么来得这么慢，你们是不是想拖延时间？"

谈判专家笑着说："不好意思，堵车嘛！"

轻松愉快的气氛能缓解谈判中的紧张情绪，激发人们的想象力，增进人们的感情。在良好的氛围下，人们更容易互相理解、互相尊重，也更容易获得彼此的支持和关注。反之，沉闷抑郁的环境，则很容易滋生猜忌和隔阂。

幽默有一种神奇的力量：当气氛剑拔弩张时，一个适时的幽默可以让大家握手言和；当谈判遇到阻滞时，一个适时的幽默可以促使谈判继续进行。这时的幽默不仅让人开心，更是成为了我们生活中的有用帮手。

汤姆作为丈夫总是处处让着妻子，导致妻子的脾气越来越易怒。一天，汤姆决定找妻子谈一谈。他说道："我才是一家之主。我决定大事，你管小事。知道吗？"妻子瞪着汤姆说："你什么意思？"汤姆连忙回答："你管家里应该买什么，假期应该到哪里游玩等小事。我管我国的外交政策、首相出访等一系列大事。"妻子一听，扑哧一声笑了，谈判气氛立即缓和。

夫妻间的谈判一定要有点俏皮的成分在里面才能取得好的效果。面对妻子的逼问，聪明的丈夫是不会直接反驳的，只需要像上文中的丈夫一样，适时的顺势幽默一下。气氛一缓和，接下来的话就好说了，让爱情也会变得更加甜蜜。

幽默训练心得

在谈判中，不能营造良好的谈判气氛，就好像机器缺少"润滑剂"一样，会给人很别扭的感觉，更谈不上有效地减少双方心理障碍，反而会给双方沟通增加困难，甚至可能使谈判破裂。

谈判是一场战役，幽默是一种武器

2. 公关幽默，与客户拉近距离

小慧是一家餐厅的服务员。

一天，一位穿着讲究的男士走进餐厅，小慧问他吃点什么，他回答说要一份带有土豆和蔬菜的鸡。

小慧刚准备离开，他突然说："是烤鸡。"小慧点头，表示知道了，然后就向厨房走去。但是，这位男士又叫住她，说："请不要做太多，也不要做太少，一定要做得嫩一点。"小慧顺从地回答道："是的，先生，我这就去告诉厨师。"

小慧再次向厨房走去，但是这位男士再次叫住她说："哦，我差一点忘了，我喜欢鸡腿。"小慧回答说："先生，我都知道了，只是我不知道您是喜欢左腿还是右腿？"这位男士不好意思地答道："那就随便吧！"

在商务活动的许多环节中，利用幽默对待顾客也是一种艺术。巧妙地用幽默对待顾客，可以达到化解不利、改变气氛的目的。

作为服务人员，需要面对形形色色的顾客，其中不乏有提出苛刻要求的客人。这时候，善用幽默的人能不直接表达对对方所提苛刻要求的不满，而是按照对方的思路，用幽默的方法对顾客进行劝说或反驳，既可以减少与顾客的摩擦，又让商务活动更顺利地进行。

在商务活动中，当顾客表现出疑虑的情绪，我们可以用幽默来化解。这样可以为商业活动营造良好的气氛，增进与顾客的感情，更容易达到商务活动的目的。

推销员汤姆在一次推销 T 型绘图尺的活动中宣传道："大家看呀，这些 T 型绘图尺是多么牢固，任凭你怎么折都不会折断！"为了证明尺子的坚固程度，汤姆捏着一把 T 型绘图尺的两端使劲地想把它折弯。突然

"啪"的一声，他手中的尺子断成了两截。

人们的目光中流露出疑惑的神色，有人甚至走了出去。很显然，人们对尺子的质量感到怀疑。

汤姆见状，又把折断的尺子高高地举了起来，大声说道："女士们，先生们，这就是T型绘图尺内部的样子！"人们"哄"的一声笑了起来。虽然他们还有疑虑的情绪，但在汤姆的幽默感染之下，还是有不少人买了尺子。

普通人遇到这种情形，难免会慌乱失措，但汤姆没有，他用幽默巧妙地化解了这一尴尬。如果每一位推销员都有汤姆这样的幽默机智，又何愁产品销路不畅呢？

疑虑会使顾客产生不快，给商业活动带来不必要的麻烦。此时，商务人员的一句幽默话语也许就能令顾客会心一笑，让疑虑化为乌有，从而争取到与顾客的合作。

在一个汽车展示会上，一对年轻夫妇对一辆汽车的价钱颇有质疑。

"这几乎等于一辆大卡车的价钱了！"太太抱怨着。

"当然，如果您喜欢大车的话，同样的价钱，我可以卖给您两台大型拖拉机。"

销售员运用幽默技巧表达了他所推销的小型车是物有所值的，巧妙地回应了顾客的抱怨。在令顾客发笑的同时，轻松获得了顾客的认同。

到底如何使用幽默这个有力武器来争取到与客户的合作机会呢？下面有几点建议：

在开口之前先试着判断客户是哪种类型和风格的人。正确的幽默对你的帮助有多大，错误的幽默对你的损伤就有多大。

巧妙地插入幽默的谈话会使顾客很快喜欢上你。但要提醒的是：任何时候都不适于对不熟悉的人使用政治、种族或宗教幽默。

你也可以讲一讲个人经历而不是瞎编乱造一些无厘头的幽默故事。比如你在办公室里、在家里或者小时候的趣事。你还可以把幽默故事记录下来，这样你在下次同客户谈话时就能很快地记起有关上次谈话的内容。

你还可以把问题变成机会。比如你想在电话中用30秒介绍一下产品。顾客问："怎么收费？"你可以说："噢，这个电话是免费的。"轻松幽默的氛围的确有利于你成功地推销产品。

在商务活动中，一个人如果能够拥有幽默的口才，他就会利用适当的"巧言妙语"展开业务，并把话说到顾客的心窝里，从而让自己的语言更能贴近顾客，促进商务活动进一步展开。生意场上，强手林立，竞争激烈，如何赢得顾客，使营销成功，这里面大有文章。运用机智，巧用幽默，将使你赢得顾客的信服，从而旗开得胜、生意兴隆。

3. 明争暗斗，谈判桌上的"硝烟"

美日之间有过一场著名的商业谈判。当时，三名日本航空公司代表与美国某公司的经理进行业务洽谈。美国经理表现得精明能干，两个半小时中滔滔不绝，以各种数据材料论证他们的开价。同时，几个日本商人则一言不发地呆坐在那里。

最后，美方经理认为已经做了充分的论证，自信能够争取到有利于自己的价格，这才充满希望地问日本人：

"好啦，我说完了，你们有什么想法？"

"不好意思，我们没听懂。"日本人很有礼貌地回答。

美方傻眼了："你们什么意思？没听懂？具体哪个地方没听懂？"

"太多了，不好统计。"日本人彬彬有礼地要求，"你能再给我们讲一遍吗？"

本来斗志昂扬的美方经理被当头泼了一瓢冷水，自己的长篇大论都白说了，而再次陈述两个半小时显然是不可能的。无奈之下，美方经理只好同意降低价格。

在谈判中，有时会遇到那种气势逼人的对手，他们大多固执己见，坚持明显不正确或不合理的要求。这时我们可以打破常规思维，从一个人们意想不到的角度提出一个荒唐的意见，使对方在发笑的同时，明白自己见解的不妥。这时我们再趁热打铁，就能取得谈判的胜利。

价格问题是商业谈判中最关键的一环，谈判双方常常在这个问题上争执不休、相持不下，都想最大限度地争取到有利于己方的价格，这是商业谈判的必然趋势。

我们来看两个以幽默的方式取得讨价还价成功的例子。

世界上第一位女大使柯伦泰代表苏联在一次和挪威商人谈判购买挪威鲱鱼时，挪威商人出价高得惊人，她的出价也低得令人意外。双方开始讨价还价，在激烈的争辩中，双方都试图削弱对方的信心，互不让步，谈判陷入僵局。

最后柯伦泰笑笑说："好吧，我同意你们提出的价格。如果我的政府不批准这个价格，我愿意用自己的工资来支付差额。但是，这自然要分期支付，可能要支付一辈子。"

挪威商人在这样一个谈判对手面前没办法了，只好同意将鲱鱼的价格降到柯伦泰认可的范围内。

柯伦泰同意对方的要价是假的，她虚晃一枪只是为了让对方明白：这样的高价苏联政府根本不会批准，即使她个人让步也是没用的。

当我们为了达到某种目的或想要获得某种利益，需要和有关方面达成一致意见时，就要和对方进行商谈。谈判的双方要相互尊重。不管双方代表在个人身份、地位上有多大差异，他们所代表的组织在力量、级别等方面有多么悬殊，一旦走到谈判席上，大家就都是平等的。

但是，有的谈判代表自恃地位高贵，或背后实力强大，在会谈中总是傲慢无礼，对另一方挖苦攻击，试图在气势上压住对方，迫其屈服；也有的代表自身涵养不好，当谈判不顺利时便会恼羞成怒，对另一方侮辱谩骂。在此类情况下，如果想要不辱使命、不失气节，又不致激化矛盾，使谈判破裂，被攻击的一方可以使用幽默的语言回敬无礼的一方，煞住其气焰。

一位富翁请一位犹太画家为他画肖像。这位犹太画家精心地为富翁画好了肖像，但富翁却拒绝支付曾经许诺的 5000 元报酬。犹太画家找上门去和他谈判，富翁却死不认账，理由是："你画的根本不是我。"犹太画家争论不过他，只好暂时忍耐。

不久，画家把这幅肖像公开展览，题名为《小偷》，引起了轩然大波。富翁知道后，万分恼怒，打电话向画家抗议。"这事与你有什么关系？"画家平静地说，"你不是说过了吗？那幅画画的根本就不是你！"最后富翁不得不买下这幅画，改名为《慈善家》。

这个故事其实包含了两场谈判。第一场谈判中，面对富翁的死不认账，犹太画家无计可施；但第二场在电话中的谈判他却赢得漂亮。当对方不愿意履行承诺的时候，当你的劳动成果就要付诸东流的时候，你要冷静地对待所遇到的事，找到对方的要害，用最巧妙、最经济的方式迫使对方就范。

幽默训练心得

有一个"抽走瓦斯"理论，就是当谈判双方敌对的立场愈来愈尖锐、火药味愈来愈浓，好比弥漫着瓦斯，随时都有爆炸可能的时候，就必须设法抽走瓦斯。"抽走瓦斯"理论的三个原则是：以幽默抽走瓦斯；以休会或暂停抽走瓦斯；事先准备好调停人员，以便危急时抽走瓦斯。

4. 间接幽默，含蓄中传达道理

优旃是秦国的一位歌舞艺人，善于说笑话，但他的话里总是含有深刻的道理。有一次，秦始皇要大肆扩建御园，多养珍禽异兽，以供自己围猎享乐。这是一件劳民伤财的事情，但大臣们谁也不敢劝阻。这时能言善辩的优旃挺身而出，他对秦始皇说："好！这个主意很好！多养珍禽异兽，敌人就不敢来了。即使敌人从东方来了，下令让麋鹿用角把他们顶回去就足够了。"秦始皇听了不禁展颜而笑，并破例收回了成命。

优旃之所以能够成功地说服秦始皇，主要是因为间接使用了幽默的力量。从表面上看，优旃是赞同秦始皇的主意，而实际意思则是暗示秦始皇，如果按他的主意办事，国力就会空虚，敌人可能会趁机进攻，而麋鹿显然是没有能力用角把他们顶回去的。这样的幽默运用既保全了自己，又促使秦始皇不得不在笑声中醒悟，从而达到了他说服的目的。

在人际交往中，每个人都希望自己能拥有顺畅的人际关系。但是，当人们在企图说服别人做某事时，往往会很冲动地把自己的想法赤裸裸地表达出来，这样，自己的意见就很容易引起他人的疑虑或阻挠，无法达到预期的效果。

事实上，用大声吼叫或急促说话的方式来"降服"对方的情景随处可见，但这种方式往往很难获得成功。我们经常看到许多气势强硬的人摆不平的事情，却被某人三言两语的玩笑话化解了。这就是说话幽默、风趣的人往往比一般人更具感染力的原因。

现代社会是一个注重沟通技巧的的社会，相比咄咄逼人的说教，人们更愿意听到幽默的、让人发笑的劝解辞。正如某位名人所说："当我们需要把别人的态度从否定改变到肯定时，幽默的语言具有说服效果，它几乎是一种最有效的处方。"

一位居民向所居住小区的管理员反映楼上的小伙子生性好动，晚上也不闲着，影响他的睡眠。若直接去找，又怕小伙子不高兴。

小区管理员就在一次和小伙子闲谈时讲了马三立的笑话来暗示他：有个老头老失眠，每晚都很难入睡，而楼上住了一个经常上晚班的小伙子。小伙子每天下班回家，双脚一甩，鞋子"噔""噔"两下，重重地落在地板上，每次都将很不容易才入睡的老头惊醒。老头向小伙提了意见，小伙子表示接受。当晚小伙子下班回来，习惯性地甩出了一只鞋，刚甩出第一只鞋后，他马上意识到不应当，便轻轻地脱下了第二只鞋。第二天一早，老头埋怨小伙子说："你一次将两只鞋甩下，我还可以重新入睡，你留下一只没有甩，害得我等你甩第二只鞋等了一整夜呐！"

管理员的笑话才说完，小伙子就明白笑话是有所指的，意识到自己的不足之处。他表示以后一定会注意，从此小区里安静多了。

管理员用这种方法巧妙地暗示小伙子，取得的效果远比直接告诉他晚上回来动作轻一点儿，不要打扰别人休息要好得多。

心理学家指出，当信息与好心情联系在一起的时候，它们会具有更强的说服力。因为，好心情有利于个体进行积极的思考，更快地做出决定，而且你的说服也更容易发生效力。所以，当你想说服某人时，不仅要选择幽默的方式，同时也要设法使你的听众有个好心情。

生活中，人们常说的一句话是："有话你就直说吧！"但事实证明，并非所有的"直说"都能够被接受，有时候直说是要分场合和时间的，特别是在指出别人不足或者请求别人帮助时。倘若能利用幽默夸赞的方式进行沟通，把所要表达的想法蕴藏其中，那么其传达的信息在笑声中会更容易被接受。

幽默训练心得

幽默是引人发笑的语言艺术，恰如其分的幽默，可以使对方在笑声中顺利接受劝说。在说服中运用幽默，可以在突出思想性的前提下，用生动活泼的语言来表达自己的想法，润物细无声般松动对方的堡垒。

5. 随机小幽默，助你发展更多客户

小李是一位推销员。有一次，他在推销钢化玻璃酒杯时，当着许多客户进行示范表演，把一只钢化酒杯扔在地上。出乎意料的是，这只酒杯"啪"的一声——碎了。

客户们都睁大了眼睛，疑惑不解，有的甚至皱起了眉头。小李的心里也"咯噔"了一下，但他立即恢复了平静，用沉着而富于幽默的语气对顾客们说："像这样的杯子我是不会卖给你们的。"

小李的幽默引起了大家的一阵欢笑声。大家以为，第一次砸碎杯子是为了引出下面的表演，吊大家的胃口，场内气氛顿时活跃起来。小李乘机又扔了五六个杯子，都取得了成功，一下子博得了顾客的信任。最后，销出了几十打酒杯。

遇到这种意外，对于一个推销员来说是很难收场的。但机灵的小李却给他来了个顺水推舟，让突发的情况成为推销的一个环节，从而产生了强烈的幽默效果，既掩饰了产品的不足，又达到了推销的目的，真是一举两得。

客户是销售员的"衣食父母"，怎样才能讨得这些"衣食父母"的欢心呢？幽默无疑是一种很好的方式。巧妙的运用幽默能够成功地拓展自己的业务，让自己走向成功。

推销人员的主要工作是发展更多的客户。在推销人员发展客户的过程中，推销者的口才对其最终的成功与否起到关键性的作用。如果推销者能够随机幽默地应对推销过程中出现的各种各样的突发状况，那么他很有可能最终推销成功。

一位房产推销员正在向客户夸耀他的楼盘和小区。他说："这片居民区非常干净，阳光明媚，空气清新，鲜花绿草到处都是，疾病与死亡跟这里的居民无关。"

正在这时，远处一队送葬的人哭声震天地走了过去。这位推销员马上对客户说："您们看，这位可怜的人——他是这儿的医生，被活活饿死了。"

送葬队伍的突然出现是对推销员反应能力的考验，如果推销员对这件事情没有一个合理的解释，相信客户也不会乐意接受他先前的吹嘘，还会对推销员的印象大打折扣，从而对其房子产生怀疑。而推销员的幽默恰好打破了这一尴尬，让他们的交易能够顺利进行。

有一家专门经营胶水的商店，店主为了招揽更多的生意，不惜本钱，悬赏千金招引顾客。在商店门口的墙上，店主用该店推出的一种最新强力万能胶水粘贴着一枚价值几千元的金币，并宣称：

"有谁能用手将这枚金币掰下来，金币就归其所有。"

一时间，店门前人潮如涌，上场一试者络绎不绝。可人们费了九牛二虎之力，金币还是岿然不动。

该店主真是用心良苦，这种推销手法还真是别出心裁，相信一定能够取得不错的效果。在商业竞争中，需要经商者运用好身边的一切资源。而如何抓住身边每一个赚钱的因素，则需要十足的智慧。

斯托科夫斯基是著名的美籍音乐指挥家。他经常光顾一家小饭店，店里的老板每天都用好饭好菜招待他，却不肯收他的餐费。一天，他忍不住问老板："你为什么对我这么客气？我又不是付不起饭钱？"

老板说："我非常尊崇音乐，不在乎您的饭钱。"

斯托科夫斯基听了很感动。可是，当他走出饭馆时，却发现橱窗里挂着一块广告牌，上面写着：

"请到本餐厅和伟大的音乐指挥家斯托科夫斯基共进早餐、午餐和晚餐。"

斯托科夫斯基哑然失笑。

这位老板的经营之道真不简单，他以免费的饭菜吸引指挥家前来就餐，看似失去了一笔收入，而却让指挥家的影响力无形中成为饭店的招牌，吸引了更多的人前来就餐。以小舍换大得，实在是经商中的一门大智慧。

▶▶▶ 幽默训练心得 ◀◀◀

将幽默融入生活，能让生活锦上添花；将幽默运用于经商，能让你出奇制胜。让顾客从不买到买的转变，是店员掌握了其心理、巧用幽默语言的结果。在生意场上，要善于抓住机遇，出奇制胜。以一种幽默新颖的方式推销自己的产品往往会有意想不到的收获。

6. 公关幽默，商务沟通趣事多

一次，某公司的经理召开销售总结大会，在会场上他发现大部分人都有点紧张，因为这个月公司的业绩不是很好。于是，他看了一下表，说："对不起，各位，请大家对一下表。"

会场上的人都感到奇怪，疑惑地看着经理。经理伸出胳膊，注视着自己的手表，再次认真地说道："各位，请对一下表。"大家更加奇怪，但都将手表拿在手上。

经理说："现在是上午8点30分，有谁的手表不准，现在就请拨正。我只需15分钟来完成我的发言，也就是说，8点45分你们就可以离开这里。但是请前排的人注意一下，如果我不能按时讲完，你们就把我从窗口扔出去！"

顿时，会场紧张的气氛一扫而空。

在商务活动中，人们难免会拘谨不安。这时，如果能够运用风趣的言语，就能让商务活动在轻松的氛围中顺利地进行，促进最后的成功。

虽然商业活动中的交流是件很严肃的事，但太过紧张的谈话气氛却容易把事情弄僵。所以，不妨把幽默融入谈话当中，让交谈在较为轻松的环境下进行。

幽默助商务活动更上一层楼，就是借助幽默的言谈，为商务活动增添活力。现在商界人士越来越重视幽默在商务活动中的作用，它是人们在商战中登高的阶梯。

老李是某公司的经理，他要在第二天与外地来的客户进行一次商务洽谈。但是，在当天晚上，客户从餐厅回到房间，发现供水系统出现了问题，他们既不能洗澡，又不能够喝开水。维修工作折腾了大半宿，客户心情很郁闷。

第二天开始洽谈时，客户一声不响、毫无情绪。面对这样的情况，老李做了一个幽默的开场白："我还是第一次见到我们公司在晚上能为客户举行那么热闹的联欢会，而我也是第一次发现那样的联欢会竟然不能使我们的客户快乐起来。"话音刚落，客户就被逗乐了，商务洽谈的气氛也打开了。

在工作中恰当地运用幽默，不仅能把自己解决问题的能力充分地展示出来，还能活跃气氛，在上司和同事面前崭露头角。

有一个养殖场要买一批良种鸡雏，同某孵化场签订了购销合同，由卖方负责运输，货到付款。

但由于卖方在运输途中没有及时喂养，导致鸡雏死了几千只，因此双方发生了矛盾。

卖方要求卖方付款，买方不肯，经办人的理由是：鸡雏已经死了，怎么还能付钱呢？

但卖方说："合同上不是说了货到付款吗？难道死鸡雏不是鸡雏吗？"

买方经办人明知他的话毫无道理，可一时之间却想不到合适的言辞应对。这时，养殖场的场长走了过来，笑着问卖方："请问你家里几口人？"

"五口，怎么了？"

"哪五口人？"

"我母亲，我和我妻子，还有我的两个孩子。"

场长继续问道："那你的父亲呢？还有你的祖父母……"

"他们早就去世了"

"难道去世了就不算是你家里的人口了吗？"

卖方顿时哑口无言，于是自认理亏，承担了鸡雏的损失。

这位场长的聪明之处在于，他没有正面回应卖方的无理要求，而是运用幽默的言语去敲打对方，从而起到了预期的效果。在商业活动中，难免会遇到让你气愤的不平之事，而这时候学会运用幽默的技巧是十分有必要的。

抓住恰当的时机，主动进取，让自己的幽默口才成为把握先机的重要武器，突破重重障碍，使自己在人事关系中如鱼得水，这是多么令人鼓舞的事情！

幽默能引起人们的纵情大笑，消除内心之中的紧张感。如果你是一个能让大家感到轻松的人，你的魅力会远远大于那些刻板的人。高度的幽默感来自轻松自在的心灵，并需要你懂得适度地发挥。只有体会到幽默的精髓，才能真正挥洒幽默的魅力，让他人感到轻松愉快，最终促成商务活动的成功。

7. 正话反说，跌宕曲折中打动对方

有一则宣传戒烟的公益广告，上面完全没提到吸烟的害处，相反的却列举了吸烟的四大好处：一，节省布料：因为吸烟易患肺痨，导致驼背，身体萎缩，所以做衣服就不用那么多布料；二，可以防贼：抽烟的人常患气管炎，通宵咳嗽不止，贼人以为主人未睡，便不敢行窃；三，可防蚊虫：浓烈的烟雾熏得蚊虫受不了，只得远远地避开；四，永葆青春：不等年老便去世。

这里说的吸烟的四大好处，实际上是吸烟的害处，正话反说，显得很幽默，让人们从笑声中悟出其真正要说明的道理，即吸烟危害健康。

说出来的话，所表达的意思与字面完全相反，就叫正话反说。如字面上肯定，而意义上否定；或字面上否定，而意义上肯定。这也是产生幽默感的有效方法之一。使用这种方法能够在不直接指明对方错误的基础上，使对方自我反省并认识自己的错误。

正话反说的幽默技巧当然不止可以用到广告宣传中，在面对面的交流中，也有广泛的使用空间。

原英国首相丘吉尔为了参加演讲，超速开车，以致被一名年轻警员拦住了。

"我是丘吉尔首相。"丘吉尔不慌不忙地说。

"乱说，你一定是冒牌货！"警官不屑地说。

看警员不买账，丘吉尔耸了耸肩，无奈地说："你猜对了！我就是冒牌货！"

这么一来，警官反而面露微笑，放过了这位伟人。

丘吉尔在一本正经表明身份的时候，被警官怀疑。然后，他就换了一种方式，正话反说，这样反而使警官摸不清虚实，使得警官抱着一种"宁可信其有，不可信其无"的心态放过了他。

在幽默语言技巧中，反语以语义的相互对立为前提，依靠具体语言环境中正反两种语义的联系，把相反的双重意义以辅助性手段如语言符号和语调等形式衬托出来，使人能够由字面的含义悟及其反面的本意，从而发出会心的微笑，从而接受说话者的意见。

反语看似荒诞不经，但从深层次上理解，它可以传达出另一层意思。虽不明言，却了然于心，是用含蓄和耐人寻味的幽默意境说服他人的重要语言手段之一。

美国的妇女习惯于把自己说得年轻。有一位夫人已经两鬓斑白，满脸皱纹，却对一位新结识的朋友说："你知道吗？我和我妹妹加起来一共六十六岁。"她的朋友马上惊叫起来："哎哟哟，你把一个这么小的妹妹丢在家里，放心得下吗？"

这句反话显然在暗示老夫人撒谎，由于说得幽默，连老夫人听了也不禁笑起来。

当我们需要表达内心的不满时，也可以使用正话反说的幽默技巧，让意见听起来顺耳一些。例如：

陈英和他的恋人去咖啡厅喝咖啡，但端上来的咖啡差不多只有半杯，这时陈英笑嘻嘻地对咖啡店主人说："我有一个办法，保证叫你多卖出三杯咖啡——你只消把杯子倒满。"

陈英巧妙地运用正话反说的幽默来表达失望感，却不致给对方带来难堪。也许陈英并没有喝到满满一杯咖啡，但陈英一定会得到友善、愉快的服务，咖啡店主人或许还会请陈英下次再光临该店。

如果说语言是心灵的桥梁，那么幽默便是桥上行驶得最快的列车。它穿梭在此岸与彼岸之间，时而鲜明时而隐晦地表达某种心意，并以最快捷的方式直抵人的心灵，提升幽默者在社交中的说服力。

▰▰▰▰ 幽默训练心得 ▰▰▰▰

正面表达往往直截了当，但有时正话反说会使看似绝望的局面重现转机。巧妙运用正话反说的幽默，能使你在社交生活中如鱼得水。

8. 旁敲侧击，避免正面交锋

某家建筑公司提升一位工程师为总工程师，遭到一些人的反对。原来这位工程师在中学读书时，曾因违反纪律受过处分。

面对这种情况，公司的老总给大家讲了一个笑话："从前，有一个人坐船外出。船在航行过程中，他发现一群水族在哭。这个人就问道：'你们在哭什么？'水族们纷纷说：'龙王突然下了一道命令，凡是有尾巴的水族都要杀掉。我们都是有尾巴的，劫难当头，所以哭起来。'这个人听了，非常同情它们，也落下了眼泪。突然，他发现有只青蛙也在跟着哭。他很奇怪，就问：'你为什么哭呀？你又没有尾巴。'青蛙答道：'我怕龙王追查我以前当蝌蚪的事儿呀！'"

众人大笑，反对的人也同意了这一任命。

当你遇到一件难以解决的事时，如果直言表明你的态度，很有可能会让他人感到不快。这时，可以采取旁敲侧击的办法，说出一个幽默的故事，让他人明白你的用意。

旁敲侧击是谈判的一个策略。学会问话，套话，透过现象看本质，进一步掌握动态，做出判断，对所有参加谈判的人来说都是一门必修课。谈判者要听出话外音必须学会倾听，善于倾听，这样才能探出对方的虚实，达到自己的目的。倾听其实也是一种实施旁敲侧击的技巧。

旁敲侧击的幽默技巧是利用幽默的语言来回击或反驳对方观点的技巧。在运用这种技巧时需要注意：由于谜底隐藏在幽默的话语下面，所以要留给对方一个短暂的回味时间，这样才能产生较好的效果。

某经理在一个商务会议上发言。突然下面响起了鸡叫声，引起一片哄笑声——显然是有员工在捣乱。

面对这种尴尬的场面，经理泰然自若。他看了看自己的手表，镇静地说："看来我的手表走得慢了，现在已经是凌晨了。不过请大家相信我的话，公鸡报晓只是它的本能。"顿时，会场爆发出一片热烈的掌声。

从侧面巧妙地反驳，用幽默的语言旁敲侧击，可以抓住对方的弱点，给对方以警策。这种幽默技巧避免了与他人的正面交锋。

旁敲侧击是从旁边敲打，从侧面攻击，适用于从正面攻击难以取得成果的情况。在商场中，为了不得罪他人，顾全他人的自尊心，学会运用这种幽默技巧是非常必要的。

某公司老总在月总结会上大发脾气，表示对销售数额非常不满意。讲了一段话后，他开始训斥起销售员来："我已经领教了你们拙劣的工作水平。如果你们觉得不适合这项工作，我将找人替代你们。"

销售员们默不作声。之后这位老总指着一名新雇员——一名刚刚退役的足球运动员说道："如果一支足球队总在输球，结局会是什么样呢？队员们都得被换掉，不是吗？"

这名队员赶紧站起来，平静的说："不是的，老总，如果整个队都是这样的话，我们通常只是换个新教练。"

这就是高明的幽默，即使在针锋相对时，也不会怒火中烧，而是仍然保持平静，以幽默的言谈反驳对方。

幽默训练心得

　　谈判，是严肃认真地提出问题、讨论细节、形成协议或意向的过程。但是，有时候有些条款是在私下里就已经达成了一致的意见和看法。许多人在谈判之前会让低层人员私下里互相接触，达成协议和谅解备忘录，或者相互了解对方的原则和立场，以及对某一问题可承受的程度。要想做好这些基础工作，参与谈判的有关人员就必须学会旁敲侧击的打探技术。

9. 双赢，商业谈判最好的结果

　　小王去买自行车。在店里，他挑中一款白色的，却发现自行车与广告上的不一样。于是小王向店主说："怎么没有车灯，在广告上可是有车灯的!"店主平静地说："是的，灯没有包括在车的价格之内，这是另外卖的。"

　　小王气愤地说："没有包括在车的价格之内? 你这是欺骗! 你的广告上有车灯，所以车灯就应该包括在车价之内!"

　　店主微微一笑说："你说得很对，广告上还有一个漂亮的姑娘呢，可是，我们也不能给每辆自行车都配上一个呀!"

　　小王扑哧一笑，最后还是买了一辆自行车。当然，车灯是另外付钱的。

　　幽默的人大都机智而风趣。他们能够通过幽默的语言清晰地表明自己的态度，使对方产生认同感。在商场与他人交往时，有时会遇到一些固执己见的人。这时我们可以打破常规思维，用幽默说服对方，使对方轻松地接受合情合理的意见。

每个人的性格、爱好不尽相同，处理问题的方式也存在很大差异。如果从长远的角度来看待商务谈判技巧，就会发现，谈判中不存在单方面的纯粹胜利者。那种置对方利益于不顾的所谓"胜利者"，最终将不会获得任何人的信任与好感，必定会成为商场中的弃儿。双方获得胜利才是谈判中的最高境界。

双赢即双方获胜，就是让合作的双方都能成为谈判中的胜利者，都能得到他们应得到和最想得到的东西。就如同两个小朋友在分苹果，如果谁都想得到大块的，反而会互相争吵，甚至拳脚相向，苹果也很可能掉到地上摔坏了。只有把苹果分成同样大小的两块，才不会引起争执，双方才能都感到高兴。日常生活中，每个人都有挤公共汽车的经验。如果大家一拥而上，推来挤去，可能谁也上不了车。只有大家遵守秩序，排队上车，大家才能顺利上车，并且节省了时间。这样，双方都成为胜利者。

谈判是为了协调关系双方利益的分歧或冲突而进行的磋商和协议的过程。美国著名谈判学家尼尔温伯格认为："一场成功的谈判，每一方都是胜者。"他说："以激烈的竞争方式进行的谈判，似乎都以单方面的彻底胜利而告终。所谓的赢家攫取一切，称心如意，而输家则一败涂地，丢尽脸面。然而，这样的'了结'很难说是就此了结。除非达成的条件在某些方面对'输家'有利，否则这个'输家'很快就会设法改变这种结局。与一盘棋赛不同，现实的谈判活动没有'终局'。"

"当一些人常常确信自己已经完全战胜了对手，并已迫使他们彻底认输时，我总是尽力向他们解释，可能对这个'最终'结果大有影响的持续性因素和副作用还多着呢！"

因此，近年来，谈判者一般都选择采用互惠的谈判模式取代传统的谈判模式。他们不再视对手为敌人，而是视对手为问题的解决者，谈判的目标也不是单纯获得谈判的胜利，而是在顾及效率和人际关系的基础上达成的对于需要的满足。而且，他们不再单纯把自身受益作为达成协议的条件，而是更多地探寻共同利益。互惠的谈判模式将取得你赢我也赢的结果，使谈判双方都能成为胜利者。

人是有感情的，因为人是有需要的。当需要得到满足时，人就会感到快乐；当需要得不到满足时，人就会感到痛苦。要想掌握人的行为，就必须从需要出发，了解某种行为要满足什么样的需要以及个人选择这种行为的理由是什么。所以，要想提高自己在谈判中获得双赢的谈判能力，就必须找出对方的需要，让对方相信，你现在就可以满足他的需要。

你是否已经看到那些同你交往的人们究竟需要些什么，你要采取什么样的方法，才能满足他人的需要，成功地与他人谈判？人们最核心、最强烈的需要毫无疑问应当是关系层次上的需要。人们都想得到他人的承认，被他人接受，受到他人的尊敬。当然，也不排除一些人想通过关系层次满足生存层次上的需要。因此，满足需要最重要的就是如何成功地打动别人。

最后，你要让他相信目前就有满足他需要的东西。这时你就可能已经成功地说服了他，达到了目标。可见，帮助人们满足他们的需要是在说服和谈判中是取得成功的最重要的方法。

━━━━ 幽默训练心得 ━━━━

穿插幽默，创造双赢的谈判就是走进别人的世界中去了解他，了解他的爱好和向往，了解他的喜悦和烦恼。然后，你就应当说明你所说的话同他的需要之间有什么样的关系，说明这样的做法对他是多么地有利、多么地重要。

10. 幽默谈判，谈判高手的制胜法宝

在一次商务谈判中，双方唇枪舌剑，气氛十分紧张。为了缓和这种紧张的气氛，一方的老板说："大家知道吗？我才高中学历，而且我上学时，成绩很差，但只有英语一科没有不及格。"

大家立刻被他的话吸引住了，纷纷问道："为什么呢？"

这位大老板立刻回答道："因为我的学校开设英文和俄文两门外语，而我选择了俄文！"

大家都笑了，谈判在愉快的气氛中继续进行，最后双方达成了协议。

谈判双方是一对矛盾的统一体，为达成协议，双方不可能摒弃竞争，也不可能拒绝合作。那么既然要合作就应该有一个良好的合作气氛，这是从谈判一开始就应该考虑并注意的。首先，在谈判开始以前，主动热情地去接触对方，发掘双方的共同点，为谈判打下良好的基础。可以就双方的兴趣爱好，双方曾有过的合作经历或共同认识的朋友，进行交谈，引起双方心灵"共振"的变化。

幽默不仅可以创造轻松的气氛，而且还能为商务活动创造一个良好的环境。更为重要的是，它就像一架梯子，能助你继续向上攀登，取得商务活动的成功。

谈判双方刚进入谈判场所时，难免会感到拘谨。尤其是新手，在重要谈判中，心理上往往会忐忑不安。另外，谈判时单刀直入不仅会暴露本方底线，也会影响谈判的融洽气氛。因此，在谈判中可以采用迂回入题的方法。

谈判是一个寻求达成双边或多边一致的过程，谈判的行为包括其间的语言表达（往往是最容易被忽略而又非常重要的）或其他行为活动。达成一致的过程事实上就是谈判的双方或多方心理状态趋同的过程。

轻松愉快的气氛能缓解谈判中的紧张情绪，激发人们的想象力，增进人们的感情。在良好的氛围下，人们更容易被理解、被尊重，也更容易获得支持和关注。反之，沉闷抑郁的环境，很容易滋生猜忌和隔阂。

幽默训练心得

在现代"谈判"中，迂回是一种经常使用的谈判技巧。迂回战术，明似离题，暗却切题，它表达的是弦外之音，它表露的是言外之意。而看准使用迂回战术的时机，并能使用最恰当的方式表情达意，则是这一战术奏效的关键。在谈判中，幽默地迂回入题不失为一种好方法。

第 10 天

幽默运用课——不要误入幽默的"禁区"

想幽默要看对象,会幽默要懂人情

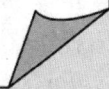

1. 幽默莫过火，把握好一个度

一位中学教师到某地出差时，拎了一兜香蕉去看望一个多年未见、新近升为副处长的老同学。

老同学心宽体胖，雍容富态，开门见是同窗好友，一边让进屋，一边指着他手中的提兜戏谑道："你何时落魄到走门子了？本处长清正廉明，拒绝歪风邪气腐蚀贿赂。"

一句讥讽的调侃，使教师自尊心受了伤。他顿生反感，扭头就走了。

显而易见，幽默既不等同于一般的嘲笑、讥讽，也不是单纯地为笑而笑，轻佻造作的贫嘴耍滑。幽默是修养的体现，它与中伤截然不同。幽默笑谈是美德，恶语中伤是丑行，真正好的幽默是真情实感的自然流露，是严肃和趣味间的平衡。它以一种独特的方式激发出来，却经常表现出心灵的慷慨仁慈。

培养起一定的幽默感并不是很难，但是要做到能够恰当地把握好幽默的尺度，就不是一件容易的事情了。过分的幽默往往会使人产生古怪的感觉。尤其面对刚开始交往的人，越是滔滔不绝，笑话连篇，表现出很风趣、很有才华的样子，越是会让人反感，使人觉得你油嘴滑舌、轻佻虚伪，喜好卖弄自己。

凡事均要讲适度，幽默亦如此。在生活中，适时适度地运用幽默，才能使人们相互之间的关系更加和谐、亲密。这里就幽默的使用，给大家提出三个忠告。

（1）幽默勿以讥刺他人为乐事

苛刻的幽默很容易陷入残忍，使他人受到伤害、陷于焦虑之中。通常，讥讽、攻击、责怪他人的幽默，虽然有时也能引人发笑，但是它却常常造成意想不到的后果，使本应欢乐的场面变得十分难堪。

某饭店服务员小王不爱刮胡子，多次被批评，但积习难改，于是主管找他谈话。这位主管劈头问道："小王，想一想，你身上最锋利的是什么呀？"小王愣了一下，掏出水果刀说："就这把水果刀了。"经理摇头："不见得，我看倒是你的胡子。"小王不解："为什么？""因为它的穿透力特别强。"（潜台词：你的脸皮特别厚。）小王反应过来以后，脸气得通红。

由于讥讽有严重的负效应，我们在使用幽默对别人进行批评时就要进行严格的推敲，以免使接受者产生被嘲笑、被捉弄的感觉。

（2）恶作剧有时可以产生幽默效果，但使用时要注意分寸

恶作剧在乍见之下似乎并不是什么犯罪的事，但只要分析其潜在意识，就可以发现其中包含着憎恶及攻击性的心理。

过火的恶作剧很伤人。所以，恶作剧一定要止于天真无邪的玩笑才行，也只有如此才不会伤害到他人的自尊。善意的恶作剧，幽默情趣很浓，自然能给平淡的生活带来清新的空气，让人开心；但不怀好意的恶作剧，不但令人生厌，而且影响人际关系。

好莱坞有一批专爱捉弄人的演员，开起玩笑来无所顾忌，令人瞠目结舌。时常有人用装有火药的雪茄请朋友抽，吓得对方魂飞魄散。这样的恶作剧虽然能让他们在紧张繁乱的工作中解脱出来，放肆地大笑一场，却使被戏弄的对象十分不快。

笑有愉悦功能，也有惩罚功能。用弗洛伊德的话来说，恶作剧就是平时压抑的情感与欲望得到了发泄。

（3）幽默可能会产生良好的效果，但前提是要把握好幽默的投施量

一句幽默的妙语可以为沟通带来契机和轻松的气氛，但是源源不断的妙语、笑语、警句、讽喻，却只能阻塞沟通。因为"幽默轰炸"通常都会导致思维紧张，使人不知如何是好。试问有谁能不间断地承受强烈的幽默呢？

幽默其实是一柄双刃剑，当我们运用的时机、地点乃至言词不当时，

都可能伤害别人的自尊与情感。如果幽默不能为人酿出欢娱，却强加给人怨愤、痛苦，这是令人遗憾的事情。我们应该学会样避开幽默的禁区。

幽默训练心得

　　幽默的社会心理价值并不意味着它的普遍随意性，幽默的文化功用也不说明它具备了万能的效应。这是一朵带刺的玫瑰，是一片风光旖旎的雷区，任何轻率、莽撞的行为都将使使用者饱尝苦果，使潇洒轻松走向它的反面。

2. 幽默三思，时机、场合和对象

　　第二次世界大战期间，英国首相丘吉尔来到华盛顿会见当时的美国总统罗斯福，要求美国共同抗击德国法西斯，并给予英国物资援助。丘吉尔受到热情接待，被安排住进白宫。

　　这天早晨，丘吉尔正躺在浴盆里，肚皮露出水面抽着他那特大号的雪茄。忽然，门开了，进来的正是罗斯福。这两个首脑人物在此刻见面，委实尴尬。

　　丘吉尔把烟头一扔，说："总统先生，我这个英国首相在您面前可真是开诚布公，一点隐瞒也没有！"说完后，两个人哈哈大笑起来。

　　随后，双方的会谈获得成功。

　　丘吉尔说"一点隐瞒也没有"，不仅是为了调侃打趣，缓解窘境，而且含有坦诚求助、彼此信任的寓意。因而这是幽默，而不是滑稽。

　　言语交际的失败大多与滥用幽默有关。滥用幽默不仅会使自己陷入尴尬的困境，还会导致别人的轻视。在众人的目光中，喋喋不休者仿佛小丑一样可笑，而故作幽默者更不如两者。因而我们运用幽默时，千万要注意时机、场合和对象。

英格兰人常说：尽管幽默力量很重要，但它并不是生活的全部。当时机恰当的时候，你才能去用它。

西方4月1日的愚人节，是捉弄人的节日。在这一天，一个足不出户的小伙子可能突然接到姑娘约会的电话；一个姑娘会突然接到不是父母的"父母"来信；一个人到澡堂洗澡，衣服会不翼而飞；一个学生去上课，教室里却空无一人……谁都想在这无所顾忌的节日里高高兴兴地捉弄别人，而被捉弄的人发觉上当后也为实实在在地被人捉弄而高兴。

愚人节，一个人在街上散步，突然背后传来吆喝："请让开，便桶来了！"他急忙闪开，一辆自行车匆匆而过，上面是一个小伙子带着个漂亮姑娘。

如果上述事情不是发生在愚人节，而是发生在其他的时候，可能不但收不到幽默的效果，还会使他人觉得无聊，甚至引起他人的反感。可见，幽默不是随时都可以抛洒的。随着文明的进步，生活经验的积累，人们越来越清楚地认识到：幽默要讲究时机。

如果你仅仅把讲究时机作为幽默语言的准则，那就太狭隘了！因为要想成功地使用幽默，在讲究时机的同时还应当注意大环境。毫无疑问，讲究场合，才能把幽默运用得更加恰如其分。

在发生重大事件的严肃场合，或者在葬礼上，不合时宜的幽默话语会引起别人的误解甚至怨恨。比如朋友正为失去亲人而伤心，你对在灵前落泪的朋友说："去世的那位先生一定是个个性强硬的人，你看，他现在从头到脚都是僵硬的。"这番"幽默"肯定会受到痛斥。

在庄重的社交活动中，任何戏谑的话语都可能招来非议。在庄重场合，如果你幽默起来没边没际，太过夸张，为追求效果而手舞足蹈，也会让人反感。人家会觉得你虚伪浮躁，不够稳重，严重影响你的个人形象。

曾经不止一位幽默理论家这样告诫我们："观察对方的个性、好恶和心情，乃成功施展幽默的窍门。"的确，俗语说"一种米养百样人"，社会每个成员的性格、心理、教养都不尽相同，意趣更为千差万别。假如你对他人的个性不够了解，那么你苦心经营的幽默必会报废不少。

因此，在社会交际中，要视对象的不同，把握好分寸，幽默才能收到好的效果。在社交生活中，我们应根据具体的环境、对象和氛围，采用适当的形式来表达出恰当的幽默。比如一些关于盲人的幽默，对于真正的盲人就不适宜了。

在图书馆门口，有一位男士开门让一位女士进来。

"如果你因为我是女的，所以开门让我进来，那就算了吧！"她说。

"不，夫人，"他回答，"我为您开门，是出于尊重你是位长者。"

所谓顾及听众，当然不是一种姿态，一种态度，而是幽默作为交际的艺术天经地义必须具备的前提条件。

幽默的群体性和共娱性特征是十分明显的。又由于群体是由个人构成的，因此能够娱乐甲的一句话，可能在乙听来是侮辱。如果你忽视了这一点，一味地强调自我的兴致和偏爱，丝毫不放弃个人的思路，那么你的幽默将暗然无光。有关种族的幽默是最微妙、最难处理的。当你和一群人都是流着共同祖先的血液时，说说种族的幽默可能会减轻每个人心头的负担；但当一群人分别来自不同的种族时，使用涉及种族的幽默则会有很大的危险性。

注意对象，了解对象，才容易找到合适的幽默话题；适应对方的心理需要，才能真正达到沟通的目的。分而治之，是现代幽默的最为完美的战术。

幽默训练心得

一个真正懂得幽默的人首先要愿意接受他人的信息。当他人幽默地发表意见时，你有义务报以微笑，而不是冷言冷语地泼他一头冷水。因为，幽默并非某一个人的特权，它是整个社会的财富。笑具有传染性，为他人捧场，你的合作态度会得到由衷的感谢，只要气氛活跃了，该你施展幽默时，才会一路绿灯。

3. 一语惊人，你也能幽上一默

在萧伯纳访问苏联期间，一天早晨，他照例外出散步，一位极可爱的小姑娘迎面而来。萧伯纳叟颜童心，竟同她玩耍了许久。临别时，他把头一扬，对小姑娘说："别忘了回去告诉你的妈妈，就说今天同你玩的可是世界上有名的萧伯纳！"萧伯纳暗想：当小姑娘知道自己偶然间竟会遇到一位世界级大文豪时，一定会惊喜万分。

"请您回去后也告诉您的妈妈，就说今天同您玩的是一位苏联小姑娘！"小姑娘回敬道。

上面故事中，苏联小姑娘不但"一语惊人"，"惊"的还是一个伟大的人物。她聪明幽默地展示了人人平等、自信等值得赞扬的信念，从而一语惊醒了表现得有些骄傲的萧伯纳。

就像上面故事中的萧伯纳一样，一些做出了伟大成就的人有时会有自大的毛病，说话、做事也会以自己为中心，甚至把自己看成是别人的骄傲。作为他们身边的人，你有责任委婉地提醒他们不要过于狂妄自大，这不但能够保护自己免受他们的轻视，而且对他们自己也是很有好处的。

有一次，拿破仑对他的秘书说："布里昂，你也将永垂不朽了。"布里昂迷惑不解，拿破仑提示道："你不是我的秘书吗？"布里昂明白了他的意思，微微一笑，从容不迫地反问道："那么请问，亚历山大的秘书是谁？"拿破仑答不上来，便高声喝彩："问得好！"

上面这个幽默的例子，应该属于机辩的类型。机辩在某种程度上讲，有一定反击性。当对方出言不逊足以伤害你的自尊心的时候，及时地、机

217

智幽默地加以反击，也就能一语惊醒他。下面这个故事中病人所用的也是一语惊人式的幽默。

"能告诉我，你为什么要从手术室跑出来？"医院负责人问一个万分紧张的病人。

"那位护士说：'勇敢点，阑尾炎手术其实很简单！'"

"难道这句话说得不对吗？她是在安慰你呀。"负责人笑着对病人说。

"啊，不，这句话是对那个准备给我动手术的大夫说的！"

病人幽默地画龙点睛，鲜明地表达出自己对医生手术水平的怀疑。本来一个不容易启口的事情，被他幽默含蓄地表达清楚了。

语言是交流的工具，它能表达人们的思想和情感。同一个意思，长短不同的句子具有不同的表达效果，一般书面语中用长句子的时候较多，因为书面语讲求逻辑严密。但是在日常生活中，为了表达和接收的方便，我们则较多使用短句表达我们的想法。

一般的生活用语大都简短有力。在日常交流中，经过很长时间的沉默后，以一两句画龙点睛的话去作总结，就会产生令人难以抗拒的幽默效果。

语言不是万能的，不过有时候一句话却能够在适当的场合发挥出千言万语都不能达到的作用，这也就是"以不变应万变"的思想在语言领域里的具体应用。

幽默训练心得

"一语惊人"的幽默有"秤砣虽小压千斤"的力度和"片言明百句，坐役驰万里"的广度。由于"一语惊人"的幽默具有这一特点，我们在交谈中使用这一技巧时，就应该用最简洁、明了的语言表达出自己的意思，切忌拖泥带水。

4. 幽默要恰当，方法要掌握

某公司的销售部有个叫金鹏的销售员，他年轻时候长过很多青春痘，满脸都是疤痕。

一天，一个职员神秘兮兮地跟另一个职员说："嘿，看张图片，你猜是谁？"

众人挤过来一看，原来是一个橘子皮。

"你拿金鹏的照片干吗？"其中一个人喊。

大家爆笑，于是"橘子皮先生"就成了金鹏公开的绰号。

金鹏本人感到十分委屈。

总经理实在看不过去，有一次更正道："我知道大家最近都说金鹏是'橘子皮'。但就算真像也不能这么说啊。太不照顾同事的情绪了。我宣布，你们以后再说起他的长相时只可以说：'金鹏，咳咳！他长得很提神。'"说完大家都笑了，连金鹏自己也被逗乐了。

真正具有幽默感的人能看到他人的优点，使自己对他人的行为保持乐观积极的态度，而不是仅仅着眼于他人的错误和缺点。我们平时开玩笑应当注意适度原则，不要揪住别人的缺陷不放，而应该敞开胸怀，接受他人的小缺点，更好地与之相处。

人际交往中，开个得体的玩笑，可以松弛神经，活跃气氛，创造出一个适于交际的轻松愉快的氛围，因而诙谐的人常能受到人们的欢迎与喜爱。但是，玩笑开得不恰当，则会适得其反，伤害彼此的感情，因此开玩笑要掌握好技巧。

（1）态度要友善

与人为善，是开玩笑的一个原则。开玩笑的过程，是感情互相交流传递的过程，如果借着开玩笑对别人冷嘲热讽，发泄内心厌恶、不满的情感，那么除非别人是傻瓜才会识不破。有些人也许不如你口齿伶俐，表面上让你占到了上风，但事后会认为你不能尊重他人，从而不愿与你交往。

（2）内容要高雅

笑料的内容取决于开玩笑者的思想情趣与文化修养。内容健康、格调高雅的笑料，不仅能给对方带来启迪和精神上的享受，也是对自己美好形象的有力塑造。

（3）活泼要适度

举止活泼，谈吐风趣幽默，往往是人际交往的良好触媒，也是交往深化的催化剂。不过言行切莫过了头，否则就难免会有不检点、轻浮之嫌。我们的身边可能都有这样的人，他不分场合，不择对象，谈话中一味插科打诨，俏皮话连篇，有时甚至在大庭广众之下，公然称呼别人的绰号，开一些不适当的玩笑（例如以对方的生理缺欠为目标），不仅引起当事者的反感，连在场的其他人也觉得难堪，不知要如何收场。这样怎能收到活跃气氛、融洽关系的预期效果呢？因而，我们绝对不能把庸俗（甚至是恶俗）当成洒脱幽默，把肉麻当成好玩有趣。否则，这种所谓的"活泼"，就将变成人际交往失败的陷阱。

（4）场合要分清

在庄重严肃的场合不宜开玩笑，否则极易引起误会。此外，朋友陪不熟悉的客人时，忌和朋友开玩笑。人家已有共同的话题，已经酿成和谐融洽的气氛，如果你突然介入与之玩笑，会转移别人的注意力、打断他人的话题、破坏谈话的雅兴，朋友会认为你扫他面子。

（5）对象要区别

同样一个玩笑，能对甲开，不一定能对乙开。人的身份、性格、心情不同，对玩笑的承受能力也不同。

一般来说，后辈不宜同前辈开玩笑，下级不宜同上级开玩笑，男性不宜同女性开玩笑。在同辈人之间开玩笑，则要掌握对方的性格特征与情绪信息。和残疾人开玩笑，要注意避讳。人人都怕别人用自己的短处开玩笑，残疾人尤其如此。俗话说："不要当着和尚骂秃儿，癫子面前谈灯泡。"

对方性格外向，能宽容忍耐，玩笑稍微过大也能得到谅解；对方性格内向，喜欢琢磨言外之意，开玩笑就应慎重。对方尽管平时生性开朗，但如恰好碰上不愉快的或伤心事，就不能随便与之开玩笑。相反，对方性格内向，但正好喜事临门，此时与他开个玩笑，效果也会出乎意料地好。

幽默训练心得

幽默是有雅俗之分的。好的幽默不但令人发笑，笑过之后还会精神还为之振奋，情操得到陶冶，感情得到满足。但是，幽默不同于庸俗的油腔滑调、故弄玄虚的卖弄或无聊浅薄、矫揉造作的插科打诨。幽默不应只是为笑而笑，它应该在严肃和趣味之间达到一种平衡，使人能睁开眼睛更好地认识世界，认识自己。

5. 笑料百出，讲笑话要有技巧

当年，齐鲁大学校庆，山东军阀韩复榘在演讲台上扯出下面这么一大段信口雌黄、狗屁不通的"演讲"。

"诸位，各位，在齐位：

今天是什么天气？今天是讲演的天气。开会的来齐了没有？看样子大概有五分之八啦，没来的举手吧！很好，都到齐了。你们来得很茂盛，鄙人也实在是感冒……今天兄弟召集大家来训话，兄弟有说得不对的地方，大家应该互相谅解，因为兄弟和大家比不了。你们都是文化人，都是大学生、中学生和留洋生，你们这些乌合之众是科学化的、化学化的，都懂七八国的英文，兄弟我是大老粗，连中国的英文也不懂……你们是从笔筒子里钻出来的，兄弟我是从炮筒子里钻出来的，今天到这里讲话，真使我蓬茔生辉，感恩戴德。其实我没有资格给你们讲话，讲起来就像……就像……对了，就像对牛弹琴。"

话语间，他一再表明自己是大老粗，可又一心想充文化人，以至于滥用辞藻，颠倒黑白。看过这段话，大家一定会发现，这段话绝对符合幽默学上所说的出人意料的效果，毕竟没人能想到时任山东省主席的韩复榘竟是这样一个没有文化的大草包呢。不过就是上面这么一段，从讲笑话的角度来看，却是很成功的。如果在某些场合说话时，你也来上这么一段，一定会令听众笑掉大牙。

如果你觉得自己缺乏讲故事的天资，缺乏对叙述速度和喜剧性的把握，你可以参考拿破仑·希尔总结的以下三条规则：

（1）用活泼的语气

（2）直接叙述，而不要故意将高潮提前。

（3）借清晰而准确的妙语

此外还有马丁·科尔的六点提示：

（1）在讲笑话之前，先别忙作言过其实的应允或卑下的谦逊。什么"这会叫你笑掉大牙""我不敢肯定我能讲好"等。过高或过低的估计都会使听众反感。

（2）简单介绍人物。如果你说"赫尔曼·波拉齐这个企业家正走着"，或者"惹达·格里兹是个弹木琴的"，那就引得听众注意这些名字和特征，使你的妙语被冲淡，甚至失去效果。如果这些名字和特征不必要就不要介绍。同样，不要以"这个医生"或"那个杂技演员"之类的话开头。否则，听众会情不自禁地发问："哪个医生？""哪个杂技演员？"这些都会使他们分心。

让我们看看下面这个笑话：

三个斜眼犯人站在一个斜眼法官面前，法官瞪着第一个犯人问："你叫什么名字？"

第二个犯人回答："伊利。"

"我没有问你！"法官怒气冲冲。

"我没有说什么呀！"第三个犯人叫道。

故事讲得多么干净利落！如果对人物甚至名字作了介绍，频频加上"这""那"将会多么糟糕。这是个短笑话。长笑话也要尽量减少枝蔓才好。

（3）表现出你自己对故事也很感兴趣。微笑、窃笑和富于感染的活泼态度，在讲故事时都是必要的。即使只说一句笑话，也不要阴郁和矫饰。

（4）你的眼睛要与听众的眼睛保持联系。如果你面对两个以上的听众，就巡回凝视他们。不要往其他地方看，否则会分散听众的注意力。

（5）动词要简单。如"说""问""哭喊"等，不要用文采焕然或不恰当的动词，不然，听众会忽略关键的东西。"'哈罗'，她发出爆炸声"，"那人独脚跳跃而出了屋子"，这些词固然会引起神经质的笑，但对笑话的愉悦高潮却不能起一丁点作用。

（6）要备好高潮所用的措辞和节奏。尤其是讲述精彩的段落时要生气勃勃，富于感染力和自信。这里有个笑话：

两个朋友雪莉和罗娜有一天在街上相遇，雪莉说她怀了三胞胎，罗娜为她祝贺。

"医生告诉我，这三胞胎要300万次才能成功一次的！"雪莉说。

"300万次！天哪！雪莉，告诉我，你们怎么会有时间做家务事呢？"

试想，如果详细地介绍她们的职业、年龄、相遇在何处、互致问候的话等等，这笑话还有味吗？

幽默训练心得

笑话是很短的故事，精心设计的情节随徐徐而进、不动声色的包袱而小心展开。许多笑话都预期达到突然而令人惊奇的高潮——足以激起爆发的笑声。优秀的讲笑话者有一系列本领，如微笑、耸肩、欣然赞许、做作的哼哼、使人镇静的喃喃低语、意味深长的停顿、讥讽的变调、突然回忆起来的惊愕、接近尾声的快节奏等，这些都能暗示和控制听众的反应。

6. 幽默灵活自然，切忌牵强做作

有一位大学教授正在讲课时发现课堂上有学生睡着了，于是他中断了讲课，即兴引用这件事儿说：

"现在有人睡着了，这是对我最委婉的批评。"学生们闻言顿时活跃起来。

有些学生们抿着嘴笑起来，接着这位教师把这个故事发挥了下去：

"老师讲课，学生睡觉，无非是两个原因，一个是老师讲得实在无味，这自然怪不得学生。二是学生实在太困了。这是一种生理反应，不以主观意志为转移，与其勉强睁着眼，装着听得入迷的样子，不如干脆小睡片刻，等精神振作起来再听合算。小睡片刻只损失了片刻的时间，而勉强熬着倒把全部时间浪费了，既没有听进去，也没有休息好。对于教师来说，学生睡觉，与其说是对他威信的一个打击，不如说是对他幽默感的一种考验。只有毫无幽默感的无能的教师才会把昏昏欲睡的学生斥责一顿。其实学生可能是冤枉的，谁能断定他是打扑克熬通宵，还是学雷锋做好事帮老乡到夜里三点才回家呢？"

教室里响起一阵哄堂大笑，大家纷纷扭头看那位酣睡的学生。这时他不但睡意全消，而且还神采飞扬地和大家一起分享教授的幽默。他不但没有对教授的讽喻产生任何抵触情绪，反而对教授更加敬爱。

这位教授的成功，不仅是灵活套用的成功，而且是大加发挥的成功。

当我们达到发挥的阶段时，就不仅是套用幽默段子，而是创造自己的独家幽默了。这时，自我调侃与讽喻对方，真话傻说与傻话傻说，将谬就谬与引人就范等幽默方法就可以交替运用了。

只有到了可以自由发挥、而且达到十分幽默的程度时，才能说你的幽默基本练习成功。你所掌握的幽默知识已成为你生命的一部分，幽默已经开始渗透到你的精神气质之中了。

灵活自然是幽默的精髓所在，一味地做作，哗众取宠，牵强附会，不但不是幽默，只能算是搞怪。甚至可能弄巧成拙，事与愿违。

看看这些幽默高手的表现：

听了肯尼迪总统的就职演说后，尼克松偶然碰到肯尼迪的一个助手——特德·索伦森。他们开始谈论肯尼迪的演说。

"要是我能说上几句该多好啊！"尼克松说。

"你指哪一部分？"索伦森好奇地问，"是不是那部分，'不要问你的国家能为你做些什么'？"

尼克松答道："不。是开头的那部分，'我愿庄严地起誓'。"

我们经常看到和听到一些政治家们的幽默言行，他们大多把幽默运用得灵活自如，真实自然。没有耸人听闻，也不哗众取宠，更不是做戏。这是因为，他们都知道太精于说妙语和笑话，对个人的形象并无帮助。

但是有些人就不那么高明了，他们摇头摆尾、手势又多又复杂。有的人智力平平，却非要附庸风雅，企图以成串的笑料和廉价的笑声来博得听众的欢心。他们硬要把自己塞进别人的肚子里，全然不顾别人是不是有这个胃口。

芝加哥有个人，他一心想得到某俱乐部主席的位置。在一次对俱乐部成员的演说中，他表现得过了头。在不到两小时的演说过程中，他至少说了50则笑话，并配以丰富的表情和引人发笑的手势。听众们被逗得哈哈大笑。末了，在他讲完最后一则笑话时，有人大叫："再来一个！"

这位老兄也真的再来了一个，再次把人逗得疯狂大笑。但是他没有当上俱乐部主席，他的票数排在候选人中的倒数第二。

当他闷闷不乐地走出俱乐部时，他问那位喊"再来一个"的听众："你说我比他们差吗？"

"不，一点也不差，"那人说，"你比他们有趣多了，你可以去当喜剧

演员。"

结果显而易见，有些人的幽默也许是真的引起了笑声，但很可能大家是在笑其形象的滑稽和为人的浅薄。

所以，运用幽默、学习幽默首先要对幽默有一个正确的认识和理解。幽默当然会引人发笑，但引人发笑的不一定全是幽默。一定要谨记这一点，自然风趣，笑料水到渠成，这才是幽默的最高境界。

幽默训练心得

牵强和做作是套用幽默故事的大敌，因为它不但无助于表达你的观点，还会引起听众注意力的分散，以致造成对你欲表达观点的干扰。掌握一些现成的幽默语言、逸事、故事以后，不但要做到不为所制，更要注重灵活自由地套用它来说明自己的观点，解决自己面临的困境。这时，就要有一种敢于发挥的气魄，切忌拘谨。

7. 不伤脸面，巧用幽默说拒绝

索尔仁尼琴的小说《癌症楼》上有这样一段对话：

薇拉·科尔尼利耶夫娜宣布说："科斯托格洛托夫，从今天起您担任病房里的组长。"科斯托格洛托夫态度非常友好地说："薇拉·科尔尼利耶夫娜！您是想让我在道义上蒙受不可弥补的损失。任何一个当官的都免不了要犯错误，而有时还会权迷心窍。因此，经过多年的反复思考，我发誓不再担任什么行政职务。"

"那就是说，您曾经担任过，对吗？而且，职务还挺高，是吧？"

"最高职务是副排长。不过实际职务还高些。我们的排长因为实在迟钝和无能被送去进修，进修出来之后至少得当个炮兵连长，但不再回到我们炮兵营。因为我是个挺棒的测绘兵，小伙子们也都听我的。这样，我虽然只有上士军衔，却担任了两年代理排长。"

"既然是这样，您何必推辞呢？如今这差使也会使您满意的。"

"这真是妙不可言的逻辑——会使我满意！而民主呢？您岂不是在践踏民主原则：病房的人又没选我，选举人连我的履历也不知道……顺便说说，您也不知道……"

透过这个故事我们可以看出，富有幽默感的科斯托格洛托夫是一个懂得拒绝的人，他婉言谢绝了薇拉要他担任临时的病房里的组长的建议。他首先摆出自己谢绝的理由，并让被拒绝者完全认同了这些理由。总之，好的婉言谢绝往往产生好的效果。而当你带着幽默的态度去拒绝自己力不能及的事情的时候，很自然地就会产生委婉曲折、富有说服力的幽默故事。

在一个酒吧里，两位朋友的谈话如下：

甲："威士忌加点水，好吗？"

乙："谢谢！我可以喝点别的饮料吗？"

甲："当然可以。不喜欢威士忌吗？"

乙："我好像还没有品尝出威士忌的妙处，大概是还没长大吧！"

甲："那么，要喝点什么？"

乙："我喜欢凤梨这些水果掺在一块的综合果汁。"

会话在轻松的气氛中进行，自然能够酿出快乐的氛围。虽然是同样的意思，如果说"这个我不喜欢"或是"那个我不喜欢"，感觉上则相差甚远。

毕达哥拉斯说过："最短、最老的字——'好'或'不'——需要最慎重的考虑。"想想看，当你必须说"不"时，你有多少次说了"好"？你是不是怕拒绝伤害别人的感情所以很快地、本能地说了"好"，等到事后又后悔自己的所作所为？你是不是个只会说"好"却又不能照顾自己的情绪，整天带着叹息与别人相处的人？

某公司代表在谈判中故作轻松地说:"如果贵方坚持这个进价,请为我们准备过冬的衣服和食物,你们总不忍心让我们的员工饿着肚子瑟瑟发抖地为你们干活吧!"

可见回绝也需要幽默。无论别人对你的要求是听从还是反对,你都有权力说"不"。只有这样,你才能顾及自己的实际情况,同时以真诚的态度面对对方。

幽默训练心得

幽默拒绝法是一种技巧,是指在无法满足对方提出的不合理要求的情况下,在轻松诙谐的话语中设一个否定句,或讲述一个精彩的故事,让对方听出弦外之音。既避免了对方的难堪,又转移了对方被拒绝的不快。

8. 玩笑禁忌,调侃他人要适度

老张是一个喜欢开玩笑的人,经常时不时地要个小聪明讽刺别人。有一次,他老婆对他说,有个同事冲她喊猪。只见老张猛拍大腿,义愤填膺地说:"他们怎么能这样叫你呢?太不像话了!总不能你长得像什么就叫什么吧?再说了,他们这样叫岂不是对猪的侮辱?"只见他老婆愣了半天神儿,最后气愤地说:"老张,我要和你离婚!"

老张的玩笑这次可开大了,竟然把妻子气得要跟他离婚。他的妻子在公司受了委屈,本是希望得到丈夫的安慰,岂料,老张却直接说妻子连猪都不如!女人爱美是天性,不管怎样的女人都忌讳别人说自己的容貌不好,尤其是自己的丈夫,更何况是那样不留情面的讽刺。

现代社会，由于生活、工作中的种种压力，人们都渴望用幽默让自己快乐起来。然而却有很多人错把讽刺当成了幽默，将自己的欢乐建立在别人的尴尬之上。有些不自量力肤浅的人，偏偏认为自己比他人更加优秀不凡，在言语中总是让别人觉得他高人一等，甚至连幽默时，也会讽刺别人不如自己。这时，就算谦逊的人，心里恐怕也会愤愤不平了。

在一个慈善团体的舞会上，一个富家少爷应邀参加。他邀请一位身份普通的慈善团体女成员跳舞。这位女子不好意思地说："您怎么和我这样一个平凡的人跳舞呢？"这位少爷幽默地回答："这不是一件慈善事业吗？"女子听后，立刻冷下脸来说："我看我还是不接受你的慈善为好。"

这位富家少爷的肤浅让人感到可笑。我们都知道"人人生而平等"这个真理，可这位富家少爷的幽默，偏偏抬高了自己、贬低了别人。这种"幽默"实在是让人不敢苟同。

有人是无心地讽刺对方，但有一种人却是真的想要通过讽刺对方来达到心理上的满足。但有时他们却可能会"讽刺反被讽刺误"，被对方反讽刺回来，反而让自己丢了颜面。下面这个例子就是这样：

小陈有两个喜欢挖苦别人的同事，一天，小陈从朋友处回来，在路上遇到了这两个同事。他俩很亲热地与小陈打了招呼，其中一个拍拍他的肩膀说："喂，小陈，我们正在争论你这个人是更无赖些呢，还是更愚蠢些。"

"哦，是吗？"小陈站到他两人中间说，"我相信我正处于这两者之间，这就是答案。"

小陈的这个回答非常巧妙。他让那两位自以为是的同事，不仅没有达到讽刺别人的目的，反而将自己给绕了进去，自己把自己讽刺了一回，真是高明之举。

幽默训练心得

纯粹的讽刺也不能和幽默相提并论，它们之间有实质性的差别。讽刺是针对社会弊病和某些人的恶习丑行加以尖锐的嘲笑和批判，其矛头所指、针砭意图总是朝着别人的或客观的。而幽默即使是批评和嘲弄也并不是专对别人的，即使不得不反击对方的挑衅，也总是有一种含笑的启示和智慧的火花在其中。

9. 幽默发挥，要适合自己身份

黄太太是一个做事拖拉的人，她与黄先生一起参加朋友聚会时，常常因为她的缘故导致两人迟到。为此，黄先生打算找个机会帮助妻子改正这个缺点。

在一次参加朋友婚礼之前，黄先生故意躲了起来。黄太太在卧室里打扮了一小时后，走出卧室却不见先生。

黄太太："亲爱的，你在哪里?""剪指甲。"黄先生在卫生间里回答。黄太大："你不是刚剪过指甲了吗?"黄先生笑道："等你等得太久了，指甲又长出来啦!"

帮助妻子改正缺点是作为丈夫应该尽的责任。黄先生的幽默之举，让妻子读懂了丈夫对自己善意的提醒，表现出了丈夫应有的体贴与细心。相信黄太太一定会有所改变。

夫妻两人相处久了，说起话来大都是比较随意的，但是在夫妻之间碰到什么问题的时候，有些话语还是需要特别注意的。在生活中面对妻子做事比较过分时，丈夫还是需要幽默的表达出自己的意见的。

身为丈夫，在帮助妻子改正缺点的过程中要注意技巧，如果丈夫忘记自己的丈夫身份，那就只能让妻子伤心了。

有一对夫妻。丈夫正在专心看书，而妻子则在一边看电视。这时，电视屏幕上出现一对恋人，那个男人对女人说："亲爱的，我一直把你当成自己的一部分。"妻子听后，很受感动。于是，她对专心致志看书的丈夫说："喂！你有没有把我视为你身体的一部分呐？"丈夫心里很烦妻子开电视机干扰他看书，就毫不理会。"喂！我在问你呐！到底我是你身体的哪一部分呀?!"丈夫不耐烦地回答："是盲肠！"妻子顿时黯然神伤。

丈夫的回答虽然精妙，但却不符合自己的身份，让人觉得他只想到他自己，对妻子的感情完全没有珍惜，忘却了作为一个丈夫对妻子应有的关心与呵护，打击了妻子对他的一片热情。

在单位中，作为下属，应学会如何摆正自己的位置，有技巧的跟上司相处。给上司必须有的尊敬是肯定要做的，但如果有时候，我们的上司有一些不尽如人意的表现，而他的这种表现又需要下属来品评的话，这就极考验下属的说话技巧了。

有个法警，待人接物一直都是彬彬有礼。一次，他陪伴一位法官打猎回来，有人问他："法官今日收获如何？""法官枪法高明，"他回答，"只是上帝今日似乎对这些飞鸟格外开恩。"

这位法警回答得十分巧妙，他谨记自己的身份，以一个委婉幽默的方式告诉了大家法官打猎的结果。既说出了实情，同时也维护了法官的颜面，当然也给法官留下了一个好印象。相信没有哪位上司不喜欢这样幽默的下属。

矜持是女孩特有的表现，但也正是因为这种特有的矜持，让许多想结婚的女孩，不好意思主动向心仪的对象表达出自己心中的愿望，从而陷入一种"想要结婚口难开"的境地。碰到这种情况，娇羞的女孩该怎样暗示对方更好呢？这里有一例：

一对情侣漫步在花前月下。陷入爱情甜蜜之中的男友，很陶醉地说："还能有什么样的月亮能比这中秋的明月更美好呢？"已经有结婚打算的女友，稍有羞意地回应道："恐怕那就只有'蜜月'了。"

女孩的回答巧妙而幽默，既不失自己作为女孩子应有的矜持，又把自己的意思表达得很清楚。女孩顺着男友的话，说出"蜜月"比"中秋之月"更加美好，将自己的想法含蓄地说了出来。相信她的男友不会不明白这里面的意思。

===== 幽默训练心得 =====

我们在运用幽默的时候，不要忘了自己的身份。只有符合自己身份的幽默，才能给别人留下一个良好的印象。因此，只有内容健康、格调高雅的幽默，才能成功维护自己的美好形象，达到想要的效果。当我们说出的幽默适合自己的身份时，我们会感到朋友越来越多、职场之路越来越顺、爱情之味会越来越甜。而这正是自幽默的力量！

10. 幽默意境，自然而然最美丽

一天，小马应邀参加一个舞会。为了显示自己的幽默，他向同行参加舞会的一位同伴问了一个问题："你知道老虎的名字吗？"同伴说："tiger。"小马："不对。"同伴："那是什么？"小马："丹丹！"同伴："为什么叫丹丹？"小马："因为，虎是丹丹（虎视眈眈）。"同伴："……"

自然、不做作的幽默才能达到想要的效果。小马的这种刻意而为之的幽默，总是会给人一种别扭生硬的感觉，失去了幽默的自然与俏皮，同样也失去了让人会心一笑的神奇作用。

我们常说，做人要自然，其实幽默的运用也是如此。如果在表达自己的幽默时是刻意为之，就难以挥洒自如，难以达到一种自然的状态。

面对突如其来的尴尬局面，我们要学会巧妙自然地应对。在拒绝别人时，我们更需要将拒绝处理得自然得体。只有这样，才不会让被拒绝的人心存不快。

一位杂志社的记者冒冒失失地向一位著名的歌剧演员询问她的年龄。演员不愿回答这个问题，表示记不清了。"怎么？"记者很吃惊，"难道您连自己有多少岁都不记得吗？""这有什么奇怪的！我认为，我应该记住我有多少钱多少珠宝，因为它能够被人偷走。至于我的岁数，无论谁也偷不走它。"

这位演员很聪明，她故意幽默地将岁数和珠宝作对比，说岁数是谁也偷不走的东西，因此就选择忘记它，很自然、幽默地回绝了这位记者的问题。既不让记者难堪，又诙谐地表达了自己对此问题的拒绝态度，显得别具一格。

我们经常说："吃饭七分饱，话讲三成好。"这是中国的一句老话，意思就是说话不宜讲得太直白，太满，这样就给双方都留有余地，同时也留下了思考的空间。当我们遇到自己不能明说，甚至不敢明说的事时，一个含蓄的幽默就可以将你的意思明白地传达出来。

一位妇女对他的丈夫说："最近我每天晚上都做噩梦，你说该怎么办？"丈夫："到底是怎样的梦？"主妇："我梦见自己穿着大篷裙，手上拿着皮包在街上走。"丈夫："哦？这算什么噩梦嘛！"

妇女叹了一口气说："你是不知道啊！大篷裙现在已不流行了。而且那只皮包，也是三年前的旧货。"丈夫："……"

显然，这是一个丈夫掌握经济大权的家庭，妻子为了表达自己想买新衣服的愿望，采取了这种幽默含蓄的方式，实在高明。为了让妻子免于继续做这样的"噩梦"，相信这位丈夫一定会欣然同意妻子的要求的。

在社会交往中，我们也会遭到许多需要我们自然含蓄地表达我们观点的情况。在一些服务行业，员工常常会遭到一些顾客的投诉。其实有的时候，错误并不在员工的身上，但是员工在遇到这种情况的时候，还是需要极其含蓄、委婉、间接地向顾客指出问题所在。只有这样，顾客才会更容易将员工的言语听进去。

有一天，一位妈妈急匆匆地走进一家商店，对商店的售货员说："你好，5 分钟前我让儿子过来买了一斤果酱，回去后称了一下发现分量不够，请问你们店里怎么解释？我要见你们老板。"

售货员回忆了一下刚才的情景，微笑着礼貌答道："太太，我确保果酱是没有问题的，您回去称一称您的儿子的体重就知道怎么回事了。"

这位售货员的幽默充满了智慧，既恰到好处地指出责任所在，又不失对方的体面，堪称艺术型的幽默了。

幽默训练心得

在面临一些紧急的情况时，我们要用心将生活中的场景信手拈来组成幽默。这时的幽默犹如玫瑰的花香，令人沉醉不已。如在戏剧舞台的现场表演中总是会出现很多突发状况，如果这时我们利用现有的场景，随机应变，说不定收到的效果还会更好。

第 11 天

融会贯通课——幽默集中训练营

把幽默融入生活,让快乐无处不在

1. 生活幽默，彰显你的智慧之光

俄国文学家契诃夫曾在《生活是美好的——对企图自杀者进一言》中这样写道：

"要是火柴在你的衣袋里燃起来了，那你应当高兴，而且感谢上苍，多亏你的衣袋不是火药库。

"要是有穷亲戚上门来找你，那你不要脸色苍白，而要喜气洋洋地叫道：'挺好，幸亏来的不是警察！'

"要是你有一颗牙痛起来，那你就该高兴，幸亏不是满口的牙痛起来。

"要是你给送到警察局里去了，那就该乐得跳起来，因为多亏没有把你送到地狱的大火里去。

"要是你挨一顿桦木棍子的打，就该蹦蹦跳跳叫道：'我多么运气，人家总算没有拿带着刺的棒子打我。'"

契诃夫用夸张的语句将生活中的种种不如意都化为了值得欢庆的乐事，表达了一种豁达乐观的胸怀，一种幽默的人生境界。拥有了这种胸怀和境界，人的心灵就犹如有了源头的活水，我们就能用心倾听世界，用心发现美好。

只要我们用积极乐观的态度去看待人生，就能发现生活的多姿多彩。拥有乐观的人生态度是幸福的支柱，而幸福是乐观要抵达的目的地。要想使自己幸福，就要首先具备乐观的精神、幽默的心态。

有人曾向英国著名作家萧伯纳问过这样一个问题，如何区分乐观主义者和悲观主义者。萧伯纳略加思索后说："假设这里有半瓶酒，看了它之后，会庆幸地说'还好，还有半瓶'的人，就是乐观主义者；如果看后说

'糟糕，只剩半瓶'的人，就是悲观主义者。"萧伯纳的卓见对我们认识幽默是很有启示的。生活中只有乐观主义者才有幽默感，而有丰富幽默感的人，他的生活也是多面性的。幽默感会让人对周围的许多事物作出趣味的理解，对于周围诸种问题采取富有趣味的处理方式。

丰富的知识、广博的见闻是培养幽默感的又一个条件，它能使得幽默运用起来得心应手，左右逢源。

主人请客人在家里吃饭，客人酒足饭饱后仍不想告辞。主人终于忍不住了，指着窗外树上的那只鸟对客人说："最后一道菜这样安排：砍倒这棵树，抓住这只鸟，再添点酒，现烧现吃，你看怎么样？"

客人答道："只恐怕没砍倒这棵树，鸟早就飞了。"

"不，不！"主人说："那是只笨鸟，不知道什么时候该离开。"

这位主人的确具有丰富的想象力，因此幽默的语言脱口而出。

幽默能充实、丰富我们的生活，让生活更加斑斓多姿。幽默的表达贵在自然，太过做作会引起人们的反感，有装模作样、哗众取宠的嫌疑。

杰米·卡特是美国的第39位总统。卡特在南方时曾虔诚地接受过基督教的洗礼。由于这段经历，记者们常喜欢让他就道德问题发表看法，其中不乏一些不太礼貌的难题。

有一次，有个记者问卡特："如果有人告诉你；你的女儿与别的男人有不正当的关系，你将作何感想？"卡特回答说："我会大吃一惊，不知所措。"稍后他又加上一句："不过现在还不用操心，她才刚刚7岁。"

当然，幽默并非某些人的独家专利，而是一门任何人都能掌握的语言艺术。

婚礼晚会上，许多朋友让新郎介绍恋爱经过，新郎说："本新郎姓张，新娘姓顾。我俩尚未认识对方时，我东'张'西望，她'顾'影自怜。后来我'张'口结舌去找她，她左'顾'右盼等着我。到认识久一点，我便明目'张'胆，她也无所'顾'忌。于是，我便请示她择日开'张'，她也欣然惠'顾'"。

第 **11** 天 融会贯通课——幽默集中训练营

把幽默融入生活，让快乐无处不在

237

林语堂在论及幽默时说道："幽默是由一个人旷达的心性中自然而然地流露出来的，其语言中丝毫没有酸腐偏激的意味；而油腔滑调和矫揉造作，虽能令人一笑，但那只是肤浅的滑稽笑话而已。只有那些坦坦荡荡、朴实自然、合乎人情、合乎人性、机智通达的语言，才会虽无意幽默，但却能幽默自现。"

幽默训练心得

人生在世，不如意事十之八九，这就需要我们能以乐观的心态看待挫折和低潮，能以幽默风趣的态度来应对困难。幽默使生活充满情趣，哪里有幽默，哪里就有活跃的气氛。谁都喜欢与谈吐不俗、机智风趣者交往，而不喜欢跟抑郁寡欢、孤僻离群的人接近。在生活中灵活地运用幽默，可以增加生活情趣，使人际关系融洽和谐。

2. 朋友幽默，在玩笑中加深感情

鲁迅先生在人们心中的形象是一个严肃、倔强的人。他笔锋犀利，爱抨击时弊。可是在和朋友的交谈中，鲁迅却是一个很幽默的人，他谈话生动随和，给人一种春风拂面的感觉。

有一次，鲁迅与几个朋友相聚，谈起国民党的一个地方官像下令禁止男女同校上学、一同游泳的事，鲁迅发议论说：

"同学同泳，皮肉偶尔相碰，有碍男女之大防。不过禁止之后，男女还是一同生活在天地之间，一同呼吸着天地中间的空气。空气从这个男人的鼻孔呼出来，被另一个女人的鼻孔吸进去，淆乱乾坤，实在比皮肉相碰还要坏。要彻底划清界限，不如再下一道命令，规定男女老幼，诸色人等，一律戴上防毒面具，既禁空气流通，又防抛头露面。这样，每个人都是——喏！喏！"鲁迅站起身来，模拟起戴着防毒面具走路的样子来。朋友们笑得前仰后合。

朋友之间的交谈应该是轻松自然的，充满温暖和坦诚，谐趣和欢笑，即使是嘲讽的话，也应洋溢着暖暖的温馨。

朋友之间的话题是很宽泛的，过去的趣事，将来的打算，工作上的得意与挫折，家庭中的欢乐与烦恼，上至宇宙之广，下至草芥之微，都可随意取做闲谈的资料。

书信也是承载友谊、联络感情的重要方式。同当面交谈一样，给朋友写信无须拘束和卖弄。幽默可使承载友情的信笺妙趣横生，使远在异地的友人仿佛看到了你亲切生动的面容，听到你那熟悉而风趣的声音。

大科学家爱因斯坦非常钦佩幽默大师卓别林。一次，他在给卓别林的信中写道："你的无声电影《摩登时代》，世界上每个人都能看懂，你一定会成为一个伟人。"

卓别林回信说："我更钦佩你，你的相对论世界上没有人懂，但你已经成为一个伟人了。"

爱因斯坦的信中除了对卓别林的夸赞，还暗含讥笑《摩登时代》寓意过于简单，"每个人都能看懂"的意思；卓别林也不甘示弱，巧妙地顺着来信的"赞美语"，自然得体地反过来回敬了对方。想必爱因斯坦看到回信时，一定会忍俊不禁，沉浸在两人之间美妙的友谊中。

如果你对自己幽默的手法没有足够的自信，不妨学学孩子式的幽默。我们经常为孩子们天真的幽默所感动，他们是真正地坦诚待人，不会隐瞒任何事实。当他们毫不掩饰地道出心里所想或事实真相时，人们一下子就会喜欢上他们，跟他们在一起会感到比跟任何成年人在一起都轻松、愉快。

有一次，李卡克在家里请几位朋友吃饭。朋友来了，他妻子要他的小女儿向客人说几句欢迎的话。她不愿意，说："我不知道要说些什么话。"

这时一位来做客的朋友建议："你听到妈妈说什么，你就说什么好了。"他女儿点点头，说："老天！我为什么要花钱请客？我们的钱都流到哪儿去了？"李卡克的朋友们大笑起来，他妻子也不好意思地笑了。

这就是孩子式的幽默。他女儿把母亲的想法以极纯真的方式说了出来，使大人们也不得不认真地检讨一下自己的想法。

幽默训练心得

在生活中，遇到挫折或不幸时，每个人都希望得到朋友的安慰。然而安慰并非仅仅是说几句让人宽心的话，安慰也是有艺术性的。恰当的安慰，能让人摆脱苦恼。在安慰朋友的时候掺杂幽默，可以让对方在逆境中感到温暖，缓解精神压力，更好地面对生活中的各种难题。

3. 恋爱幽默，谱写爱情的篇章

当我在一所大学里做兼职银行出纳员时，一个英俊的小伙子几乎每天都要到我的窗口来。他不是存款就是取钱。直到他把一张纸条连同银行存折一起交给我时，我才明白他是为了我才这样做的。

"'亲爱的莉：我一直储蓄着这个想法，期望能得到利息。如果周五有空，你能把自己存在电影院里我旁边的那个座位上吗？我把你可能已另有约会的猜测记在账本上了。如果真是这样，我将取出我的要求，把它安排在星期六。不论贴现率如何，做你的同伴始终是十分愉快的。我想你不会认为这要求太过分吧，以后来同你核对。真诚的明。'"

"我无法抵制这诱人、新颖的求爱方式。"

将求爱的方式与对方的职业幽默地结合在一起，这样的幽默求爱，真是令人拍案叫绝。其实，只要打开你幽默的神经，这样独具匠心的求爱，你也可以。

要想获得对方的好感，并进一步转化为爱情，首先要有一颗真诚的心，其次需要机智与幽默的表达。爱的表达是需要一些技巧、花费一番心思的，即先要考虑怎样获得对方的好感与信任，再考虑怎样将好感巧妙地转化为爱情，而不是一味地死缠硬磨，使人厌恶。

求爱是一方的爱情发展到一定阶段，向另一方表露心迹，希望得到对方爱的回报的行为方式。有的朋友喜欢直抒胸臆，毫无保留地向对方将自己的感情全盘托出，甚至还做些夸张。有的则喜欢鸿雁传书，情溢纸上。

而幽默者的求爱方式则完全不同。幽默的求爱过程是充满着智慧和情趣的，即使不能情场得意，至少，也不会给以后的交往造成障碍，还可以保留一份美好的回忆。

有个青年多次向心上人求爱，可对方总是不予明确答复。正巧有一次女孩问他："'千金一诺'怎么解释?"他赶忙说："'千金'者，小姐也;'一诺'者，答应也。意思是：小姐啊，你就答应一次吧!"女孩掩嘴而笑。

这就是幽默者的求爱方式，他巧妙地向对方传递爱的信号，从容地等待对方接受。即使遭到拒绝，也不会给自己的自尊心造成严重伤害，既能不失体面地撤退，也不会给对方造成压力和难堪。这不是世故和圆滑，而是珍惜自己的感情和尊重对方意愿的表现。

然而，并不是每一对恋人都能够携手走进婚姻的殿堂，也不是每一段爱情都能开花结果。用幽默的心态坦然面对失恋，失恋不失态，是一种气度，也是一种自我解脱的方式。

如今，我们的时代处处充斥着"快餐式"的爱情，恋人变心是很多年轻人可能会遇到的事情。有的人无法承受失恋的打击，变得精神失常，甚至产生报复心理，严重的甚至还会自杀。那么，面对恋人的变心，究竟怎么样的做法才是理智的呢?我们不妨看看下面这个故事，其中，小伙子对付变心女友的办法就颇具匠心：

一位驻扎在海外的士兵收到国内女朋友的绝交信，说她有了新恋人，而且马上要结婚了，请士兵寄还她的照片。士兵于是从战友那里搜集来各式各样的女人照片，统统装入木箱，寄给见异思迁的女友。

女友收到后发现箱子里有一张便条，上面写道："请挑出你自己的照片，其余的寄回来。"

小伙子的做法颇有不甘示弱，报复女友的意味。但是，他做得很得体，没有死缠烂打，也没有哀伤抱怨，而是以一种幽默的方式维护了自己的尊严。

幽默训练心得

也许你们早已相识，也许你已经"暗送秋波"无数，却依旧是"爱你在心口难开"，不知如何开口向对方表明心迹。这时，不妨试试用你的幽默来敲开心爱的人的心扉，也许一切都会变得很简单。

4. 夫妻幽默，婚姻生活的调剂品

一个男人因欠对面街上一位吝啬鬼的钱并被限期第二天归还而发愁，晚上翻来覆去睡不着。他妻子知道缘由之后，下床来到窗前，冲着对面吝啬鬼的房子喊："对面屋里的人听着，我丈夫决定明天不还你的钱了。"她回过头来对丈夫说，"现在好了，你安心睡吧，该对面那位睡不着觉了。"

这则幽默体现了妻子为丈夫排忧解难的机智和她对丈夫的关爱。家庭生活中，在丈夫遇到难题，心情沉重时，想让丈夫开口说话，不能靠挖苦抱怨、恶言相激迫其开口，而是要幽默相诱、温情劝导地打开他的话匣子，让他自己走出自我封闭的状态。

幽默是家庭矛盾的"净化剂"，是家庭生活的"润滑剂"，是感情寒冷期的一件棉袄，是治疗爱人的一味良药。

不少人的观念中存在着这样一个误区：幽默是对外的，是社交场合不可缺少的因素；至于自己人，特别在家里，就没有必要刻意追求幽默了。其实，现代的家庭就是一个小社会，自己人之间也需要幽默的调剂，不然，家庭的活力就会衰减。

作为家庭成员之一，你有责任时常幽默一下，说些使人觉得轻松、有趣的言语，来逗家人展颜一笑，就像你和朋友或同事在一起时一样。

丈夫在与妻子吵架后说："你说的话像个白痴！"

妻子说："是吗？那我们就有共同语言了。"

再如：

妻子说："婚前你不是叫我天使吗？"

丈夫说："对。"

妻子气愤地说："那为什么现在你不这样叫我了呢？"

丈夫笑着说："嘿嘿，亲爱的，你应该为此感到高兴才对，现在我头脑正常多了。"

一般认为，夫妻关系的关键在于两人之间是否能互相关心、了解和领悟对方的意思，这些比起美丽的外表、彼此间的好奇及其他体验要重要得多。因此，聪明人多能正视双方的不同，以相互开玩笑的方式来表达爱和关怀，以幽默的方式对待彼此的不同。

女人充满购买欲，似乎是天经地义的事。但是一个家庭之中，如果女人的购买欲望过于强盛，则无异于会增加家庭的负担。面对妻子无穷无尽的购买欲，丈夫的应付手段也要花样迭出。幽默作为其中一种轻松而有效的方式，对聪明的丈夫来说，是不错的选择。

一位爱打扮的妇女对丈夫说："昨晚我梦见你答应给我 500 块钱买大衣了。你会成全我的美梦吧？"

丈夫说："那当然。说来也巧，我昨晚也做了一个同样的梦，我记得已经把钱给了你呢。"

妻子要买大衣的事情，显然是早就有想法的，但又不好直接开口，于是就假借做梦来向丈夫说明。这位聪明的丈夫用幽默的方式婉言地拒绝了妻子的要求。类似的情况还有很多，兰馨的丈夫也是一位擅长用幽默来应付妻子购买欲的人。

兰馨跟丈夫结婚五六年了，她属于时尚一族。这天，她又想买顶帽子，便对丈夫说："亲爱的，小邓的爱人买了顶新款帽子，真好看！"

丈夫回答："是吗？如果她像你这样漂亮，就不用经常买帽子了。"

兰馨的丈夫没有直接拒绝妻子的要求，而是从另一个方面去满足了妻子的精神需求，这种巧妙的借鸡生蛋的方式，不仅可以避免妻子一味地纠缠，而且还可以满足妻子的虚荣心，让她更快乐。

⌃⌃⌃幽默训练心得⌃⌃

夫妻关系无疑是家庭的核心，夫妻和谐是家庭幸福美满的基础。幽默与相敬如宾并不绝对矛盾，情意绵绵中的幽默更是不可或缺。至于缓解矛盾、消除误会，更是幽默的独特功能。

5. 领导幽默，更利于上下沟通

有家公司为了教导主管们做人性化的管理，特别为其安排了有关"沟通"的教育训练课程。

上了一个星期课之后，有位主管在责备老是严重迟到的一个下属前，挖空心思，想在批评他的时候还能保住他的面子。

他把这个下属找来，面带笑容地对他说："我知道你迟到绝对不是你的错，全怪闹钟不好。所以，我打算定制一个人性化的闹钟给你。"

这个主管对下属挤了挤眼睛，继续故作神秘地说："你想不想听听它是怎么人性化的?"

下属点点头。

"它先闹铃，你醒不过来，它就鸣笛，再不醒，它就敲锣，再不醒，就发出爆炸声，然后对你喷水。如果这些都叫不醒你，它就会自动打电话给我帮你请假。"

上级在对下属进行管理的过程中，批评与责备有时是必不可少的。然而事实上，一贯的指责和批评很难使自己的下属心服口服，也难以取得好的管理效果。鉴于此，如果在管理中采用夹带着浓厚幽默语气的人性化批评，以满面笑容的方式来进行管理，那就能冲淡批评与责备的意味，在说者"有心"，听者"无意"的情况下，既保全了对方的自尊，也达到了管理的目的。

有人说做职员容易做领导难，领导需要管理下属，管得轻了效果不佳，管得重了又会有反效果，因此，要做一个好的领导确非易事。在此我们给领导们提供一个对员工进行人性化管理的方法，那就是幽默的管理方法。

身处高位的企事业负责人，在员工的心目中往往有一种高不可及的印象，而有远见的高层人士往往希望运用幽默的力量来改变他们在员工之中的形象，改善大家对他所领导的公司的看法。而这种形象的树立，就是建立在高层领导人借助幽默对下属进行人性化管理的基础之上的。

有一个年轻人，他所在公司的经理对下属非常严厉，公司员工都叫他"雷公"。

有一天，这个年轻人从外面回来，看到经理的位子是空的，以为他不在，就对同事说："'雷公'不在吗?"

说完就发现屏风的另一边，经理正在与客户谈生意。见经理听到了他的话，年轻人坐立不安，以为大祸临头。客户走后，经理来到了年轻人身边，年轻人惊恐地向经理道歉。没想到经理微笑道："没关系，雷公其实也有温柔的一面。"

相信这句话比骂人的效果要好上百倍，经理也通过幽默改变了在员工中的形象。尝试用带有幽默感的人性化管理方法来取代以前严厉的管理风格，会取得良好的效果。

美国前总统柯立芝有一位漂亮的女秘书，人虽长得不错，但工作中却常粗心出错。一天早晨，柯立芝看见秘书走进办公室，便对她说："今天你穿的这身衣服真漂亮，正适合你这样年轻漂亮的小姐。"

这几句话出自柯立芝口中，简直让秘书受宠若惊。柯立芝接着说："但也不要骄傲，我相信你的公文处理也能和你的相貌一样漂亮。"果然从那天起，女秘书在公文上很少出错了。

后来，一位朋友知道了这件事，就问柯立芝："这个方法很妙，你是怎么想出来的？"柯立芝得意洋洋地说："这很简单，你看见过理发师给人刮胡子吗？要先给人涂肥皂水。为什么呀，就是为了刮起来使人不痛。"

许多领导者的事例都可以证明，对下属进行人性化的管理，将幽默充分地运用到其中，不仅会让管理工作变得更加轻松，管理者本人也将会受益无穷。

克雷夫特公司总裁毕尔斯认为："幽默感是衡量一个领导人是否具有活泼、弹性心智的重要标志。有幽默感的人通常不会把自己看得太重要，而且能做出比较好的决策。"

各行业人士都对幽默的力量给予了很高的评价，工商业界高阶层的负责人更是借助幽默力量来改变他们在职员心目中的形象，改善大家对整个公司的看法。其他阶层的领导人和经理人在建立与下级的良好关系上，也纷纷转而向幽默求助。他们都希望下属把他们看成是有亲和力的上级。

幽默训练心得

作为领导，当你运用幽默的力量去管理下属时，你会发现不仅更容易将责任托付于人，而且能使下属更自由地发挥创意进取精神。幽默的力量能改变你的将来——你的属下或同事会认同你，感谢你坦诚相待的品格，欣赏你分享笑声、轻松面对自己的能力。

6. 下属幽默，让上司笑口常开

一个人在外面找工作，他来到麦当劳。老板问他会做什么，他说我什么都不会，不过我会唱歌。

老板说你就唱一首试试，于是他就开始唱了："更多选择更多欢笑就在麦当劳！"

老板一听就乐了，接着问了他一些对麦当劳有什么了解之类的问题，最后，他被顺利录用了。

找到一份称心如意的工作，是求职者最大的心愿。但求职不易，有时我们在苛刻挑剔的雇主面前一筹莫展。这时，何不借助幽默的魅力让面试你的老板笑一笑？这对你面试的成功必然会有所助益。上面的例子中，求职者就在面试中借助了幽默的力量。他以唱歌的方式说出了麦当劳的广告语，表明了自己对麦当劳是很关注的，在博得老板一笑的同时，也获得了老板的好感。

上司与下属的关系，首先是一种领导与被领导的关系，但是除此之外，双方还应该建立友爱合作的关系。作为一个下属，在恰当的时间、场合，和上司开一个富有幽默情趣的玩笑，在搞好与上司的关系方面，可以收到非常好的效果。

工作太累的时候，人难免会偷懒，这时候如果被老板看见了，你该怎么办呢？

有一个建筑工人在工地里搬运东西，每次只搬一点。工头不得不开口批评他。

工头以训斥的口吻对他说："你想你是在做什么？你看看别人搬那样重的东西！"

"嗯哼，"工人说，"如果他们要懒到不像我搬这么多回，我也拿他们没办法。"

工头被他逗笑了。

工人以幽默的口气为自己的偷懒行为辩解，工头即使会批评他，也会比较随和，责罚也会比较轻。

工作业绩是赢得荣誉的基础，而工作业绩的认可主要由上级领导决定，因此，能不能赢得上级领导的赏识、肯定和支持就决定着能否获得荣誉。

对于许多职员来说，最大的苦恼莫过于工作很努力却得不到领导的赏识。美国人力资源管理学家科尔曼说过："职员能否得到提升，很大程度不在于是否努力，而在于老板对你的赏识程度。"那么，怎么才能在众人中脱颖而出呢？对上述问题很苦恼或是想要有一番作为的人，可以试试在领导面前化严肃为幽默的交流方法，或许有收获。

职员："经理，您实在是爱好工作的人！"

经理："我正在玩味这句话的含义。"

职员："因为您一直都紧紧地盯着我们，看我们是不是在认真工作。"

职员通过开经理的玩笑，拉近了与经理之间的距离，何况经理也是一个幽默的人。与上司开玩笑还要注意把握好时机，要留意能够和上司面对面交流的机会。

领导不论身居什么样的要职，也都是人不是神，他一样会有普通人的喜怒好恶，也可能在个人喜怒好恶的支配下说出一些令人尴尬的话，做出一些令人不解的举动。此时，下属应抓住人们对领导言行错愕不解的心理，采取适当的举动顺水推舟，把领导无意说出的过于直白、犀利的话朝幽默的方向引导，使人们认为领导在开玩笑，从而放松了紧张的情绪。这会让领导觉得你是和他站在一边的，你自然也就获得了领导赏识和信任。

幽默训练心得

幽默可以帮助我们拉近与上司间的距离。不过生活中任何事情都不是绝对的，与上司之间距离的远近也同样如此。如果一个人不认认真真地做好本职工作，成天围着上司转，说些好话、空话，刻意拉近关系；或整天坐在那里等着上司安排工作，像个提线木偶一样，上司拽一下，他才动一动，无形中疏远了上司，都是不可取的。

7. 社交幽默，培养出色的口才

有一天，德国著名诗人歌德在路上遇到一位反对他的批评家，这位批评家往路当中一站，以其一贯的傲慢姿态对歌德说："你要知道，我这个人是从来不给傻瓜让路的！"

面对如此奚落，歌德却依然神情自若，并微笑着回答道："而我却恰恰相反。"说完便侧过身去，让批评家先行。

歌德用借力打力的方法，接过对方的一句话，既达到了反击对方的目的，又封住了对方的嘴，将一场风波化解了。如此巧妙的幽默，比起莽撞的争吵和争执，当然高明多了。

在社会交往中，人们难免会遇到蛮横无理的人。善于社交幽默的人知道如何在摩擦中注入几滴润滑剂而不致于碰得火星四溅，更懂得如何将原本剑拔弩张的气氛变得轻松融洽。

幽默的话语能够有效地润滑和缓解矛盾，调节人际关系，给人带来欢乐。一个人会不会"说话"，最重要的是说话的方式与表达的技巧。说什么并不重要，关键看怎么说。能将幽默运用得恰到好处，就是一个受欢迎的社交高手。

在如何含蓄、婉转表达上，幽默有着非常神奇的妙用；而在讽刺、攻击别人之时，也会让你的语言更加锋利，让人觉得辛辣异常。在社会交往中，我们难免会遇到人为制造的难题和不怀好意的诋毁挑衅，碰到这种状况时，别忘了幽默这个武器。幽默不仅是我们用于进攻、打击对手的有力武器，还可以让我们在反击对方的同时，保持自己的风度。

法国作家莫泊桑文笔犀利，常常得罪一些贵族，遭到他们的嫉恨。一次，一位极为自大的公爵夫人在跟他攀谈时说："说真的，你的小说没什么了不起。不过，你的胡子倒是十分好看，你为什么要留这样一个大胡子呢？"

面对这样无理的提问，莫泊桑没有勃然大怒，而是淡淡地答道："这个大胡子至少能给那些不懂文学的人一个赞美我的机会。"

面对这种庸俗小人，如果莫泊桑奋力为自己的小说辩护，只能让众人觉得他没有风度，甚至认为他是一个自负的家伙。所以莫泊桑选择以带有幽默的反讽来表达自己的不满，给了公爵夫人一个漂亮的回击，让对方来结束这场令自己不愉快的谈话。

莫泊桑的还击是含蓄而锋利的，犹如绵里藏刀。而有的幽默还击则更为直接和辛辣。

孔融十岁的时候，随父亲到洛阳。他们到当时名气很大的司隶校尉李元礼家去作客。到他家去的人，都是些才智出众或有清高称誉的人。孔融小小年纪便能应对自如，李元礼和他的那些宾客均甚称奇。

太中大夫陈韪却说："小时了了，大未必佳。"孔融听后说："想君小时必当了了。"意思是我猜想您小的时候一定很聪明吧。

孔融巧妙地利用陈韪批评他的话来逆推，有力地进行了一次漂亮的反击。正所谓"以其人之道，还治其人之身"。

现代社会，人们的生活工作压力都是很大的，需要经常面对很多烦恼和痛苦，使人不堪承受。而幽默的话语却给我们带来了笑声，使我们有了缓解压力、改变心境的可能，同时，在欢乐之中，也向人们展示出了我们的无穷智慧。

8. 广告幽默，让广告语别出心裁

国外某高速公路限速标语可谓别出心裁：

喜欢驾车的朋友请注意：

驾驶本款汽车时，车速不超过 60 千米/小时，你可以饱览窗外的美丽风光；

车速超过 100 千米/小时，法庭会邀请你作客；

车速超过 120 千米/小时，医术精湛的外科医生会来到你的面前；

如果车速超过 160 千米/小时，恭喜你，你可以和上帝共进晚餐了！

这则标语的创意十分独特，它从司机的生命着手，对其进行幽默的劝说，给人一种浓厚的人情味，因此这条高速公路的事故发生率极低。

警示广告如果能做得幽默一点的话，就既可以愉悦大众，又可以让消费者记住幽默背后的劝诫，潜移默化地达到"润物细无声"的警示效应。比起枯燥无味、平铺直叙的广告，幽默的警示广告是吸引大众的一剂良药。巧妙地运用它，不仅能从中享受到幽默的乐趣，而且还能够领会到幽默所蕴涵的真谛。

有的商家喜欢在广告中添加意想不到的动作、夸张荒诞的情节。这些幽默的元素被广泛地应用在广告之中，使幽默的广告更有趣味性，更有助于向消费者推销商品。

有个电视广告上有这样的情节：一位老太太走进一家快餐店，要了一个大大的汉堡包。当她眉开眼笑大咬一口后发现，里面的牛肉只有小指甲那么大。老太太迷惑不解地对着汉堡包看来看去，最后她终于明白那家快餐店在糊弄自己，老太太恼怒不已，夸张地尖声叫道："牛肉在哪里？"杯子应声而碎。

这则幽默广告是美国一家著名快餐店特别制作的，观众在捧腹大笑之后，记住了这家快餐店的名字。后来，这家快餐店的生意越来越兴隆，而"牛肉在哪里"也成了美国人的口头禅。

现在，不管是电视、广播电台，每天都会出现成千上万的广告。当然，其中最能吸引人的是具有创意性趣味情节的广告，它能让人在开怀大笑的同时，加深对商品的印象。

幽默广告的运用不能随意，不同的行业都有着自身与众不同的特点，将幽默巧妙地运用到不同行业的广告中，能够为其增添亮丽的色彩，并产生良好的宣传效果。这些充满幽默感的妙语，能让消费者深深地记住广告中的产品。

某家牛肉面馆在门两旁贴上了一副对联："一碗山东牛肉面，力拔山兮气盖世。"

某家眼镜公司这样宣传它的产品："眼睛是灵魂的窗口。为了保护您高尚的灵魂，请为您的窗户安上玻璃。"

某家打印公司这样形容它的工作："不打不相识，一打就熟悉；除了钞票，承印一切。"

某家餐厅这样招徕顾客："请到这里用餐吧！否则你我都要挨饿了。"

有时候一句广告就可以表现幽默的力量。寥寥数语，就向大众展示了本行业和产品的特点。

一个生产燕麦片的厂商这样为自己做广告：画面上一碟燕麦片旁，立着一尊维纳斯雕像，在她那仪态万方的神情之外，流露出一股悲哀。她遗憾地望着那碟燕麦片，无可奈何。画面下的广告词道破天机——"假如她有双臂的话……"很显然，假如维纳斯有双臂的话，她一定会伸向那盘燕麦片！

相信消费者看到这样幽默的广告，定会对这些商品产生出好感，在心理暗示的作用下，在购物时必会选择广告上的商品。

幽默训练心得

幽默的广告轻松活泼的创意，更容易吸引大众的眼球，被大众所接受，这比普通广告更有效果。如果在广告制作中加入幽默的元素，一定能提高广告信息的接受效果，使自己的商品为更多地人所接受。

9. 幽默分寸，力度轻重要把握好

公园内，女友含情脉脉地对李强说："说说我在你心中是怎样的，好吗？"李强沉思片刻笑着说："你的相貌如梅花一般冷艳；你的气质像冰川一样含蓄；你有令我折服的内涵；你有令我倾倒的酷。"总的来说是："你就是梅川内酷（没穿内裤）！"女友听了此话后气得马上拂袖而去，留下他在那里懊悔不已。

虽然女孩子都喜欢男朋友用幽默的语气来赞美自己，但李强这种"幽默"的赞美，实在是有些过分了。在女孩听来不仅是庸俗的，更是低俗的，因此惹恼这位女孩就是必然的事情了。

　　我们一定要谨记，幽默不是搞怪恶整，幽默不是低级趣味，一定要让我们的生活远离那些庸俗化的幽默！

　　幽默的妙用太多了，它可以让生活趣味盎然，给人们带来欢乐，让爱情更加甜蜜，让朋友亲密无间。但幽默不是无所不能的，使用它时，有许多需要注意的原则和把握的分寸。跟不同的人，在不同的地点，我们对幽默的运用也是不同的。幽默也有使用的误区，如果我们不小心误踩这些雷区的话，不但达不到幽默的效果，还有可能成为别人的笑柄，引起不快，甚至会得罪别人。

　　把握幽默的分寸感首先要避免幽默运用的误区：

　　（1）夸张失度。朋友相聚，可以海阔天空神聊一番。但与初识之人则不宜大肆渲染、过分夸张。否则对方会认为你浮华不实，阻碍了你的"印象渗透"。

　　（2）讽刺过火，辣味太过。有些人惯于挖苦讽刺别人，他的津津乐道、眉飞色舞是以损害他人自尊心为前提。这种人必将成为社交中"孤独的牧羊人"。

　　（3）故作幽默。幽默的特征之一是其质朴性。幽默语在心理感觉上应该是轻松明快、自然的。幽默的大敌是做作，矫揉造作永远与美无缘。"幽默是一种优美的健康品质"，自然的幽默具有很高的美学价值。

　　（4）争强好胜。幽默的目的不是压倒对方。有时会遇上对方是幽默高手，他妙语连珠出口成章，这时你千万要保持风度不可兴起竞争之心。遇到这种人要注意倾听，以观众身份来观察学习，任由对方发挥幽默，并从中学习对方长处，了解对方的个性。这样做，一样能达到拉近距离的目的，还会令对方赏识你。

　　假如你心中有不平意念，一心只想用幽默来打倒对方，就可能使气氛陷入紧张，引发对方的不满，这是社会交往的致命伤。幽默的目的在于使社交场合气氛融洽，利用笑与对方顺利交流，而不是以打倒对方为目的。

　　另外，幽默的运用必须真实而自然：

　　杰米·卡特是美国的第39任总统。有一次，在卡特的飞机即将降落在饱受旱灾之苦的得克萨斯州的一个小镇时，该镇忽然下起了雨。

卡特走下飞机，向聚集在那里前来欢迎他的人民微笑着说："你们最需要的是钱或者是雨，我拿不出钱，所以只好带来了雨。"

卡特总统在还没下飞机之前，或许准备的是一篇冗长的演讲稿；但当他发现及时雨到来之时，马上利用现场情景，适当的讲了一个小幽默，不仅活跃了现场的气氛，而且更加拉近了与民众之间的距离。

我们经常看到和听到一些政治家们的幽默言行，他们大多把幽默运用得十分自如，真实而自然。没有耸人听闻，也不哗众取宠，更不是做戏。这是因为，他们都知道太精于说妙语和笑话，对个人的形象并无帮助。

幽默训练心得

万物皆有"度"，幽默也不例外，只有在一定的"度"内，幽默才能发挥其真正的作用，超过了特定的范围，那幽默就会变质，甚至已经不是幽默了。许多人总是为怎样把握幽默的度而苦恼。因为度不够，则不能达到令人发笑的效果；而太过，则会让人厌烦。幽默的度虽难以把握，但并不是无规则可循的。只要我们细心观察生活，我们就会很快找到幽默的度。

10. 幽默禁忌，区分幽默和取笑

汤姆与妻子结婚两个月，就生了一个小孩，朋友们纷纷赶来祝贺。汤姆的好朋友吉米也来了。他拿来了自己的礼物——纸和铅笔，汤姆谢过了他，笑呵呵地说："现在就送纸和笔，不是太早了吗？""不"，吉米说，"您的小孩儿太性急。本该九个月后才出生，可他偏偏两个月就出世了，再过五个月，他肯定会去上学，所以我才准备了纸和笔。"刚说完，全场哄然大笑，汤姆夫妇则感到又羞又怒。

拿他人的隐私进行取笑是很不得当的，尤其是在公众场合。也许吉米本来是想要幽默一下，但是这样随意地调侃，很可能让他丧失掉一个多年的老朋友。

常言道："祸从口出"，当我们在幽默时拿别人的不足开玩笑，不仅不会让别人开怀大笑，反而会让别人受到伤害，更严重的是可能会让自己陷入自己造成的危机之中。如陪同一个较胖的朋友去买衣服，她偏偏看上了一件紧身外套，而那外套穿在她身上实在不适合，人们常常会用带有幽默语气的话戏谑地说："天啊，这件衣服对你来说太苗条了！"若是关系较好的朋友，对方会嗔怪地笑起来。但如果是不太熟悉的人，可能面子上就挂不住了，更不要说接受你的意见了。

当你将取笑他人的不足视为幽默时，那幽默就从珠宝变为了粪土，从鲜花变成了垃圾，从动听的旋律变为了嘈杂的噪声。而你也可能会从他的朋友变为他的敌人。

女人都有爱美之心，赞美一个女人最好的方式就是夸奖她的容貌。就算她在容貌上有不足的地方，她也不会想从朋友嘴里听到贬低自己容貌的话。

王强是一个爱开玩笑的人。一次，他碰到了他的一位女性朋友。他故意盯着朋友看了半天，看得朋友都不好意思了，问他在看什么。他故作恍然大悟地说："通过看你的脸，我现在终于知道月球表面是个什么样子了！"一听完他说的话，女性朋友气得转身就走了。

王强的这个幽默一点也不好笑，将女性朋友的脸直接比作坑坑洼洼的月球表面，对于天生爱美的女性来说，无疑是一个打击。而他想要将这段友谊给补救回来，恐怕就不是一句道歉这么简单的。

工资问题也是一个敏感的问题，从某种程度上看也属于个人的隐私。不同的人做不同的工作，获取不同的工资，不只是能力高低的问题，也有不同的工作价值取向在里面。而单纯地以工资多寡看人，只能反映出自己对工作价值理解的浅薄。

一群朋友在沙滩上玩乐。有个叫李超的随便抓起一把沙，笑着对着众人说："你们看，这沙子就像王海那微薄的工资一样，无论他抓得多么紧，它总是从手指缝漏去，最后就只剩下那么一点点。"说完众人大笑，而王海的脸色却由白变青。

关爱残疾人是我们每个社会公民应尽的义务，如果我们都能像对待正常人一样对待他们，他们就不会因自身的缺陷而感到太多的自卑与痛苦。但是社会上偏偏有一些人自恃是正常人，紧抓住那些残疾人的缺陷不放，老是借此开玩笑。其实，这样随意取笑残疾人的人，只能说明他们自己是一群心理残疾的人。

小王由于小时候的一场病导致了双耳失聪，成了聋人。但其办公室的同事却故意拿他的失聪开玩笑。这位同事对其他同事说："在这个嘈杂的世界里，说完，他应该是那个最能清静下来的人，从这方面来说，耳聋还是一件幸运的事呢！"说完，同事们都侧目以对。

将别人的残疾视为一种笑话，这非但不是幽默的表现，还是自己内心冷漠的体现，更会让周围的同事对他这个人产生鄙夷之情。

幽默训练心得

幽默的作用，仿若空谷幽兰，你看不到它盛开的样子，却能闻到它清新淡雅的香味，感受到它的神奇魅力。但以伤人为手段的"幽默"，却如一堆腐烂的垃圾，就算没有挨着它，但其腐烂酸馊的气味也让人唯恐躲之不及。

第11天　融会贯通课——幽默集中训练营

把幽默融入生活，让快乐无处不在

参考文献

［1］项星．每天学点幽默口才［M］．北京：中国纺织出版社，2010．

［2］中石．说话高手怎么说［M］．北京：中国致公出版社，2009．

［3］冯昱．出口成章的说话艺术［M］．北京：中国纺织出版社，2011．

［4］文天行．口才与幽默全集［M］．北京：中国华侨出版社，2011．

［5］石磊．幽默口才是怎样练成的［M］．北京：中国言实出版社，2010．

［6］韩彪．幽默的男人最讨人喜欢［M］．北京：中国华侨出版社，2009．

［7］谢伦浩．即兴幽默技法大全（第二版）［M］．北京：石油工业出版社，2006．

［8］侯刚．幽默让你更受欢迎［M］．天津：天津科学技术出版社，2008．

［9］郑中，王目星．跟我学幽默口才［M］．北京：中国经济出版社，2006．

［10］李志敏．有一种口才叫幽默［M］．北京：中国纺织出版社，2009．